新世纪普通高校汉语言文学专业教材
学术顾问　关爱和　曹顺庆　陈　炎　孙先科
总 主 编　李伟昉

MISHU SHIWU
秘 书 实 务

主　编　徐丽君
副主编　杨　帆

河南大学出版社
·郑州·

图书在版编目(CIP)数据

秘书实务/徐丽君主编.—郑州:河南大学出版社,2013.9
新世纪普通高校汉语言文学专业教材
ISBN 978-7-5649-1347-2

Ⅰ.①秘… Ⅱ.①徐… Ⅲ.①秘书学－高等学校－教材
Ⅳ.①C931.46

中国版本图书馆 CIP 数据核字(2013)第 230540 号

责任编辑　范　昕
责任校对　焦玉洁
装帧设计　王四朋

出版发行　河南大学出版社
　　　　　地址:郑州市郑东新区商务外环中华大厦 2401 号
　　　　　邮编:450046
　　　　　电话:0371-86059712(高等教育出版分社)
　　　　　　　　0371-86059713(营销部)
　　　　　网址:www.hupress.com

排　　版　郑州市今日文教印制有限公司
印　　刷　郑州市今日文教印制有限公司
版　　次　2014 年 2 月第 1 版
印　　次　2014 年 2 月第 1 次印刷
开　　本　787mm×1092mm　1/16
印　　张　17.5
字　　数　404 千字
印　　数　1～2000 册
定　　价　35.00 元

(本书如有印装质量问题,请与河南大学出版社营销部联系调换)

总　　序

近年来，河南大学文学院在教学质量工程建设方面取得了一系列标志性的成绩，先后拥有了一个国家级特色专业、一个国家级教学团队、一个国家级教学名师、两门国家级精品课程、一门国家级精品视频公开课。在学位点建设方面，也实现了一级博士学位授权点的突破。成绩面前，我们也十分清醒地意识到自身的不足，许多工作仍需我们继续更加努力地去一件件地认真落实。这其中，就包括本科生教材的规划与建设。

在过去的30年里，文学院相关专业都曾积极地编写过适合本科生教学需要的教材，有的教材还被国内多所高校广泛使用，产生了重要影响，例如任访秋先生主编的《中国近代文学史》教材。而且20世纪80年代中期后，当时的中文系作为主考单位，还接受河南省高等教育自学考试指导委员会的委托，组织编写过高等教育自学考试中文专业教材。这套教材出版后，广受读者好评。然而，随着社会的进步和高等教育的发展，国家越来越重视和强调大学本科生阶段的教育。本科生教材的规划与建设，自然作为一项十分重要的系统工程，也被越来越多的高校所重视，它体现了对本科生教学工作的关切，关乎着人才培养和教育的质量，同时也是衡量学科发展水平的重要尺度之一。因此我们愿意再接再厉，集全院之力，下功夫共同完成这套中文专业教材的编写工作，通过教材编写，旨在使我们的教师深入把握教学内容，进一步理清教学思路，拓宽教研视野，彰显学术思考，从而提升本科生教学的整体水平和内在品质，并推动各相关学科内涵的不断丰富和发展。

衷心感谢河南省文学教学指导委员会对本套教材的关心与指导，感谢河南大学出版社把这套教材列为河南省普通高校"十二五"规划教材，感谢河南大学出版社高等教育出版分社社长王四朋先生的积极策划和对教材出版所付出的辛勤努力，感谢各本教材责任编辑认真与严谨的工作精神。感谢河南大学文学院广大教师对教材编写工作的大力支持和全情投入，否则，这项浩大的工程根本无法完成。

适逢河南大学百年校庆到来之际，谨将此套教材作为微薄贺礼献给百年河大。

李伟昉

2012年7月于开封

目 录

导　　论 …………………………………………………………………………（ 1 ）

第一章　办公室事务（上） ……………………………………………………（ 1 ）
　　第一节　办公室时间管理 ……………………………………………………（ 1 ）
　　第二节　办公室环境管理 ……………………………………………………（ 10 ）
　　第三节　办公室用品管理 ……………………………………………………（ 15 ）
　　第四节　办公室保密工作 ……………………………………………………（ 20 ）

第二章　办公室事务（下） ……………………………………………………（ 29 ）
　　第一节　值班工作 ……………………………………………………………（ 29 ）
　　第二节　邮件收发 ……………………………………………………………（ 33 ）
　　第三节　印信管理 ……………………………………………………………（ 37 ）

第三章　口头沟通 ………………………………………………………………（ 45 ）
　　第一节　口头沟通概述 ………………………………………………………（ 45 ）
　　第二节　发言与演讲 …………………………………………………………（ 49 ）
　　第三节　接打电话 ……………………………………………………………（ 52 ）
　　第四节　电话服务与设备 ……………………………………………………（ 58 ）

第四章　文字处理 ………………………………………………………………（ 64 ）
　　第一节　文稿写作概述 ………………………………………………………（ 64 ）
　　第二节　文稿格式举例 ………………………………………………………（ 71 ）
　　第三节　文字记录 ……………………………………………………………（ 75 ）
　　第四节　文稿排印与校对 ……………………………………………………（ 81 ）

第五章　文档管理 ………………………………………………………………（ 92 ）
　　第一节　文书处理概述 ………………………………………………………（ 92 ）
　　第二节　公文处理原则与规范 ………………………………………………（ 99 ）
　　第三节　公文办理程序 ………………………………………………………（103）
　　第四节　归档文件收集与整理 ………………………………………………（108）

第五节　档案管理概述……………………………………………………(117)
　　第六节　电子文档处理……………………………………………………(123)

第六章　会议组织与服务……………………………………………………(129)
　　第一节　会议概述…………………………………………………………(129)
　　第二节　会议前期准备……………………………………………………(134)
　　第三节　会议调度与服务…………………………………………………(143)
　　第四节　会议记录…………………………………………………………(148)

第七章　信息与调研…………………………………………………………(153)
　　第一节　信息工作…………………………………………………………(153)
　　第二节　信息处理与方法…………………………………………………(155)
　　第三节　调研工作…………………………………………………………(163)
　　第四节　调查方法与问卷建构……………………………………………(168)

第八章　督查与信访…………………………………………………………(175)
　　第一节　督查工作…………………………………………………………(175)
　　第二节　信访工作…………………………………………………………(180)
　　第三节　来信办理与来访接待……………………………………………(185)

第九章　公务旅行管理………………………………………………………(196)
　　第一节　公务旅行管理……………………………………………………(196)
　　第二节　出差旅行办理……………………………………………………(200)
　　第三节　旅行辅助服务……………………………………………………(208)

第十章　公关与人际事务……………………………………………………(214)
　　第一节　公共关系事务……………………………………………………(214)
　　第二节　公务接待…………………………………………………………(222)
　　第三节　人际交往事务……………………………………………………(229)

第十一章　商务谈判与商贸财税术语………………………………………(239)
　　第一节　商务谈判…………………………………………………………(239)
　　第二节　商务谈判中的秘书工作…………………………………………(243)
　　第三节　商贸财税术语……………………………………………………(252)

附　　录………………………………………………………………………(264)
参考文献………………………………………………………………………(265)
后　　记………………………………………………………………………(266)

导　　论

随着社会的发展，人类的生产实践活动日渐复杂，社会分工越来越细，社会组织机构的管理活动也日益复杂。为了减轻人们在日常管理事务上的负担，提高工作效率，秘书活动应运而生。独立意义上的职业秘书研究和教学，在世界范围内肇始于20世纪二三十年代，中国则更晚一些，一般认为是20世纪80年代初。经过30年的发展，国内秘书专业的研究和教育，无论是社会培训还是高等学校的专业教学，都有了长足发展。具体体现在以下几个方面。首先，建立了秘书人才培养的教学理论体系。从1985年开始，国内高校在撰写秘书教材的过程中，对秘书人才的类型进行了探索。有的把秘书人才分为"办事精明型""秀才型""技术能手型"三种，有的则把它分为"参谋智囊型""秀才文字型""办事型""技术型""公共关系型""财经（司库）型"及"综合型"七种，还有的简洁地将其分为"通才型"和"专业型"两种。从这些秘书人才类型的区分中可以看出，当代秘书教学不仅改变了长期以来秘书培养非职业化的倾向，也初步改变了以前秘书培养的行政化和文学化倾向。秘书人才的培养逐步适应了社会分工职业化和专业化的需要。其次，集中对秘书工作的性质、程序、规范及发展规律和趋向展开了理论研究。这些研究或者是对过去某些不符合秘书工作实际的观点进行拨乱反正，或者是对当下新出现的关于秘书工作动向的理论作归纳。秘书工作理论的深入研究，不仅提高了秘书人员的工作水平和效率，也为新的秘书人才的培养提供了基本的理论导向。再次，蓬勃开展了秘书学的跨学科研究。这一点不仅体现在对秘书学关联学科如文书、档案、公文写作等的深入探索，也体现在对各种交叉学科如领导学、管理学、社会学、心理学、公共关系学等的吸取与应用。最后，初步形成了秘书人才选拔和培养的分层系统。社会对秘书人才的要求逐渐从粗放型、通用型向职业化和专业化发展。因此，当代秘书人才的选拔和培养，既有专业的学校教育，也有以职业为导向的各种社会培训；既有以学科教育为核心的本科教育，也有以技能教育为主导的中专教育和高职教育。这种多层次、多渠道秘书人才培养网络的形成，充分显示了我国秘书职业化时代到来的不可阻挡的趋势。

但应该看到的是，一方面我们正积极倡导秘书培养模式与先进的西方国家相接轨，而另一方面在实质上却踯躅不前，常被专家学者们提起的秘书技能的培养问题就是如此。社会处于转型期，国内对当代秘书领域的理论研究和人才培养途径的探索也出现令人担忧的尴尬局面。要消除这样的尴尬，使秘书人才培养真正走出传统理论和旧局面的阴影，根本性的方法在于知行并举、点面结合、与时俱进。也就是说，既要使秘书人才具有扎实和透彻的当代秘书理论知识，又要使之具备敏捷和高效的行动能力；既要使之具有宏观的大秘书理念，又要使之具有微观的秘书技能；既要使之低头了解秘书的来路，又要使之抬头遥望秘书的去向。只有通过这种"矛盾地思考矛盾"的行为,才能真正地使秘书研究和秘书人才培养展现迷人的面貌。正是基于这样的认识和实践背景,我们才撰写了本书。

一、秘书实务及其内容

当今社会,秘书已经成为一种特定的社会职业,有着广泛的社会需求和较大规模的从业群体,是现代社会职业体系的一个组成部分。据我国《国家职业标准——秘书》的界定,"秘书是处理办公室程序性工作、协助上司处理政务和日常事务,以及为组织决策及其实施提供服务的人员。"

秘书实务指秘书在职业活动中所从事的实际事务,是现代社会组织领导与管理活动不可或缺的支持。目前,一般社会组织中的秘书实务可以归纳为以下六个方面。一是行政事务办理,包括撰写公文、报告、信函、备忘录等,加工整理书面材料,收发邮件、传真,打印、复印、影印各类材料,文件保密、归档,记录信息等。二是联系沟通,包括接打电话、接待来访者、筛选电话与来访者等。三是办公室管理,包括维护工作日志、管理员工考勤、准备办公室日常经费开支、安排办公供给与办公设备、维护办公设备等。四是办公活动调度,包括安排工作任务的优先次序、上司约见、组织会议、出差旅行事宜等。五是团队工作协调,包括协助上司组建工作团队,解决办公室工作中出现的问题,指导其他部门或同事完成一些必须要完成的任务。六是操作自动化办公设备,包括利用互联网进行调查研究,利用计算机创建、修改文档、电子表格,排版打印,管理数据库文件等。目前,我国党政机关、企事业单位及其他社会组织中的秘书职业活动基本涵盖在这些工作任务中,只不过是各有侧重。

二、秘书实务的特点

虽然现在我国党政机关、企事业单位及其他社会组织的秘书实务涉及范围广泛、内容繁杂,且内容、技术要求各有侧重,但归结起来,它们总体上具有"程序性、规范性、可操作性"[1]等特点。首先谈程序性。伴随着现代社会组织管理的科学化,现代秘书及办公室所从事的各项工作绝大多数需按一定的管理程序或技术程序进行。这些工作程序,一是适应秘书工作长期发展形成的秘书工作规律,二是适应现代组织科学管理与技术要求而产生的秘书工作规范。如公文撰写、文书处理、信息处理、信访督查、日常事务管理等工作,都有一定的惯用处理程序或法定性程序,所以程序性是秘书实务最为显著的特点。其次谈规范性。所谓规范性,就是指在秘书实践活动中必须遵循的法律规定或行业标准,如文字记录、文书处理、档案管理等。国家以及相关的职能部门,对这些工作的处理有明确的规范与要求,具体来说通常有两大类:一是国家法律、法令及各种行政法规等,二是国家针对办公管理专门颁发的法令法规。如由中共中央办公厅、国务院办公厅颁发的《党政机关公文处理工作条例》(2012年),由国家标准化管理委员会发布的《党政机关公文格式》(2012年),由国家档案局发布的《归档文件整理规则》(2000年)等,对公文处理、文件整理提出了明确的规范与标准,在工作实践中必须严格遵守这些规范与标准。最后谈可操作

---

[1] 蒲丽钿:《涉外秘书实务》,武汉大学出版社,2000年版,第2页。

性。秘书实务主要针对秘书职业活动,阐释工作方法、技术手段、办公设备等在实际工作中的具体运用。无论是基本方法与常规手段,还是操作技术与标准,均考虑到与现代秘书职业活动相结合,力求提高学习者的操作技能与实际工作效率。因此,秘书实务是以秘书职业活动为线索,把纷繁复杂的现代办公室事务综合在一起,从应用性的角度阐释现代秘书工作内容、技能与技巧。

三、秘书实务与其他课程的关系

(一)与秘书学概论的关系

"秘书学是一门研究秘书工作规律及其应用的学科"[①]。在学科知识结构体系中,秘书学概论是秘书学学科的导论,主要阐述秘书学学科的基本原理,即秘书的素质要求、秘书与组织的关系、秘书工作原理、秘书工作环境、秘书职业未来等一些具有普遍性意义的问题,从而从理论上指导秘书个人行为与工作实践;秘书实务则是秘书学专业学科体系中的子学科,它从应用性的角度研究秘书工作的现状与发展趋势,阐释我国当代秘书职业实践活动的内容、处理方法、规范要求、操作程序、技术设备等,并与其他学科相结合,培养秘书人员的专业实践技能,切实推动秘书服务的科学化与规范化进程。

(二)与秘书写作等其他课程的关系

虽然秘书实务属于秘书学的子学科,但是其内容与秘书学概论有相似之处,涵盖了秘书学其他各个子学科的实践性内容,它们之间是专业理论知识与实践运用的关系。秘书实务分析秘书实践活动需要运用秘书写作、文书与档案管理、秘书心理学、秘书沟通学、秘书礼仪、办公自动化原理等各门相关学科的理论知识,但秘书实务着重从操作层面分析办公室事务、文字处理、信息与数据管理、文书与档案管理、商旅活动服务、人际关系事务等方面的内容与操作方法等,培养秘书人员的职业实践能力。

四、学习秘书实务的意义与方法

(一)学习秘书实务的意义

首先,可以提供一个理论与实践相结合的学习平台。在秘书专业学科体系中,秘书实务是一门应用性的课程,目标是使学习者胜任秘书工作或提升其工作能力。秘书学概论及其他相关课程,以传授理论知识为主,侧重于对秘书活动的普遍原理与规则进行阐释,对指导秘书工作的实践操作存在一定局限性,很难培养学习者的实践操作能力。秘书实务课程主要是根据秘书工作的理论要求,介绍秘书及办公室的实际事务的操作程序、方法、技术与设备等,并提供实训模拟与案例分析。本书将为学习者提供一个全新的理论与实践相结合的平台,解决学习与实践严重脱节的问题,提高学习效率。

其次,可以提升秘书的职业操作技能。秘书实务的核心任务是训练学习者的实践操作能力。作为上司的参谋与助手,如果没有实际事务处理能力,秘书就不能胜任这一职务。前面已经提到,一般理论课程难以避免在培养实践能力方面的局限性,难以使学习者在理论思维与实践技能两方面同步发展。秘书实务课程主要承担秘书学专业实践内容的

---

① 杨树森:《秘书学概论教程》,安徽大学出版社,2008年版,第5页。

教学,弥补秘书学其他理论课程在培养实践能力方面的不足,针对现代社会中的秘书实际事务,培养学习者的实践操作技能,为其参与社会秘书职业活动奠定坚实的基础。

最后,树立创新意识,促进秘书职业的发展。由于秘书实务与社会生产一线的秘书实践活动联系非常紧密,在学习与教学过程中,往往要求课程内容与时俱进,尽最大可能吸收当下秘书实践工作中最新的理论与技术,如《党政机关公文工作条例》(2012年)、《党政机关公文格式》(2012年)等新近出台的秘书工作规则,又如计算机的 windows7 和 windows8 系统、office2010 等新的办公软件,以及其他相关新型设备与新兴技术,关注现代社会秘书实际工作中正在发生的变化,引导读者学习并运用新的工作规则与新的办公技术,树立职业创新意识,促进秘书科学理论的更新与发展。

(二) 学习秘书实务的方法

1. 理论联系实际

秘书学总体上具有很强的实用性,而秘书实务立足于阐释现代秘书在职业活动中的实际事务处理程序与方法,吸取我国古代秘书工作、现代秘书工作以及国外秘书工作中经过长期的社会实践创新、积累、总结的实践经验与工作方法,解决当下秘书实际工作中遇到的问题,其实践性是不言而喻的。因此,学习这门课程的关键是理论联系实际,运用所学的秘书工作程序、规范、方法与技术知识,参与秘书社会实践活动。这样不仅可以加深对秘书理论的理解,而且可以提升实际工作能力。

2. 跨越学科领域

秘书实务基本囊括了全部的秘书工作。在实际工作中,秘书及办公室实践活动所需要的理论与知识,不仅仅局限于秘书学的学科范围之内。秘书学专业理论不过是提供了一种处理问题的思维方式,而秘书实际工作内容所涉及的理论知识、技术方法可能会源自于不同学科和不同知识领域。因此,在学习过程中,跨越学科领域,博采众长,吸取其他学科的新技术、新方法与新的研究成果,有利于解决学习本课程时所遇到的问题。对本课程提供理论与技术支持的相关学科,如档案管理学、现代管理学、公共关系学、人际沟通学、大众传播学、编辑学、计算机信息技术等,需要学习者广泛涉猎,有些甚至需要深入学习与研究。

3. 实践与训练相结合

任何一个人要想真正具备某一特定职业的工作能力,有针对性的职业技能训练是不可缺少的。实质上,学习秘书实务可以看作是从事秘书职业工作前的职业技能训练。因此,本课程的讲授必须采用多种实践性教学手段,以秘书专业为平台,进行专项技能操作训练。同时学习者必须参加社会实践,进行综合性的秘书技能训练,全方位提升职业意识与职业技能。根据当代社会组织对秘书人才的要求,应着力训练以下几个方面的工作技能:一是专业办公技能,具体包括知识修养与职业形象、语言表达能力、文书处理技能、会议组织技能、文档管理技能、商务技能、现代化办公设备的应用能力等。二是软技能,它包含一个人多方面的能力,通常体现为人际关系处理技能、沟通技能、客户服务技能等。三是运用现代办公技术的能力,所谓办公技术如文字处理技术、计算机网络技术、通讯技术、信息处理技术、办公软件操作技术等。

第一章　办公室事务(上)

办公室事务处理是秘书及秘书机构的基本职责。现代办公室事务具体包括办公室时间管理、办公室环境管理、办公室用品管理与办公室设备管理、办公室保密工作、印信管理、邮件收发、值班以及突发事件的处理等办公室事务性工作。本章将具体阐述办公室时间管理、办公室环境管理、办公室用品管理与办公室设备管理、办公室保密工作等。

第一节　办公室时间管理

一、办公室时间管理

(一)办公室时间管理及其要素

面对纷繁复杂的现代办公室事务,秘书首先要处理的事务是时间管理。所谓时间管理是指利用现代科学技术方法,对工作时间消耗进行计划、安排与控制,以提高时间的有效利用率。办公室时间管理就是要发现办公室使用时间的各种规律,合理地计划、安排、实施与控制时间,组织与调度上司乃至整个领导机关的办公管理活动。

实施时间管理需要利用现代科学技术方法,分析工作目标,把握时间的使用标准,找出并控制浪费时间的因素等。总体上包含以下几个要素。

第一,时间观念。处理一切事务都要有时间观念,要自觉管理与运用时间;任何一项工作发生作用都有一定的时效性,过时可能会失去价值和意义,处理工作要及时;注重时间成本,做任何一项工作都要清晰地看到取得的成果与耗费的时间之比。

第二,控制时间的能力。根据工作目标,在制订与实施计划的过程中,要有对时间的定量使用能力。

第三,区分事务轻重缓急的能力。面对纷繁复杂的工作,能够看到每一件事情的紧迫性和重要性,合理安排时间,将自己所能控制的大部分时间投入到全局性的工作中。

第四,运用时间管理的方法与技巧,避免时间拖延因素,找出时间浪费的原因。

第五,具备熟练的工作技能。这是减少时间耗费的有效手段,因为熟练的工作技能可以提高工作效率,避免因重复或返工而造成时间浪费。①

(二)办公室时间管理方法

为了减少时间使用的随意性,合理支配时间,提高工作效率,现代管理学家们提出了许多时间管理理论,归纳起来主要有备忘录管理法、计划与日程表管理法、"ABC"分类管理法、"四象限"管理法等。

1. 备忘录管理法

备忘录管理法属于第一代时间管理理论。该理论强调利用便条与备忘录,随时记录要完成的工作任务,并随身携带,以便随时检查其完成情况。它可以在忙碌中调配时间与个人精力,这里没有"优先"的观念。

2. 计划与日程表管理法

计划与日程表管理法就是科学合理地规划未来的时间。为了提高工作效率,要针对工作目标,将一定时间周期内的工作预先进行安排。依据周期分为中长期计划和短期计划。中长期计划,时间较长,如五年规划;短期计划有日计划、周计划、月计划、季度计划、年度计划。

3. "ABC"分类管理法

"ABC"分类管理法是由意大利著名经济学家、社会学家维弗雷多·帕累托在研究个人收入过程中提出的帕累托"80/20"法则衍生而来的。这种管理法根据事物在技术或经济方面的主要特点进行分类排列,区分主次,从而有区别地确定管理方式的一种分析方法。美国著名作家和咨询专家彼得·德鲁克将这一方法推广到全部的社会现象。

"ABC"分类管理法根据重要程度,将待办事项划分为 A、B、C 三个等级,然后按照事项的等级划分来确定完成任务的先后顺序。

首先,根据事务的重要程度来规定先后顺序,划分事务级别。

A 级:最重要的事项,必须做的事,如约见重要的客户;

B 级:次重要的事项,应该做的事;

C 级:不重要的事项,可以去做的事。

其次,对各级事务所占工作总量的比例及价值要进行分析。

最后,明确各级事务的时间分配原则,通常是先要全力以赴投入 A 级事务,完成或取得预期的效果后,再转入 B 级事务。如果完成 B 级事务的时间不充分,可以考虑授权或委托他人。尽量少在 C 级事务上花费太多的时间。但 C 级事务并不是可有可无的,因为除 A 级和 B 级事务外,工作中还有许多不太重要但又不得不做的事情,如善后工作和日常工作等。采用这种方法可以有效地避免因日常事务异常繁杂而陷入混乱状态,使学习、工作和生活等活动都有条不紊。

ABC 分类管理法在具体管理工作中也可灵活运用。一是增加级别,如果上述三个级别不足以涵盖具体情况,也可以再增加一个或更多级别,即 D、E 级。二是细分级别,将各个级别进一步划分,把 A 分为 A1、A2、A3,把 B 分为 B1、B2、B3,把 C 分为 C1、C2、C3。每一级别之下,事情的重要程度依次降低,例如,A1 比 A2 重要,A2 比 A3 重要,依次类

---

① 陈志宏:《企业家的新观念》,上海社会科学院出版社,1993 年版,第 60 页。

推。

4."四象限"管理法

"四象限"管理法是美国最优秀的时间管理专家柯维提出的一个时间管理理论,主要是根据事务的紧急与重要程度探讨急事与要事的关系。他将一个人的全部日常活动分成四个象限,以此来涵盖所有的时间安排。它以个人对使命的认知并兼顾事务的重要性与紧迫性来安排时间,既讲究优先次序,又讲究重要程度。具体做法是将工作按照重要和不重要两个向度进行划分,分为四个"象限",如图1-1所示:

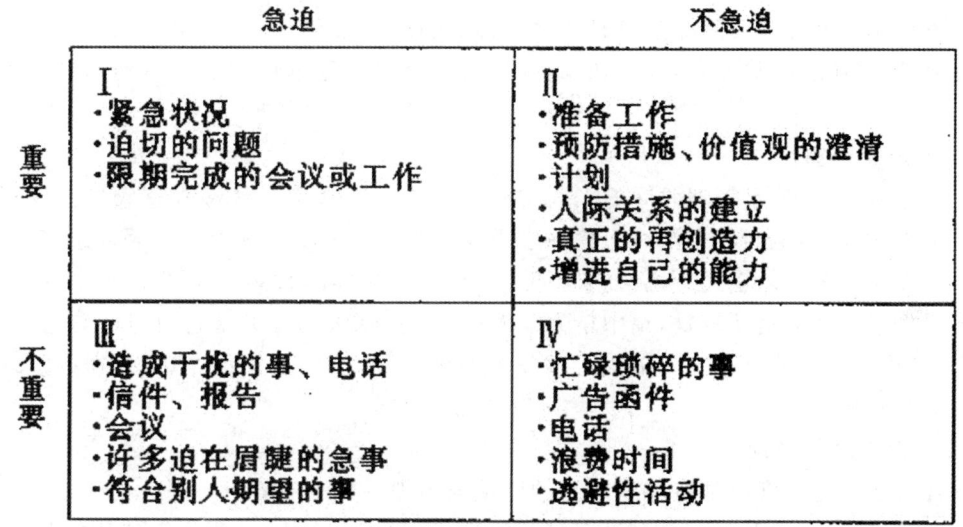

图1-1 "四象限"管理法①

第一象限,既紧急又重要的事情,如紧急状况、人事危机、财务危机、客户投诉等迫切问题或即将到期的工作任务、会议等;

第二象限,重要但不紧急的事情,如事前准备工作、制定防范措施、建立人际关系、创造新的机会等;

第三象限,紧急但不重要的事情,如电话铃声、不速之客、行政检查、某些会议等;

第四象限,既不紧急也不重要的事情,如客套性闲谈、无关紧要的信件、电话等。

在实际生活中,有时很难将每一件事情都清清楚楚地划分到四象限之内,即使能够划分,四个象限之间的事情也是一种连续的状态,各象限间的差异是渐进式的。因此,这一时间管理理论的重要观念是,要把主要的精力和时间集中用于处理那些重要但不紧急的工作,也就是说更多地把握第二象限的时间。这样可以做到未雨绸缪,防患于未然,以便更有能力去应付第一象限的事情。简而言之,"四象限"管理法最大的意义是,让人们了解时间安排会受事情的急迫性与重要性左右,同时清楚应该把大部分时间花在最需要的地方。

根据成功的经验,时间管理除综合运用上述方法外,往往还需考虑应付意外的突发事

---

① 田园等:《时间管理学》,中国城市出版社,1997年版,第381页。

件及临时的不确定性事件。任何周密的计划都没有实际情况变化快,这就需要为意外事项留出时间。为了应对不确定性事件的发生,通常可以采取以下三种方法:第一,为每个计划事项都留出多余的时间,这样才有回旋的余地;第二,制订一套应变计划或应急处理方案,以应对突发情况或临时的不确定事件;第三,努力使自己在没有留余地或饱受干扰的情况下完成预计的工作任务。这样就不仅能够赢得工作上的主动,而且会对自身的工作能力产生充分的信心。

二、有效利用时间的技巧

运用时间管理方法可使办公室时间得到合理的分配与安排。在头绪繁杂的办公室日常事务中,秘书还需要掌握有效利用时间的技巧。这也是秘书执行上司吩咐的必备工作技能。

(一) 抓工作重点

在商务活动中,善于管理时间的人通常能获得卓著的成绩。许多人整天忙忙碌碌但没有工作成效,因为他们没有把时间集中于重要的事情上面。正如意大利著名经济学家、社会学家维弗雷多·帕累托所说:如果不能集中精力,80％的时间只能产生20％的结果。时间管理的第一个关键环节是,集中精力与时间解决重要事务,优化时间与精力组合,关注结果,以获得最大的收益。秘书执行事务的关键在于,抓住工作重点,为上司的管理活动提供有效服务。

(二) 控制时间拖延

所有人在一定程度上都有拖延时间的惰性与习惯。秘书有效管理时间的第二个关键点是,不要拖延时间。办公室总有没完没了的事情,秘书拖延时间似乎有许多客观原因,实际上更多的还是主观因素。例如,有时会为了做一件令自己愉快的事情而推迟一件应该做的事情;当不知如何开始一个工作项目或对自己的工作技能没有信心时,会转而去做自己有信心且能做好的事情,被分派的工作任务就会被拖延。除此之外,担心失败、过分追求完美,也是常见的拖延时间的主观原因。要找到自己拖延时间的原因,采取切实行动来控制时间拖延的因素。秘书应经常主动与上司沟通,明确当前最重要的工作是哪一项,从而将精力和时间集中在最重要的工作上,改变拖延时间的习惯。

(三) 制订行动计划

面对头绪繁多的办公室工作,秘书应制订个人行动计划。这是一种避免拖延时间的有效手段。个人行动计划不同于整个单位的工作计划,也不同于领导的日程安排,而是一份具体的待办事项的清单,是对一定时间内所有需要完成的工作项目的优化排列,最重要的任务排在最前面,最不重要的任务放在最后面。有了这样的个人行动清单,就不会忘记要做的事情。如果每天早上复习一下或重新优化,每天的工作安排就很容易确定。利用待办事项清单,可以更好地组织各项工作并承担更多的工作任务。

在排列待办事项顺序时,除了利用"ABC"分类管理法按重要程度将待办事项划分类别外,还要衡量完成某一项具体事务需要花费多少时间。有些事项不是最重要、最紧急的,但如果只需要很少时间就可以办完,应在一个工作日开始时集中处理完毕,然后再集中精力处理那些更重要且花费时间比较多的事项,防止将来在处理这些事情的过程中受到各种干扰,这样有利于高效率地利用时间。

(四)拟定工作日程表

工作日程表是将一个工作日中所有可以支配的时间总量,直接分配到当日需要完成的工作项目上,让所有的工作计划得到落实。根据日程表的时间安排去执行每项工作任务,可以充分利用所有能支配的时间,按时完成当天的工作任务。根据工作时段的长短,工作日程表有年度工作计划表、月工作计划表、周工作计划表、每日工作日程表之分。日程表有助于将每一件计划事项变成现实行动。

三、上司工作日程安排

(一)上司工作日程安排内容

上司工作日程安排是指,秘书协同上司对一定时限内所要执行的具体工作事项依时间顺序做出合理的计划,并保证其顺利实施。

上司工作日程主要是安排上司主持或参加的重要或特定的管理活动,大体上有以下几类。一是各种接待、约见活动,具体包括接待组织外部来宾或国外来宾、约见本单位内部人员、与客户见面等。二是公务旅行活动,它是指党政机关和事业单位领导人、企业主管等外出到全国乃至世界各地联系合作、市场调研或参观学习。三是参加或召集各类会议,它是指为部署任务、听取建议以及进行各类表彰等,上司参加或召集举行的不同类型的会议。四是实地调研或现场检查指导工作,如主管领导深入市场或生产一线了解本组织的生产、营销、资产运行等方面的情况。五是主持或参与社会组织的各类重大活动。

(二)上司工作日程安排原则

在办公室事务管理中,秘书应及时掌握上司各种管理活动的线索,为上司作出工作日程安排。在处理上司日程安排时,应遵循以下时间安排原则:

第一,协调原则,即协调上司及组织管理层之间的工作,以保障组织正常运转;

第二,优先原则,即区分轻重缓急,明确事情优先级别,理顺各项事务关系,酌情安排上司工作活动,避免出现时间冲突;

第三,弹性原则,即留有余地,以应对临时性工作调整;

第四,加强与组织内其他相关部门的联系,确保所有时间安排能够顺利实施。

(三)上司工作日程安排形式

上司工作日程的安排一般都以日程表的形式确定下来。日程安排的形式有年度工作计划表、月工作计划表、周工作计划表、每日工作日程表、多人日程表等。另有会议日程表、旅行日程表等专用日程表,它们不在本章讨论范围。下面介绍年度工作计划表、月工作计划表、周工作计划表、每日工作日程表和多人日程表。

1. 年度工作计划表

年度工作计划表是本单位新的一年中重要活动的时间安排一览表。年度计划属于长期日程安排,其内容宜粗不宜细,一般只列出本单位在新的一年涉及全局的工作或本单位的重大活动。年度工作计划表的作用是,让上司和各部门的负责人一目了然地看出本单位在新的一年中有哪些重要工作和活动,其中哪些与本部门有关,以便提前做好准备。其他临时性活动应避开重大活动的时间。例如,根据年度计划三月下旬将召开公司职工代表大会,在大会召开期间和召开之前一段时间,上司必须将主要精力用于职工代表大会的筹备和召开,在此期间就不能过多参加其他活动,如外出考察、应邀讲学等。

年度工作计划表一般根据本单位的年度工作总体计划文件来编制。编制时,根据上司的意见将工作计划中提到的主要活动,确定一个恰当的时间,并按月份和日期顺序加以排列即可。制成草表后,报上司审阅批准,然后就可以复印分给各位上司和各部门负责人。年度工作计划表的格式可参考表1-1。

表1-1 ××公司2013年度工作计划表

月 份	日期及活动内容	备 注
1		
2		
3		
……		
11		
12		

2. 月工作计划表

月工作计划表属于中期日程安排,其内容较年度工作计划表要详细,一般应将上司在一个月内需要参加的会议、会谈、调查研究、工作旅行等重要活动,以日为时间单位记入表中。

月工作计划表一般在上个月月底编制,秘书可将年度计划中已经确定的当月活动和机关例行活动(如定期召开的机关办公会议、常委碰头会等)对应的日期先填入日程表,再由上司安排其他活动的时间。月工作计划表的格式可参考表1-2。

表1-2 ××县长3月份工作计划表

日期	星期	日 期 及 活 动 内 容	备 注
1	五		
2	六		
3	日		
……	×		
30	六		
31	日		

3. 周工作计划表

周工作计划表属于短期活动计划,在内容安排上要求更加详细、具体,除了要安排上司的重要活动或例行会议外,凡是与其他人已经约定的活动都要一一记入,在时间上要求尽可能精确,活动地点也要注明。周工作计划表既是上司工作的具体实施计划,也是秘书提供相关服务的依据。秘书要根据计划表的内容提前对上司的各项具体活动做好准备。例如,上司本周四将去总公司汇报工作,秘书就要提前一两天准备好上司需要的各种材料,并通知司机做好出车准备;上司周五下午接待贵宾来访并设宴招待,秘书应在这之前布置好接待室,并向酒店预订宴席;上司预约的会见,要在前一天与对方再次联系落实,以便对方做必要的准备。

周工作计划表应在上周末排定,秘书要先将当月工作日程表所定的本周重要活动和已经约定的工作内容填入,并请示上司是否需要变动、原来没有安排活动的其他时间有没有新的安排。在此基础上拟订初稿,经上司审阅同意后复印给上司本人一份、留存办公室一份,如果有必要还要送其他上司,但不宜分送到职能部门和司机。周工作日程表排定后,秘书要立即为日程表所列的各项活动做必要的准备,以保证上司的各项活动能按计划顺利进行。周工作日程表的格式可参考表1-3。

表1-3 ××总经理周工作计划表(6月9日—15日)

日期	星期	午别	工作内容	备注
9	一	上午		
		下午		
10	二	上午		
		下午		
……	……	上午		
		下午		
14	六	上午		
		下午		
15	日	上午		
		下午		

4. 每日工作日程表

每日工作日程表是上司一天的工作计划表,在时间安排上一般要精确到时、分,尽可能详细具体。例如,几时几分要参加什么会议,几时几分要与某人见面谈话,几时几分要接待某人来访,几时几分集中批阅文件,等等。每日工作日程表应在前一天下班前制定。一般先由秘书将周日程表中已排定的第二天的活动内容和已经预约的会见等活动归总,编制第二天的工作日程表,拟订的初稿送交上司本人确定,看是否需要调整或补充。由于是第二天就要进行的工作,许多活动的准备工作已经基本完成,因此上司一旦同意,一般不需再做变动。每日工作日程表的格式可参考表1-4。

表1-4　××总经理每日工作日程表

（××××年×月×日×星期×）

时　间	活　动　内　容	地　点	备　注
8:00			
9:00			
10:00			
11:00			
12:00			
13:00			
14:00			
15:00			
16:00			
17:00			
18:00			

5．多人日程表

为了一目了然地看出单位各位上司的活动内容和时间安排，秘书部门还需编制多人日程表，即在一张统一的表格中将几位上司的重要活动按时间顺序一一标出。这种日程表可让每位上司除了知道自己的活动安排外，也了解其他上司的活动安排，以便互相配合，协调工作。它还有利于秘书部门统筹安排对各位上司活动的综合服务。多人日程表（每周）的格式可参考表1-5。

表1-5　××公司领导周活动日程表

（×月×日至××日）

星期	午别	董事长	总经理	A副总经理	B副总经理
一	上午				
	下午				
二	上午				
	下午				
……	上午				
	下午				
日	上午				
	下午				

（四）安排上司日程应注意的事项

上司日程安排的内容，主要是上司在一定时间内参加组织机构内外的各种比较重要的活动,如各种会议、会谈、出差、访问等。在安排日程的过程中,秘书要与各部门密切配合,并随时向上司本人请示、汇报。

1. 统筹安排,注重实效

各组织单位领导人的基本职责是进行全局性管理,上司的活动日程应围绕这一中心来安排。凡是与本单位主要业务无关或关系不大的活动,应尽量不参加或少参加。必须参加的会议、接待的来宾、拜访的公司,到底先进行哪一项,秘书要事先统筹考虑,找出最佳出行时间、行车路线,减少路上耽误的时间。如果接受邀请,在时间安排上要尽可能考虑好优先次序。诸如各种各样的开幕式、开业典礼、工程奠基、竣工仪式、剪彩、题字、题词、宴会等活动,都有可能邀请相关领导人参加,如果有请必到,势必占用大量时间和精力,从而影响上司个人及组织机构的正常工作。所以对邀请参加的社会活动要甄选,应当与上司沟通后再安排。

2. 内外兼顾,留有余地

随着组织业务的发展,上司与外界打交道的时间越来越多,但是作为组织的领导者,上司必须内外兼顾。因此,秘书在给上司安排工作日程时,一定要留出专门的时间让上司来了解本单位、本公司的生产经营状况,及时处理业务中的各种矛盾和问题,促进组织的发展。同时,给上司安排活动日程时,应坚持弹性原则,不能把活动安排得过满,必须留下一定的机动时间由上司自己支配。日程表中记入的内容,大多是有严格时间要求的公务活动,如会议、约见、出访、接待、出差等,而诸如批阅文件、与本单位人员的一般性谈话等,一般不记入日程表,由上司在机动时间自由处理。另外,留下一定的机动时间也便于对原定日程进行变更和调整。

3. 张弛相间,劳逸结合

安排上司工作日程既要注意提高效率,把活动安排得井然有序,又要充分考虑到上司的时间、精力、年龄和身体状况,把活动安排得张弛相间,使上司得到必要的休息。即使是年富力强、精力旺盛的上司,也不宜长期超负荷工作。把脑力消耗大的工作和体力消耗大的工作穿插开来安排,有利于上司保持旺盛的精力。

4. 灵活掌握,适度保密

上司的活动日程在一定程度上带有机密性,例如,某些讨论机密事项的会议的时间、地点,某些涉及商务秘密的谈判等。高层领导的活动日程还关系到人身安全问题。因此,对他们的活动日程还应注意保密。上司工作日程表不宜贴在组织外部人员可以看到的地方,不宜过多复印散发,因为散发越多越容易泄密。有时为了工作方便,秘书将上司工作日程表复印许多份,分发给各职能部门甚至司机,这一做法不利于活动日程的保密。实际上,各职能部门只需要了解本部门要参加或配合的活动安排,而司机则只需要知道上司在什么时间要用车。秘书可提前将这些内容分别通知有关部门和司机,让他们做必要的准备,或者把上司工作日程表的内容简化一下,交给司机一份,表上只有上司外出的时间和地点。这些都需秘书灵活掌握。

5. 充分尊重上司的意图

基于个性、经历、工作环境等因素,每个上司的处事风格和工作习惯都会不同,他们对工作日程的安排可能会有各自不同的要求。秘书在协同上司安排日程时,既要积极主动发挥参谋助手的作用,也要充分尊重上司本人的意见,任何日程安排必须征得上司本人同意。上司根据工作需要可能会对原定日程做一些临时变动,如取消某项活动或者改变原定的时间安排等,在这种情况下,虽然会给自身工作增添一些麻烦,但秘书应利用一切条件,随机应变。另外,除非上司已有明确指示或授权,秘书不得在未经上司同意的情况下代上司接受或拒绝预约。

第二节　办公室环境管理

　　现代办公室是一个用各种先进技术支持的全球性工作环境。相对于传统办公室,现代办公室环境日益变得纷繁、复杂,不仅有办公室的空间、空气、光线等自然因素,办公室文化、人际关系等人文因素,还包括电话机、计算机、互联网和其他各种电子化办公设备。为了提高办公效率,需要一个舒适自然、使用方便、安排合理的物理空间环境。这也是组织管理活动正常运作的必需条件。

一、办公室类型与布局

(一)办公室类型

　　目前,一般社会组织机构的办公室,根据空间大小通常分为传统封闭式小办公室和开放式大办公室两种类型。传统小办公室相对封闭且空间较小,每间16平方米左右;开放式大办公室一般空间较大,通常在40平方米以上。目前,传统小办公室是我国中高层党政机关与事业单位通常采用的办公组织方式,现代化企业、党政机关及一般事业单位中面向社会公众的服务部门则多采用大办公室。

(二)办公室布局

　　为了充分利用空间及适应社会组织的管理活动要求,办公室一般有分散式与集中式两种布局方式。分散式是将同一部门的人分布在不同的办公室内,开放式是将多人或多种功能部门集中于一个开放的大办公室内。这两种办公室布局方式各有利弊。

　　1. 分散式的小办公室

　　如果一个组织的办公空间是由多间小办公室组合而成且相对封闭,为了保证办公系统有效地运行,通常采取分散式布局,即将一个部门的内设机构根据其实际功能分布在办公楼的不同方位、不同空间,由多间小办公室组成分散式办公空间。凡与外部接触频繁的工作部门,如接待、信访等最好设在办公楼一层的入口处;综合性部门则应设在办公楼的中心点,关系密切的科室应相互接近;秘书部门办公室应紧邻主管办公室,一墙之隔为好;资料室、档案室安排在较为僻静的一隅,并尽量远离火源、噪音源等。各部门在空间上相对独立,这不仅有利于信息保密和工作不受干扰,也有利于保持工作环境的安静,便于实行组织分级管理。但是,这样的布局也存在弊端,即不利于各部门之间的信息沟通与协调,也不便于监督检查,且占用空间较大,办公成本相对较高。

2. 开放式的大办公室

开放式的大办公室就是所谓集中式布局,将整个社会组织或一个部门的内设机构集中于一个统一的整体空间,如办公大楼的同一楼层或同一个方位,且相互连通。采取这一布局方式的办公室一般需要较大的空间,通常在40平方米以上,将组织内各职能机构集中于同一空间,按照工作流程,以办公桌为中心,将相关办公设备进行布置排列。其优点是有利于部门之间的沟通和配合,便于统一管理,且节约办公成本,但不利于保持工作环境的安静,也不利于安全保密。

二、办公室布置

办公室布置,指同一个办公空间内,工作人员的位置安排及各种办公设备的放置。布置赏心悦目的办公环境,才能创造一种和谐舒心的气氛,不仅能够激励内部成员的团队精神,有利于提高工作效率,也会使外来人员产生好感。办公室布置因社会组织机构的办公条件、工作方式及习惯不同而有所差异。

(一) 小办公室布置

在独立单间的小办公室内,除安放办公桌、办公椅、文件柜、电脑、电话机等必不可少的办公设备外,还可以有供接待来访人员用的座椅、沙发、茶几等物品。

具体的布置方式通常是,常用的存放文件、资料、档案的文件柜放置在工作人员身后,靠墙,这样既不遮挡光线,又可以节省空间,同时便于取用;单人用的办公桌应面向门口,但避免正对门;多人使用的办公桌最好不要面对面放置,应各自有一定的空间,以免相互干扰。另外,要留出足够的通道,办公用具一般宜占办公室10%左右的空间。除此之外,还有一种格子间小办公室,即在小办公室基础上加以改进的部门办公室,是用建筑材料或其他工具将办公室分隔成一个个小工作间,每个职员的工作间相对独立,以避免互相干扰。

(二) 大办公室布置

大办公室内一般是将集中于同一空间的各职能机构,以办公桌为中心,按照工作流程,兼顾相关办公设备进行布置排列,其他办公设备尽量置于工作空间的外围或靠墙。

通常在这一整体空间的一侧或中间留出通道,办公桌椅按直线对称的原则及工作程序,靠一侧或两侧排列。也可以用文件柜背靠背排列或用隔板、屏风将办公室隔成若干工作单元,各工作人员都有自己的办公桌椅和文件柜等办公设备,既相对独立,又便于联系。每个工作单元都应有足够的电器插座。如果主管人员与一般工作人员同在一个大办公室,则主管的桌椅应置于其他办公人员的最后边,用玻璃门隔开,既避免干扰,又利于监督下属工作。各工作单元的流程要求尽量呈"I"型、"Y"型或"R"型,不要呈"Z"型、"M"型或"X"型,避免不必要的倒退、交叉,浪费体力和时间。大办公室空气流通和采光较好,便于工作上的配合,不利之处在于人声嘈杂,来往走动,相互干扰。

知识链接

办公室布置24条原则

采用一大间办公室,便于采光、通风、监督、沟通,比采用同样大小的若干小办公室为优。

使用同一大小的桌子,可增进美观,并促进职员平等相处。

使同一区域的档案柜与其他柜子的高度一致,以增进美观。

采用直线对称的布置,避免不对称、弯曲与成角度的排列。

工作流程应成直线,避免倒退、交叉与不必要的移动。

相关的部门应置于相邻的地点,使性质相同的工作便于联系。

将通常有较多外部来访的部门置于入口处;倘不可能,亦应规定访客须知,使访客不至于干扰其他部门。

将自动售货机、喷水池、公告板置于不致分散职员精力及造成拥挤之处。

应预留充分的空间,以备最大工作负荷的需要。

应使工作空间方便工作者,而非工作者方便工作空间,并将工作者的移动减至最小限度。

主管座位应位于部属座位之后方,使主管易于观察工作地点发生的事情。

使全体职员的座位面对同一方向,不可面对面。

自然光应来自桌子的左上方或斜后上方。

避免在总办公室相邻之处设私人办公室,因其易切断总办公室的自然光。

勿使职员面对窗户、太靠近热源或坐在通风线上。

采用屏风当墙,因其易于架设,且能随意重排。若采用不透明玻璃的屏风,应提供良好的光线及通风。

装设充足的地板电源插座,便于办公设备的使用。

将需要使用嘈杂设备与机器的部门,设于隔音之处,避免干扰其他部门。

常用的设备与档案,应置于使用者附近,切勿将所有的档案置于死角之处。

档案柜应背对背放置。

可考虑将档案柜放置于墙角。

倘条件许可,应设休息处,作为公众休息及用午餐之处。

供应便利充分的休息室设备。

对未来的变化,应加以预测和防备,使布置可适应这种变化。

资料来源:温明村,《现代企业办公室管理》

三、办公室环境美化与标准

(一)办公室环境美化要求

办公室既是上司、秘书及相关工作人员的工作空间,又是对内对外联系的中心场所,是社会组织机构对内对外的"窗口"。办公室环境不仅展现办公人员的工作态度与行事风格,而且承载着本组织的机构文化与组织形象。办公室环境美化需要达到以下要求。

1. 实用

实用是办公室环境优化的基本要求。办公室是工作场所,首先要满足办公人员的工作需求,方便工作,有利于提高工作效率。工作相同或联系密切的部门应尽可能相邻,避免不必要的迂回与交叉。其次,办公室环境优化应追求最佳功能组合,以发挥最高工作效率。环境布置应尽量降低成本,以求经济实用。

2. 舒适

优化办公室环境,不论设计还是装饰都要以舒适为标准。首先,要充分考虑到光线、色彩、噪音、气候等自然环境因素在不同程度上对人的生理与心理的影响,要能够充分满足人的生理与心理需求;其次,要求文具、办公桌、文件柜及其他办公设备整洁有序,这不仅有利于创造一个赏心悦目的工作环境,更有助于提高工作效率。

3. 和谐

和谐的办公室环境,一方面要求办公室设备、装饰、设计美观大方,符合工作性质及行业特点;另一方面作为组织文化的载体,办公室要呈现组织的文化和精神,反映组织的特色和形象。这将对置身其中的工作人员产生积极的影响,不仅有利于强化成员之间的平等,还可创造和谐的人际关系。

4. 安全

办公室环境安全是一个非常复杂的问题,它涉及诸多方面,如工作空间、设备操作、设备卫生、办公桌椅设计、火灾风险控制、紧急救措、电力装置、防盗装置等。优化办公室环境就必须保证工作人员的人身安全及组织财物安全。

(二)办公室环境的科学标准

办公室环境总体上要求光亮适度、空气清新、温度适宜,其科学标准主要涉及光线、色彩、温度、湿度、空气等因素。它对办公人员的工作效率和身心健康有重要影响。

1. 光线和色调

(1) 光线。科学测试证明,充足而稳定的光线能使工作效率提高10%~15%。相反,光线不足容易造成视觉疲劳,导致视力下降甚至眼睛疾病,而光线过强或不稳定,会使人烦躁不安,直接影响工作效率。白天办公最好是自然采光,太阳光从左边或后面射入,一般以不直接照射办公桌面为宜。如果办公桌靠窗摆放,需要白色或淡颜色活页窗帘调整光照。自然光不足时,必须以灯光补充或代替。根据我国为企业制定的《房间的照度标准》规定,办公室的最低照度是距地80厘米的水平面上必须有50勒克斯。通常采用整体灯光,以光线柔和的日光灯为宜。灯具最好装在室顶或天花板四周,利用室顶反射光,柔和、均匀,利于保护视力。对秘书办公室来说,除了保证照度不低于50勒克斯以外,在写字、打字时还可以使用台灯增加局部照明度。如用集中光源,则应加磨砂或乳白玻璃灯面。另外,办公室不宜采用五颜六色的光线。

(2) 色调。指办公室空间环境色彩的总体倾向。色调与光线一样影响人的视觉心理。从人的主观感受上来说,色调有冷暖之分,例如,红色、橙色、黄色为暖色调,绿色、蓝色、黑色为冷色调,灰色、紫色、白色则为中间色调。办公室的色调总体要求能够使人感觉平静和舒适,利于集中注意力。因此,一般性的办公室宜用冷色调,会议室、会客室宜采用暖色调。办公室的天花板通常为白色,这有利于光线的反射;地毯则以灰色或米色为宜;

相对于地板,墙壁的色调一般应淡些;办公桌多用灰色、褐色;办公桌椅与会客室桌椅多用黑色、棕色。如有可能,办公室一年可换两次色调,春末夏初墙用冷色,铺绿色地毯;秋末冬初则墙用暖色,换紫红色地毯,室顶不变。除此之外,办公室色调设计还需考虑工作性质与个人风格。例如,美国总统的椭圆形办公室,每届总统新上任都要重新装修,奥巴马总统上任后,把前总统小布什酷爱的金黄色系改成了自己喜欢的灰褐色系。

2. 空气

办公室空气质量的好坏对人的行为和心理都有影响。办公室空气的好坏是以空气的温度、湿度、清洁度和流动速度四个参数来衡量的,称之为空气的"四度"。

(1) 温度。指办公室气温的高低。人的舒适感与温度有直接关系。空气温度过高,会使人频频出汗、烦躁、困倦,增加人为错误,直接影响工作效率;气温过低,同样使人不得安宁,降低人的警觉,分散人的注意力,对脑力作业的干扰尤其大。而适当的温度则会使人舒适,精力集中,思维活跃,有利于提高工作效率。办公室的温度一般冬天在20℃~22℃,夏季在23℃~25℃为宜。近年来,由于节能的需要,我国夏季办公室大都将空调温度调到26℃。总之人体感觉自然、舒适即可。

(2) 湿度。指空气的干湿程度,表示空气中的水汽含量。适当的空气湿度能使人精神振奋,提高工作效率。适宜的湿度是创造理想办公室工作环境的一个重要参数。研究表明,在正常温度下,办公室的湿度应以40%~60%为标准。在这个湿度范围内工作,人会感觉清凉、爽快、精神振作。过高或过低都不好。如果相对湿度低于20%,则办公室的空气太干燥;当相对湿度高于70%,则空气太潮湿。空气湿度过高会直接影响人的身体健康,同时,办公室的设备、办公耗材、文字资料等都不适宜在过度潮湿的空气里使用和保存。

(3) 清洁度。指空气的新鲜程度和洁净程度。空气的新鲜程度取决于空气中氧的含量多少。例如,许多人在一个封闭的屋子里开会,时间一久,就会有胸闷或压抑的感觉。在这种情况下,必须打开门窗,透透空气,或开启排风扇、空调,以调节室内的空气。办公室空气新鲜与否,与人的身体健康有密切的关系。新鲜的空气可以使人精神焕发,提高工作效率;反之,污浊的空气则使人感到身体不适,影响情绪,降低办公效率。

我国2003年实施的《室内空气质量标准》明确提出,"室内空气应无毒、无害、无异常气味"。现代办公室的空气污染主要来自以下三个方面:一是办公室的建筑与装饰材料,里面有甲醛、苯、氨、氡等污染物质;二是办公设备造成的污染,主要有臭氧、粉尘、辐射等;三是人体活动带来的可吸入颗粒物、二氧化碳、二氧化硫等化学性污染物。

(4) 流动速度。指办公室的空气流动速度,简称流速。一般来说,在室温为22℃左右、空气的流速为0.25米/秒时,人体能保持正常的散热并感到舒适。空气流动过快或过慢,都会引起人体的不适。正常的通风标准是每人每小时2000立方米的空气。保持办公室内空气新鲜,需要常开窗换气,使空气保持对流。

如果气候条件不允许,为了改善办公室的空气,可以采取以下措施。第一,办公室绿化。摆放花草,可以美化环境,并吸收空气中的二氧化碳,释放氧气,改善空气质量,更重要的是可以吸收电脑辐射,如吊兰、绿萝、仙人球或仙人掌,以及较大的绿色植物,像发财树、万年青、绿霸王等。这些花草能够调节小气候,有助于提高工作效率。第二,在办公室放置空气净化器及加湿器(需定时检修办公设备)。在相对封闭的办公环境中,空气质量会比较差,而且长期待在空调房里也会感到很干燥,加湿器能解决这一问题。第三,尽量采用无毒或少毒少害、绿色环保的建筑材料,以减少污染源。

3. 声音

办公室保持肃静才能使工作人员聚精会神地工作,因此要求排除、降低噪音。噪音使人注意力分散,记忆力减退,思考能力下降。严重或长时间的噪音,给人带来生理和心理上的危害,损害听力,影响人的神经系统,使人急躁、易怒、疲倦等。

根据中国科学院声学研究所制定的《环境噪声标准》规定,办公室的噪音,白天应在45分贝以下,晚间应在35分贝以下。如果达不到这一要求,可以采取降低噪音的措施。第一,使办公室远离车间、机器设备等噪音源,或在办公室与噪音源之间实施绿化。第二,对办公室内进行隔音或吸音处理,如安装双层玻璃、铺地毯、墙壁和天花板做隔音层等,这些都能有效地降低噪音。一般来说,声音环境应有一个理想的声强值。办公室的理想声强值为20~30分贝,在这个声强范围内工作,能使人感到轻松愉快,不易疲劳。①

第三节 办公室用品管理

任何一个办公室,除了需要一个空间上的环境之外,办公室用品与设备也是必不可少的物质基础。现代办公室用品与设备,通常有消耗性用品和固定设备两种。除了传统的办公文具、家具与日常用品之外,还包括电子办公设备与耗材等。这些资源的采购和发放、调配和管理、库存和保管,也是秘书及其机构必须重点解决的问题,即通常所谓的机关后勤工作。

一、办公用品与设备分类

现代办公室的日常办公用品与设备总体上可分为以下几大类。

(一) 文具事务用品

文件档案管理类:有孔文件夹(两孔、三孔文件夹)、无孔文件夹(单强力夹、双强力夹、长押夹等)、报告夹、板夹、分类文件夹、挂劳夹、电脑夹、票据夹、档案盒、资料册、档案袋、文件套、名片盒、CD包、公事包、拉链袋、卡片袋、文件柜、资料架、文件篮、书立、相册、图纸夹等。

桌面用品:订书机、起钉器、打孔器、剪刀、美工刀、切纸刀、票夹、钉针系列、削笔刀、胶棒、胶水、胶带、胶带座、计算器、仪尺、笔筒、笔袋、台历架等。

办公本:无线装订本、螺旋本、皮面本、活页本、拍纸本、报事贴、便利贴、便笺纸、会议记录本等。

---

① 杨剑宇:《涉外秘书实务》,上海人民出版社,2007年版,第11~15页。

书写、修正用品：中性笔、签字笔、圆珠笔、铅笔、台笔、白板笔、荧光笔、钢笔、记号笔、水彩笔、POP 笔、墨水笔芯、软笔、蜡笔、油画棒、毛笔、橡皮、修正液、修正带等。

财务用品：账本、账册、无碳复写票据、凭证、单据、复写纸、用品耗材、票据装订机、财务计算器、印台、印油、支票夹、专用印章、印章箱、手提金库、号码机等。

辅助用品：报刊架、杂志架、白板系列、证件卡、包装用品、台座系列、证书系列等。

电脑周边用品：光盘、U 盘、键盘、鼠标、移动硬盘、录音笔、插线板、电池、耳麦、光驱、读卡器、存储卡等。

电子电器用品：转换器、排插等。

（二）办公耗材

打印耗材：硒鼓、墨盒、色带、粉盒等。

装订耗材：装订夹条、装订胶圈、装订透片、皮纹纸等。

办公用纸：复印纸、传真纸、电脑打印纸、彩色复印纸、相片纸、喷墨打印纸、铜版纸、彩喷纸、绘图纸、不干胶打印纸、其他纸张等。

IT 耗材：网线、水晶头、网线转换接头、视频线、电源线等。

（三）日用品与用具

日用品：五金工具、抽纸、卷筒纸、大盘纸、卫生纸、纸巾、湿巾、毛巾、手帕、茶壶、水壶、茶具、保温杯、塑料杯、水杯、纸杯、卡通杯、陶瓷杯、马克杯、杯子贴挂件、杯垫、玻璃杯、咖啡杯、手套、口罩、鞋套、工作服等。

饮食品：茶、咖啡、方便食品、饮用水、饼干等。

（四）电子设备

事务设备：碎纸机、装订机、支票打印机、考勤机、点钞机、过塑机、名片扫描仪、电话机等。

IT 设备：电脑、投影仪、复印机、传真机、打印机、多功能一体机、扫描仪、相机、交换机、路由器等。

日用电器：加湿器、饮水机、电风扇、吸尘器等。

（五）办公家具

文件柜、更衣柜、多屉柜、杂柜、保险柜、办公桌、办公椅、档案柜、铁皮柜等。

（六）书报杂志与办公网络

工具书、资料、报纸、期刊等，办公软件、计算机程序软件、办公网络等。

（七）其他

公务车辆以及其他用品等。

二、办公用品与设备管理

（一）采购与发放

关于办公用品与设备管理，社会组织都有相关政策和制度。秘书人员需要了解本组织机构有关办公用品与设备的采购与发放制度。总体上，办公室购置办公用品与设备要坚持三个原则。一是实际需要原则。从满足办公室需要的角度出发，材料采购满足日常耗费，新老设备更新换代适应现代化办公的发展需求。二是勤俭节约原则。少花钱，多办事,做到物尽其用,不添置闲置设备。三是计划原则。按采购的一般程序,采购前预先考虑设备用途、放置空间,还要计划好采购的品种、质量标准、技术参数和采购时间。一般用品在采购之前应填写《购买申请单》,写清采购的理由,经上司批准后交给采购人员购买。大型或价值较高的办公设备的采购,应据财务管理制度的要求,先提交预算,经审核评价后再招标购买。采购来的物品在入库前要进行质和量的验收,并填写入库登记单,如表1-6所示。

此外,办公室报纸杂志的订阅,秘书人员要根据机关经费预算决定每年订阅报纸的种类和级别。首先考虑本行业的专业报纸和权威杂志,其次根据机关业务性质订一些其他类的报纸杂志,最后还需对报纸杂志的使用、收集进行有效管理。

表1-6 办公用品入库登记表

采购日期			入库日期		金额小计	
序号	品名	规格型号	单价	数量	金额	备注

采购人签字: 　　　　　　　　　　　　　　入库人签字:

采购来的物品要尽快发放到使用者手中。领用时要进行严格登记,填写领用登记表,登记相关内容。领用登记表一式两份,领用者和管理部门双方各执一份。领用登记表如表1-7所示。

表1-7 办公设备和用品领用表

领用部门		领用人	
品名、规格、型号	数量	单价	备注
领用用途			
部门意见		领用人签字	
批准人签字		发放人签字	

(二)调配和管理

办公设备要根据组织内各部门的工作性质和相关情况来配备,主要设备基本固定。为所有设备和用品建立档案,定期进行统计整理,然后汇总,据此进行调配和使用。若某一设备闲置或不常用,可调给需要的部门或与其他部门合用,以充分、合理地利用办公资源。

组织设备管理要制度化。除了对办公资源进行登记外,还要制定设备使用制度。各部门要负责本部门设备的保养和维护。特别要加强电话管理,控制公话私用。电话费历来是组织单位开支的大项,最好的办法就是实行使用登记与经费定额相结合的制度。加强电话管理是机关后勤管理的难点,应定期检查并核对电话账单以控制开销。

(三)库存和保管

采购来的办公设备和各类用品要进行登记,然后存入仓库。入库时要核对订货单、交货单及货物,如有不符应及时通知相关部门再做进一步处理。秘书人员应做好库存记录,及时更新库存余量。

办公设备和用品入库后,要摆放有序,贴上标签,按照一定的储存规律摆放,以便于取用。取用应根据"先进先用,后进后用"的原则,保证物品不会过期。所有物品存放好后,应注意保护库房的安全。积极消除事故和火灾的隐患;及时上锁,管理好钥匙,严防失窃;保证储物间通风良好,保持房间的干燥。此外,还应保管好办公资源的进货、存货和发放记录等资料。

(四)维修与保养

今天,几乎每一个办公室都在使用电子设备,如复印机、打印机、传真机、扫描仪、摄像机、数码相机、证卡机等。这些都是集光学、机械科学、电子技术于一体的精密办公器材与设备,需要定期维护与保养,清除内部污垢,加润滑油,清洁光学部件,改善使用质量,将可能发生的故障消灭在萌芽状态,减少停机时间,提高工作效率。秘书人员要掌握这些设备的购买日期、使用期限、维护要求,以及设备供应商售后服务电话、维护方式、保修期限、维修价格等信息,制作相关办公设备维修服务记录,并在当年办公经费支出预算中列出办公设备的维护、维修经费,以满足办公设备日常维护的需要。办公设备维修记录表如表1—8所示。

表1—8 办公设备维修记录

品名		规格型号	
编号			
购买日期			
供应商的地址		供应商联系电话	
维修内容			
维修时限		维修日期		维修服务者	
维修费用		保修单	
意见			

三、车辆管理

组织的车辆一般由秘书机构直接调度和管理。管理的主要内容是车辆人员配置、公务使用、日常调度、驾驶员管理及交通安全管理等。

（一）车辆配置

党政机关、国有企事业单位公务用车的配置，要严格遵循国家关于公务用车管理的有关法规，确定车辆的档次，严禁超标准用车。根据机关规模和业务范围来确定购置的数量，不能为了享受或攀比而购置不必要的车辆；根据经济状况购置车辆，经济条件不许可的情况下，不能挪用其他项目经费或借贷购车。

购置来的公务用车要办理完备的机动车使用手续。先要到当地机动车辆管理部门进行登记，领取号牌和行车证。到单位后要进行财产登记和车辆状况登记，建立固定资产（汽车）档案后，方可把车交付给车队或驾驶员。

（二）车辆调度

车辆调度一般由秘书机构进行统一安排。用车单位和人员先要到办公室申请，办公室根据车辆使用规范确定使用何种车辆并安排用车时间。秘书在车辆调度时要坚持按规章办事，一定要合理安排用车，坚决禁止公车私用。要规范填写派车单，车辆回来后要及时入库。

（三）驾驶员管理

办公室对车辆驾驶员的管理，首先要进行业务管理，包括驾驶技术管理、车辆维修技术管理、车辆保养管理、交通安全管理等。其次要对驾驶员进行职业素质教育，主要内容有：服从调度安排，热情服务；文明行车，热爱本职工作；禁止乱用公车，禁止用公车谋私利；保守秘密，不能传播上司谈话内容，更不能断章取义，散布流言。最后是对驾驶员的安全驾驶教育，驾驶员不得超速行驶、酒后驾驶，要严格执行交通法规，自觉检查车辆安全，不让别人驾驶自己驾驶的车辆，也不驾驶有安全隐患的车辆。

要建立健全驾驶员录用、培训、继续教育、安全教育、考核和奖罚机制，要把驾驶员管理和车辆安全管理纳入秘书机构日常管理的长效机制中。

四、办公室工作程序手册

为了方便对办公室事务的管理，秘书通常需要一份公司政策、工作程序手册或案头手册。手册可以采用印刷形式或者直接储存于公司网页的电子形式，主要用来告知处理办公室事务的相关工作政策及工作程序。其中包含一些必须告知的项目，如公司有关新员工的政策、年度目标、休假政策、健康福利和申诉程序等，也可能包含一些工作规则和工作程序的标准等。在实际工作中，很少有人能够记住公司的每一项政策或每一个项目的具体形式，案头手册应为处理各项具体工作提供指南。它通常包含特定岗位或具体部门的工作信息，还可以包含一些办公室常规工作的示例、完成这些工作的常用方法说明、公司组织结构图、办公室工作信息、常用电话号码及其他相关信息。新员工参考案头手册可以更快地熟悉办公室工作的操作规程。

如果没有现成的案头手册，秘书就应自己动手完成这个工作。通常情况下，如果可能，可要求工作岗位接近的同事提供信息或复印件，根据自身工作的具体情况进行改编整理。要随时更新有关办公室工作的新政策，调整工作程序，并随时备份收到的新工作程序、工作要求、图例样式等。

一份案头手册通常应包含如下项目：
(1) 公司各种设备的位置；
(2) 组织结构图；
(3) 公司电话系统操作程序；
(4) 电子邮件及语音邮件指令或要点说明；
(5) 信件与备忘录样式；
(6) 各类形式的信件样本；
(7) 日常惯例；
(8) 例行问题的截止日期；
(9) 工资程序；
(10) 供应商网址；
(11) 重要的电子邮件地址,如重要客户、商务伙伴、业务联系者、有关政府机构等；
(12) 邮件处理程序；
(13) 确保办公室工作效率的其他信息。

第四节　办公室保密工作

一、办公室保密工作概述

办公室保密工作主要是指办公室机要文电信息的保密工作。它是办公室事务中的重要组成部分,也是秘书及秘书机构的一项传统工作。所谓保密,即保守秘密。根据《中华人民共和国保守国家秘密法》规定,国家秘密是关系国家安全和利益、依照法定程序确定、在一定时间内只限一定范围的人员知悉的事项。简言之,秘密就是指在一定时间里只能让一定范围的人员知悉而不宜向其他人公开的事项。

（一）秘密与密级

秘密按保密程度一般可分为三个等级,绝密、机密、秘密;按照秘密范围可分为国家秘密、组织秘密、私人秘密;按照秘密内容可分为政治秘密、军事秘密、商业秘密等;按照存在方式又可以分为有形秘密和无形秘密,有形秘密如文件类、录像类,无形秘密如口头类和技术类。

保密就是保护和保守秘密,使之在一定时间和范围内不外泄。保密工作是指从维护一个国家、一个地区或一个组织的安全和利益出发,为保守秘密而采取的各种防范措施及活动的总和。简言之,保密工作就是特定组织及其成员为达到保守组织秘密的目的所采取的一切手段和措施,它包括积极防范和认真追查两个方面,以积极防范为主。

(二)保密工作的特点

1. 法制性

保密工作的一项重要内容就是制定保密法律、法规以及组织内部相应的保密规章。尤其在法制社会,保密工作的法制性成为保密工作的突出特点。我国法律、法规有很多条款涉及管理国家秘密问题,如《中华人民共和国宪法》第五十三条规定,中华人民共和国公民必须遵守宪法和法律,保守国家机密;《中华人民共和国刑法》第一百一十一条、第二百一十九条、第二百八十二条都对窃密、泄密、失密的法律责任做了明确的规定。另外,我国还颁布有《中华人民共和国保守国家秘密法》《党和国家工作人员保密守则》,加强保密工作管理的法律依据。

2. 隐蔽性

保密工作的隐蔽性是由工作对象决定的。保密工作就是为达到保守组织秘密的目的所采取的一切手段和措施,说到底是对秘密采取各种防范措施,保证一定时间内只有部分人员掌握,不外泄。如果保密工作所采取的手段和措施失去了隐蔽性,保密工作本身也就失去了意义。

3. 相对性

保密工作的相对性,指的是保守秘密的期限和范围。任何秘密总是局限在一定时间和范围之内的,世界上没有绝对的、永恒的秘密,只有涉密人员多少、保密范围大小与保密时间长短的区别。时过境迁,原来的秘密就可能解密或降密,成为大家耳熟能详的谈资。但是在一定的时间和范围内,秘密是一道常人无法逾越的鸿沟,这个时间与范围,一般由产生保密材料的单位依据国家和上级有关规定来确定。

4. 广泛性

保密工作涉及的范围极其广泛,从国家的安全和人民的利益,到经济建设和政策实施,都离不开保密工作。全世界不管哪个组织都需要开展保密工作以保证组织正常运转。我国《保密法》第三条规定,一切国家机关、武装力量、政党、社会团体、企事业单位和公民都有保守国家秘密的义务。

秘书人员要加强对保密工作特点的认识,充分认识到保密工作的广泛性,自觉遵守国家保密法规和组织的保密决定,凡是涉密工作一定要谨言慎行、保守秘密。

(三)保密工作的要求

1. 依法管理,完善制度

做好保密工作需要法律和制度保障。我国就高度重视完善保密工作方面的法律法规,《宪法》《刑法》和《保密法》都对保守国家秘密做了明确的规定,还制定了相关的规章制度,为做好保密工作创造了良好的法律环境,提供了有力的制度保障。

各组织必须将保密工作纳入法制轨道,做到有法必依、执法必严。同时应该以法律为依据,从组织自身的实际出发,制定并且不断加强、完善本组织内部的保密工作规章制度,如专项保密制度、保密培训制度等。

2. 积极防范,突出重点

保密工作要把立足点和着眼点放在预防上,防患于未然。防范在先,最大限度地减少乃至杜绝泄密、窃密事件的发生。积极防范首先要提高警惕,从思想上高度重视保密工作,强化保密意识。

保密工作还要区别相关情况,突出重点。一般而言,保密工作的主体是那些秘密级别较高、秘密相对集中的部门、接触秘密较多的领导人员、秘密所在部门的工作人员以及经管秘密的专职人员。

3. 既确保秘密,又便于工作

保密工作要结合各项业务工作进行,既要确保国家秘密、商业秘密和组织秘密的安全,又要有利于各项业务工作的正常进行,二者要做到相互兼顾、辩证统一。在确定保密工作的时候,秘密范围要准确,秘密等级要合适,这样才能既保护各项秘密,又有利于秘密信息的合理利用。保密期限要合理,根据国家保密局发布的《国家秘密保密期限的规定》,除了特殊规定外,绝密级事项的保密期限不超过30年,机密级事项的保密期限不超过20年,秘密级事项的保密期限不超过10年。在条件变化的情况下,要及时变更密级和保密期限。

(四)保密工作的意义

做好保密工作能使国家和人民的安全和利益得到保障,组织得以生存和发展,意义重大。

1. 关系国家安全和人民利益

国家在经济、政治、军事、外交等方面的重大决策、措施,在酝酿、产生的过程中必须保守秘密,如果泄露出去,就有可能引起社会动荡和人心不安,造成国家在政治、外交上的被动或经济、科学实力的削弱。在战争动荡的年代,人们对保密工作的利害关系较清醒,保密意识比较强。时值和平时期,局势有所变化,人们对泄密的危害性往往认识不清,容易放松警惕。但一些重要政治、经济、军事和科技情报的泄露,依然会给国家安全和利益造成不可弥补的损失。在我们身边不时有失密事件发生,比如宣纸技术和景泰蓝工艺失密。因此,加强保密工作,严守秘密,不仅极为重要,而且十分迫切。

2. 关系到组织的生存和发展

目前各类组织作为自主经营、自负盈亏的独立经济实体,在国内外市场上的竞争日趋激烈。有关的市场供求信息、企业管理方法、销售模式与核心技术等都成为竞争对手关注的焦点,必须切实加以保护。一旦泄露,组织将失去市场竞争力,并造成经济损失,严重的会使企业陷入困境甚至最终破产。因此,加强全体职工的保密意识,严防组织秘密外泄,是组织的一项十分重要且长期的工作。

3. 关系组织正常运转

任何一个组织,上司在决策管理工作中都有一些暂时不能公开的事项,如组织的机构调整、人事安排、发展战略、绩效与分配、奖励与惩罚等。如果泄露出去,往往会造成管理层和员工的思想混乱,对领导的工作造成麻烦,形成不必要的干扰,影响组织正常运转。因此,做好保密工作是组织日常工作正常开展的一项基本条件。当需要保守秘密时,一定不能外泄。

4. 关系秘书个人发展

秘书人员在组织中处于领导机构的中枢位置,在领导身边,全面熟悉组织的情况,掌握组织的重要信息和秘密事项,组织的诸多保密工作也需要秘书人员落实和监督。因此,秘书人员身担保密的重大责任,若是不能保密或不能做好保密工作,就会失去领导和组织的信任。保密是秘书人员的基本素质。

二、保密范围与重点

(一)保密范围

保密工作要有明确的范围和实施的重点环节,以便保密工作落到实处。《中华人民共和国保守国家秘密法》第二条规定,国家秘密是关系国家的安全和利益,依照法定程序规定,在一定时间内只限一定范围的人员知悉的事项。在第八条里,规定了国家秘密的基本范围:

(1)国家事务重大决策中的秘密事项;

(2)国防建设和武装力量活动中的秘密事项;

(3)外交和外事活动中的秘密事项以及对外承担保密义务的事项;

(4)国民经济和社会发展中的秘密事项,科学技术中的秘密事项;

(5)维护国家安全活动和追查刑事犯罪中的秘密事项;

(6)其他经国家保密工作部门确定应当保守的国家秘密事项。

除上述《中华人民共和国保守国家秘密法》明确规定的国家秘密范围外,各组织还可根据具体情况确定保密工作的具体范围。

(二)保密重点

1. 文档保密

文档保密工作包括秘密公文、资料、数据、图表、档案等的保密和密码、密码电报以及公文传真的保密。文档是国家文书秘密的主要载体。政治、经济、军事、外交等方面的重要文档秘密,是秘书保密的重点。文档保密的重点环节有以下几个方面。

(1)定密和审批。需要列入保密范围的文件应在其产生的同时,由制文组织确定密级和保密期限。审批公文时,若发现不符合保密范围,或者密级和保密期限不当的,应该及时纠正。

(2)标志和缮校。密级和保密期限应在文件的右上角作出明显且易于识别的标志,一般国家级秘密的标志为★,如"秘密★五年"。密级或保密期限变更应在原标志附近做出标志,若解密更应以明显的方式标明"解密"字样。

密件应指定专人缮印,若需批量印制应指定专门印刷厂由专人监印。密件印刷时产生的废纸、校样等应彻底销毁。校对时不得大声朗读,也不得私自找他人代校。

(3)保管和翻印。为了防盗,密件应放在保险柜中,任何人不得带回家或在公共场所阅读密件。若密件需要翻印或复制,应先办理审批手续,然后按照注明的份数翻印或复制,复印件也应按照原件的密级和保密期限管理。

(4)清退和销毁。密件应当定期清退,任何单位或个人不得借故拖延或留存。清退时,应先仔细检查密件有无缺页、与签收的是否一致,无疑问后填写清退报表。销毁密件必须严格登记,至少有两人监销,禁止无关人员介入,保证不泄密、不丢失、不漏销。非特殊情况,个人不得销毁密件。

(5)按文件密级控制文件发放和阅读范围。

2. 会议保密

会议是民主议事、民主决策的一种重要的社会活动方式,也是一种常用的社会管理方法。会议的内容往往涉及一个国家或组织的重要秘密,一旦泄露,小则涉及商业机密或工作秘密,大则危及国家安全。

会议保密指会议内容和会务工作的保密,其重点环节有下面几个方面。

(1) 凡涉及机密的会议,会前要部署保密工作,严格筛选出席、列席人员,选择有安全保障、隔音和屏蔽效果良好的会场地点。对所用器材进行防窃密、防泄密检测。

(2) 会议期间和会后,会议是否公开、何时公开以及会议的哪些内容可公开,应由上司做决定;在未公开前,任何人不得泄露。会议使用的各种电话机、计算机等要严格加密,手机等通讯工具不得带入会场,所有人员都应积极配合。

(3) 加强会议文件的使用、保管和回收。复印机、传真机使用后,要及时删除使用痕迹,录音带、磁带、胶片和数码记忆卡都要按密级保管。

(4) 会后及时清场,检查有无可能造成泄密的物品或痕迹。会务人员在会后应对会场和住宿场所进行检查。

(5) 与会人员回本单位、本部门后,只能遵照会议要求,按规定范围、规定内容和规定方式传达会议精神。如需扩大范围,应报请上级批准,未经批准,任何人不得擅自向外泄漏会议内容。

3. 通信保密

电信通信不仅是现代社会人们进行信息交流的重要手段和方法,也是秘书机构和秘书人员在职业活动中交流信息的重要手段。秘书机构及其人员在利用电信设备通信时,必须采取措施,按照有关保密规定,防止监听、窃听。

通信保密工作的重点环节有下面几个方面。

(1) 严格挑选机要人员,机要人员不得轻易使用移动电话。并对接受方人员也应予以了解和确认,明确其身份是否适合获得保密事项,如无法确定,依然不能透露相关信息。

(2) 机要办公地点必须安全、可靠,方便工作。平时工作时,应避免他人在场,随时留意周围环境是否安全,如有人来访,办公应中途停止。

(3) 无线电台的设置应按国家有关规定办理。应经常留意户外电线是否被偷接设备。

(4) 不准用明码电报拍发国家机密。绝密级文件不得使用传真机传递或接收。注意保存好原件,不要遗忘在办公桌上。使用带有记忆功能的设备,要及时删除痕迹,以防他人复制。

(5) 机密事项一定要用密码电报进行传输,其拍发应严格使用有线设备,不能使用无线设备。

4. 涉外保密

随着国际交往日益频繁和密切,秘书人员要注意严守秘密,要服从相关职能部门的安排,配合相关机构做好保密工作。

(1) 出境保密。出境人员应严格履行报批手续,出行前接受保密教育;不得擅自携带保密性质的文件、资料出境;出境期间保持高度警惕,慎重言谈,防泄密,防窃听;出席国际会议携带的涉密文件、资料及内部刊物应特别保管；不得私自与外国人接触；不得独自擅离团组。

（2）涉外接待保密。接待外国人参观访问须严格遵守有关法规制度，涉密单位不得擅自让外国人参观；安排外国人参观须避开我国军事、国防及其他重要涉密事项；制止、谢绝外国人做任何名目的"社会调查"；谨防因物质、色情利诱而泄密；参加外事接待时不得携带秘密（内部）文件、资料。

5．网络保密

随着现代办公设备的普及，秘书机构办公自动化程度的提高，计算机及网络技术在秘书职业活动中的应用越来越普遍。计算机及网络技术虽然给秘书工作带来了极大的方便，但也给秘书的保密工作增加了新的难度。计算机及网络技术已经成为秘书保密工作的重点。计算机及网络技术保密工作主要有下面几个方面。

（1）挑选保密意识强、政治上可靠、品质过硬、技术过硬的人员担任计算机及网络技术管理人员。

（2）严格划分密级和采取屏蔽措施，防止黑客入侵和病毒破坏。

（3）加强机房、数据库和控制中心等方面的安全保卫工作。

（4）对组织内的设备终端进行数据登记，发现异常，及时处理。

（5）对计算机磁盘建立严格的登记保管制度。

（6）对通过网络传输和在数据库中储存的秘密数据进行加密。

（7）记录有重要信息的磁介质应随数据一起销毁。

（8）对计算机和网络处理器要经常进行安全检查。

（9）秘书办公用计算机的保密措施要安全到位。密码设置级别高且不外泄，计算机不许他人借用，撰写涉密材料时不许有他人在场。

三、保密法规知识

保密法规是指一切有关管理国家秘密问题的法律规范的总称。秘书人员学习和了解我国的保密法规十分重要。

（一）宪法有关条款

《中华人民共和国宪法》第五十三条规定，中华人民共和国公民必须遵守宪法和法律，保守国家机密。

（二）刑法有关条款

《中华人民共和国刑法》（2005年2月最后修订）中有许多条款对窃密、泄密、失密的法律责任做了明确规定。

第一百一十一条　为境外的机构、组织、人员窃取、刺探、收买、非法提供国家秘密或者情报的，处五年以上十年以下有期徒刑；情节特别严重的，处十年以上有期徒刑或者无期徒刑；情节较轻的，处五年以下有期徒刑、拘役、管制或者剥夺政治权利。

第二百一十九条　有下列侵犯商业秘密行为之一，给商业秘密的权利人造成重大损失的，处三年以下有期徒刑或者拘役，并处或者单处罚金；造成特别严重后果的，处三年以上七年以下有期徒刑，并处罚金。

（1）以盗窃、利诱、胁迫或者其他不正当手段获取权利人的商业秘密的；

（2）披露、使用或者允许他人使用以前项手段获取的权利人的商业秘密的；

（3）违反约定或者违反权利人有关保守商业秘密的要求，披露、使用或者允许他人使用其所掌握的商业秘密的；

（4）明知或者应知前款所列行为，获取、使用或者披露他人商业秘密的，以侵犯商业秘密论。

本条所称商业秘密是指，不为公众所知悉，能为权利人带来经济利益，具有实用性并经权利人采取保密措施的技术信息和经营信息。

本条所称权利人是指，商业秘密的所有人和经商业秘密所有人许可的商业秘密使用人。

第二百八十二条 以窃取、刺探、收买的方法，非法获取国家秘密的，处三年以下有期徒刑、拘役、管制或者剥夺政治权利；情节严重的，处三年以上七年以下有期徒刑。

非法持有属于国家绝密、机密的文件、资料或者其他物品，拒不说明来源与用途的，处三年以下有期徒刑、拘役或者管制。

第三百九十八条 国家机关工作人员违反保守国家秘密法的规定，故意或者过失泄露国家秘密，情节严重的，处三年以下有期徒刑或者拘役；情节特别严重的，处三年以上七年以下有期徒刑。

非国家机关工作人员犯前款罪的，依照前款的规定酌情处罚。

（三）保密法

《中华人民共和国保守国家秘密法》（2010年4月29日修订，自2010年10月1日起施行）。

（四）保密守则

《党和国家工作人员保密守则》对党和国家机关工作人员的保密原则做了详细的规定，具体内容如下：

（1）不该说的机密，绝对不说；

（2）不该问的机密，绝对不问；

（3）不该看的机密，绝对不看；

（4）不该记录的机密，绝对不记录；

（5）不在非保密本上记录机密；

（6）不在私人通信中涉及机密；

（7）不在公共场所和家属、子女、亲友面前谈论机密；

（8）不在不利于保密的地方存放机密文件、资料；

（9）不在普通电话、明码电报、普通邮局传达机密事项；

（10）不携带机密材料游览、参观、探亲、访友和出入公共场所。

复习与思考

1. 秘书如何有效管理与充分利用办公室时间？

2. 制定上司工作日程表需要考虑哪些因素？
3. 结合办公室布局，谈谈如何优化办公室环境？
4. 秘书保密工作的重点有哪些？

实训与模拟

1. 假设你是鸿达公司总经理秘书，本公司周例会时间为周一上午 9:30，请为鸿达公司总经理拟订一份周工作日程表。

2. 下面是某公司总经理秘书某天上班时遇到的十项待办事务，请根据时间管理的一般原理，拟订一份待办事务的清单。

① 总经理感觉近段时间各种业务会议太多，耗去了大量时间，要求秘书拟定一个控制会议次数和时间的方案。

② 今天下午，××国汽车销售商亨德尔先生将来公司商谈代理本公司的产品在该国销售的具体事宜（意向书已于 5 月上海车展时交换），秘书须做好谈判准备工作。

③ 本市××大学秘书学系欲与我公司建立长期合作关系，将我公司设为该校秘书专业学生的实习基地。人力资源部问秘书部门是否愿意接纳实习生，是否愿意建立长期协作关系？

④ 通知销售部落实一名业务骨干（最好是经理或副经理），后天陪同总经理去东北出差。

⑤ 发动机车间一技师的女儿考上了清华大学，昨天已拿到通知书，要以公司总部名义给他打祝贺电话，通知他到财务部领取本公司颁发的奖学金 3000 元。

⑥ 省党报记者写了一篇报道省委××领导视察我公司的通讯稿，已发到电子信箱，要求公司领导过目确认，打印件加盖公章后传真过去。

⑦ 总部各部门和各分公司今年新招聘了一批管理人员，将于下周开始进行岗前集中培训，人力资源部要求总经理秘书给新职员开一次公文处理讲座。

⑧ 海尔公司企业文化顾问×××先生被本市××集团请来做关于企业文化建设的专场讲座，主办方询问总经理或思想文化部主任是否参加（每人入场费用为 350 元）。

⑨ 总经理后天要出差去大连，需要落实往返机票。

⑩ 十天后香港歌星刘德华来本市开演唱会，会议组织者来函询问本公司是否需要集体优惠入场券（折扣为 60%，每张价格 180～300 元不等），如果不回电，视作放弃。

案例分析

孙振，1977 年 6 月出生于北京，硕士研究生学历。案发前任国家统计局局长秘书室副主任。

检方指控，孙振于 2009 年 6 月至 2011 年 1 月，先后多次将尚未对外公布的 27 项涉密统计数据泄露。经鉴定，其中 14 项为机密级，13 项为秘密级。

据了解，孙振的数据来源是国家统计局进度数据表，主要包括国内生产总值、居民消费价格指数、工业增加值、工业产品产量、固定资产投资等统计数据。

国家统计局国民经济综合统计司数据库管理者证实，孙振常以领导要资料为由索要数据表。他曾向两任领导汇报过此事,领导也同意将数据给孙振。

国金证券有限公司职员付雷证实,他从2009年6月开始通过MSN聊天工具,从孙振处获得国家尚未公布的宏观经济数据,其中有些数据是孙振直接告诉他的,有些是他将从其他渠道获得的市场传闻数据发给孙振,向孙振求证正确与否。中信建设证券有限责任公司职员张森证实,2010年12月,他和孙振在MSN上聊天时,孙振透露2010年11月份的CPI肯定破5。而孙振告诉他这个数据的时候,国家统计局11月份的统计数据并没有公布。

法院审理认为,孙振构成故意泄露国家秘密罪,并判处有期徒刑5年。宣判后,孙振也没有提出上诉。

资料来源:《央行官员泄露CPI数据获刑5年　短信泄密仅为炫耀》,京华时报,2011年11月28日。有删节

阅读案例,分析下列问题:
1. 本案例中孙振泄密的危害有哪些?
2. 秘书人员应从案例中吸取的教训有哪些?

第二章　　办公室事务(下)

办公室事务涉及秘书及秘书机构的众多活动与工作环节,继续前面一章的内容,本章主要讨论值班工作、通讯联络、印信管理。

第一节　值班工作

一、值班的概念和种类

秘书人员的值班工作一般有工作时间值班和非工作时间值班之分,非工作时间值班尤其重要。很多行业(如交通、国防、生产、安全等)每天都是24小时连续性工作,各行业之间的业务联系和信息传递等也不可能都局限在工作时间之内,尤其像国际交往等世界性的业务还会涉及时差,因此更需要在非工作时间值班,以弥补正常工作时间内的不足。

(一) 值班的概念

值班是秘书人员的重要工作之一,是一种按时间分工,旨在保证组织及其分支机构正常运作,负责处理临时性、综合性、事务性以及各种特定性专项工作的工作方式。

为保证任何时间都有工作人员代表组织处理日常事务,一般来说,组织会设立值班室安排值班人员值班。在我国,县市以上党政领导机关以及有关国计民生、社会治安等方面的重要部门,一般都设有值班室。很多企事业单位在下班之后也会安排人员值班,以处理相关事务。

(二) 值班的种类

社会上的组织规模不一、大小不同、行业不同,秘书机构及秘书人员所从事的值班工作形式也多种多样,因此,值班的类型也就有不同的划分。

根据值班时间,值班可分为工作时间值班和非工作时间值班。一般政府机关、企事业单位都实行八小时工作制,工作日的其他时间、双休日、节假日,都是非工作时间。在八小时工作时间内的值班为工作时间值班,在八小时工作时间外的时间值班为非工作时间值班。

根据值班人员的身份,值班有领导带班、秘书人员值班、管理人员值班、一般工作人员值班之分。

根据值班人员的任务,值班又可分为特定岗位专项值班和机关综合值班室值班。专项值班人员只负责某一项或几项特定工作,任务较单一,如防汛防台风值班、安全值班等。机关综合值班室值班人员对值班期间出现的各种事情都要做出相应的处理,任务比较繁杂。

根据值班的组织形式,值班也可以分为办公室值班、值班室和总值班室值班、首长电话值班室值班。

一般基层单位和中小型企事业单位适合办公室值班。在日常工作的办公室内,由秘书人员或其他行政人员轮流在非工作时间值班,以保证组织的正常运转。规模较大的组织有专职的值班人员,设立专门的值班室,室内除基本办公用品外,还放置床铺等。特大型组织或某些重点行业(如防洪防汛指挥部)则会设立权限更大、任务更繁重的独立的值班机构——总值班室。

首长电话值班室值班就是各地政府机关开设的由秘书人员接听、记录、汇报并处理的专线电话,如市长热线。首长电话值班室值班,旨在转变机关作风,加强干部与群众之间的联系,可以直接接受群众的建议、批评、举报等。

二、值班任务

值班之前应编制好值班表,表上规定人员、时间、地点、内容,值班表经上司审批方可执行。在工作时间内主要由固定人员值班,按部就班做好分内工作。下面列举的主要是非工作时间值班的任务。

(一)负责信息沟通和通信联络

值班室是整个组织的信息枢纽中心,起着联络沟通各方面信息的重要作用。值班人员接听电话必须马上做好电话记录,可以使用录音电话机。值班人员应根据电话所传达信息的重要程度和紧急程度,分别妥善处理。

在值班期间还应负责接收并登记邮件、文件,接收或发送传真等。收到的邮件、文件、传真等应妥善保管,并尽快转至各收件部门。

(二)办理工作接待和群众来访

值班期间可能会遇到外单位派相关人员前来联系工作、学习业务等情况,值班人员对符合手续的要热情接待。最好在了解对方来访目的、日程安排之后视情况妥善处理,一般情况下应派车接送、安排食宿、联系有关上司或部门。

除办理公务以外,还有其他来访,例如,因特殊困难来值班室反映情况,要求帮助解决问题的上访人员。值班人员同样应按照信访工作的要求,热情而耐心地接待。对他们所反映的问题或提出的要求应该按照政策规定予以解释和答复。对解决不了的问题,如要求会见上司等,要适时报请上司批示或转交有关部门处理,然后再做具体安排。做好接待工作的同时还要认真填写接待登记表。

(三)承办上司交办的事务

值班人员还要协助上司处理相关事宜。上司交办的事务涉及很多方面,如传达指示,分发通知;向上级报告问题;了解某些专门信息,寻找某人,询问具体情况;为领导出差预订宾馆和车票、船票、机票;联系安排车辆接送上司或接送来宾等。对于上司交办的事项,值班人员应分清轻重缓急,及时处理,尽快做出妥善安排。

(四)处理突发事件

值班人员要有心理准备,突发事件难以预料,大到地震洪汛等自然灾害,小到停水断电、网络中断等突发事件随时都会发生。应本着加强组织领导、坚持实行统一指挥、分级分部门负责的基本原则,沉着、冷静、机智地处理。在详细了解事件真相的基础上,及时报告请示上级,及时采取应急措施。在必要时,为了使国家和人民生命财产少受损失,值班人员可在上司下达指示前主动采取临时应急措施。在处理的过程中,值班人员要针对具体情况采取相应的措施。例如,涉及交通事故,及时拨打110,移交相关部门做进一步的处理,并组织保护现场,再根据上司的指示做下一步的安排。

此外,值班人员还可能在值班时接到紧急公文,需要按文书工作的要求立即办理。应及时向上司报告并采取紧急措施妥善处理。

(五)负责安全防范工作

安全防范工作在任何组织都是一项很重要的任务,更是夜间和节假日值班的一项重要工作。

如果没有安排专门治安保卫人员,夜间和节假日值班室最好有两人值班,以保证安全。若值班人员兼有门卫的职责,应该审查外来人员,进行来访登记、验证、开具会客单等。必要时应执行巡逻,以便及早发现问题,及时处理。一旦发现异常,应迅速报告上司或相关部门。即使有专门的安保人员值班,值班室也应督促检查。值班人员组织好值班工作的同时,要与相关安保人员协调配合,确保组织的安全。

(六)负责值班记录

值班工作是一项很细致的工作,这也体现在值班记录上。值班人员在组织好值班工作之外,应当认真做好值班记录的填写。值班记录主要包括值班日志、电话记录、接待记录。

值班日志也称值班日记,以一天或一班为单位,主要记录值班时间内所遇到的问题和处理的情况。要将值班的工作内容尽量详尽地记录下来,比如接收文件、接待来访、处理相关事件等,有些事件会作另外的记录,如电话记录等。

值班日志是值班信息的重要载体,是上司了解、检查与考核值班室工作的依据。它可以作为交班人员向接班人员交接的书面材料,它还是值班情况的原始记录,可用来核查过去发生的一些事件的相关情况,起到重要的证据作用。为便于值班日志的记录,值班日志可以下列基本样式呈现。

表2-1 值班日志(式样)

值班日志		
		年　月　日
事项	办理情况	值班人员(签名)

相对于值班日志,电话记录和接待记录是更具体的记录。

电话已经成为值班人员的重要办公手段,因此做好电话记录非常重要。值班电话记录是对值班人员在值班期间接收与打出的电话所作的记录,要做到清楚准确、字迹端正,符合存档要求。

接待记录是接待来访人员时所作的记录。除了一般要求之外,还要有编号,并依次记录来访人员的姓名、电话、单位、住址、来访时间,以及接待人员的姓名、洽谈的主要内容、初步处理意见等。如果群众来访目的是反映问题或要求,可转信访部门处理。

三、值班制度

为保证值班工作顺利进行,应建立健全各项值班工作制度,秘书人员参与值班时应严格遵守各项值班工作制度。

(一)岗位责任制

岗位责任制是值班工作最基本的制度,对值班人员职责范围及值班工作纪律等作出了明确规定和具体要求。值班人员必须明确岗位职责,坚守岗位,尽职尽责,认真做好各项具体值班工作。值班人员严禁带领无关人员随便进出、聊天和大声喧哗。

由于值班工作多在非工作时间,在人数安排上往往紧缩到最低限度,所以应严格分配,尽量具体。尤其当班人员因病或因事不能到岗时,应提前请假,以便安排替代。值班人员遇事应负起责任,及时处理问题,不得借故逃脱或相互推诿,否则将受到批评或处罚。

(二)交接班制

有些工作在一个班次内无法完成,有待移交给正常上班时间的相关部门或下一班值班人员处理。为防止工作脱节,需要严格执行交接班制度。

上一班值班人员把值班情况按照值班日志的记载,一项一项交代给下一班值班人员,重点是待办事项。接班人员尽量提前到岗,这样双方才有充足的时间来完成交接班。交接时双方应查清实物与记录,确认无误后,交班人员方可离开。接班人员如有迟到,上一班人员应继续坚守岗位且应电话请示主管,不得擅自离岗。相关人员应高度重视交接班制,因为稍有疏忽就会出现纰漏,轻则影响工作的正常运作,重则会给工作甚至是国家和人民造成重大损失。

(三)请示报告制

请示报告制度是对值班人员处理重要情况和重大问题所作的明确规定。

值班人员在值班期间应认真负责,对没有把握答复和处理的重要事项,不可自作主张,应当先请示报告,再执行办理;对值班期间发生的重大事件或重要情况必须及时向上司汇报,不可拖延,更不能只图省事,擅自处理重大问题;对于特殊的应急情况,也应该边办理边报告。

(四)信息传递责任制

值班人员有一项重要任务就是负责信息沟通和通信联络。在值班的过程中会有大量的信息汇集过来,这就要求值班人员要善于处理来自各方面的信息。在信息的处理上应本着"分级负责、归口办理"的原则,分清形势,先急后缓,认真办理并做好记录。

值班人员要保证所有时间各种通信设备畅通无阻,应备有各部门领导和交通、公安、消防、急救等常用电话号码记录本，还须保持与组织负责人的联系。要做好值班期间的信息记录、整理和保存工作。

四、值班要求

（一）认真细致

值班工作说大不大，说小不小，容易被轻视，被忽略。秘书值班时态度一定要认真，如果马虎从事、草率敷衍的话，就会在值班期间出现纰漏，给组织乃至国家和人民的利益造成损失。值班工作事情繁杂，内容较多，往往涉及各类问题和情况，需要值班人员细心、谨慎、认真、妥善地安排每一项工作。值班人员工作必须细致、周到。

（二）保守秘密

值班人员要严格遵守保密制度。接到需要保密的来电、来函，要严格按照相关规定办理。不得擅自拆阅机密文件，不得在接待来宾时或电话中透露国家秘密或本组织机密事项。值班人员最好不要在值班室随意留宿非组织人员，以免有所疏忽，造成不必要的损失。

（三）待人热情

值班工作的一项重要内容就是接待工作，在接待来宾或来访的过程中，值班人员就是组织的窗口。值班人员在接待时，必须做到热情诚恳、说话和气、态度亲切、举止大方、用语文明，给人留下良好的印象，从而起到塑造组织良好社会形象的作用。

（四）忠实记录

秘书人员值班必须认真做好值班记录。不管值班日志、电话记录还是接待记录都务必尽量详细，字迹清晰端正，措辞准确，符合存档的要求。必须完整而真实地记录处理的全过程，妥善保管记录，以备日后查证。

第二节　邮件收发

秘书人员负责处理邮件的工作有两类，一类是接收邮件，另一类是寄发邮件。秘书人员要做好这项工作必须注意一些基本的规则和方法。

一、邮件的接收程序和方法

（一）收取邮件

对于邮件存在传达室或收发室的组织，邮件一般会经传达室或收发室送达。秘书人员要注意掌握邮件送达自己办公室的时间规律，尽量保证在邮件送达时不离开办公室，当面查收邮件。邮件如有污损，应当面指出，同时在邮件上注明"邮件收到即如此"，以分清责任。在清点邮件的同时要填写"邮件收领单"，写上经办人，尤其写清楚是否为机要邮件。

若组织有自己的信箱,邮件一般需要秘书人员去收取。秘书人员要注意避免丢失邮件,开启信箱要做到专事专办。有些邮件需要签收,秘书人员要注意先清点,检查无误后方可签字。

(二) 分拣邮件

邮件收到后,秘书人员应根据一定的标准进行分拣。比如可以按照急件、要件、密件、例行公事件、私人件进行区分,也可以按照收件人的部门和姓名来区分。分拣之后要归置到不同的文件夹中。

(三) 呈送邮件

邮件分拣之后,秘书人员可根据上司的交代或惯例呈送邮件。急件、要件、密件、私人件应尽快呈送至相关部门或个人。密件和要件在呈送时应编上序号进行登记,并要求收件人签字。

对于寄给组织或办公室的邮件,秘书应视作分内的工作,进行拆封、阅读和处理。

(四) 拆封邮件

拆封邮件须先让里面的信纸等沉落在信封的左边,用剪刀拆右边,注意不要剪断或撕掉对方的地址和邮编,保存好信封。邮件拆封后,秘书人员应立即对信函内的物件进行检查,若有不符,要及时做好标记或与寄信人联系。有时秘书人员无意误拆了私人信件或需要上司亲启的密信,应在信封上注明"误拆",签上自己的姓名,封好信件,交给收信人并道歉。拆封过的邮件要用大头针或回形针将信封、信件及里面的附件别在一起,妥善保管,以供日后查证。

(五) 阅读邮件

秘书人员阅读信函时,要抓住要点,可将其中的重点部分用黄颜色的笔标示出来,也可进行评注,因为如果需要复印,黄色不会在复印件上显现。阅读完毕,摘录要点,综合向上司汇报,需要办理或回复的公函则单独挑选出来,转呈给分管领导阅读。如果信件要给好几个人看,可设一个传阅表附在信件上,如下图。

表 2-2 邮件传阅表(式样)

			年 月 日
按顺序传阅			
1	××先生	(签名)	(时间)
2	××先生	(签名)	(时间)
3	××女士	(签名)	(时间)
4	××小姐	(签名)	(时间)
5	××先生	(签名)	(时间)
请阅读后签上姓名和日期并传给下一个人,最后请交还××秘书			

（六）处理邮件

报纸和杂志，可以挑出上司喜欢的放在办公桌上，其他的则放报刊架上供大家阅读。广告和传单也可以收集放置。至于账单和结算单等，一般应转交相关付款部门。

秘书人员处理的所有文件都需要登记，有些还要把处理的结果专门告诉上司以供审核。要适时提醒上司阅读转呈的公函，并拿出处理意见，然后根据上司的意见送交相关部门落实。对于那些无须落实或难以办到的事项，应复信给予合理的解释。

表2－3 文件处理登记表

序号	收文时间	文件名称	发文组织	文件标题或摘要	附件	承办单位	签收人	办理期限	归卷日期	归档号

二、邮件寄发的程序和方法

（一）检查核对

对准备寄发的信件逐一检查，查看附件是否都放进信封、信封和信件内容是否一致、应该做出的标记是否已经标注。上司或其他部门交给秘书人员寄发的邮件，秘书人员须对通讯地址、收件人认真进行核对。

（二）折装密封

检查完毕，核对无误后，即可折叠装入信封。将信纸和附件装入信封时，应考虑方便收件人拆阅，信纸按顺序折成一叠，不能单页折叠（除非只有一页），附件与正文分开放置。然后进行密封，密封应用糨糊或胶水，不要用订书钉，否则容易泄密。

（三）登记交邮

邮件在交邮之前，秘书人员应将要寄发的邮件登记在寄发登记簿上，以便日后核查。对于大宗的一般邮件，须数清件数，一起交给邮局作为平信寄出。重要信件或挂号信，必须一件一个收据，收据号码与邮件号码要相符合，万一出差错时，可凭挂号收据查找邮件下落。

（四）保管收据

重要信件应挂号寄出或使用特快专递，因为这两种方式一般都有收据。秘书人员应在收据背面记下邮件的收件方信息，然后贴在登记簿的备注栏内，以利于查证。

三、电子邮件的处理

电子邮件，就是E-mail，是一种运用计算机终端通过互联网进行信息交流的现代通信手段，可以在任何时候传送给任何一个或同时传送给几个收件人。

使用电子邮件费用低廉；速度快则几秒钟，慢也不过几分钟；不受时间地点的限制，只要有网络覆盖即可;并且能够同时、多项发送信息;实现了信息传递无纸化。使用电子邮件来实现信息交流具有其他通信方式无法企及的优势。

(一) 发送电子邮件的步骤

1. 启动电子邮箱

在网络已经连接的状态下,秘书人员通过输入用户名和密码启动电子邮箱,计算机会自动连接到用户的邮件服务器,这样就打开了电子邮箱。需要发送电子邮件时,应打开发送邮件的窗口进行"写信"。

2. 添加主题、收件人

添加主题是电子邮件和普通信笺的主要不同之处。主题是给别人的第一印象,要以简短的主题概括出整个邮件的内容,便于收件人权衡邮件的轻重缓急。可使用大写字母或特殊字符引起收件人注意,但应适度,不要随意使用"紧急"之类的字眼。一封信尽可能只针对一个主题,不要在一封信内谈及多件事情,以便日后整理。

收件人可以是一个或多个。如果对方的联系方式已经存在于电子邮箱的通讯录中,就可以直接点击查找、添加,无需再输入。填写收件人要注意正确使用发送、抄送和密送。发送是给要受理这封邮件的、理应对邮件予以回复和响应的组织或个人。抄送是给只是需要知道这封邮件所涉及的主要问题,没有义务予以响应的人;如果有建议,当然也可以回复。密送可用在非常规场合。发送、抄送和密送的收件人的排列应遵循一定的规则,如按部门、职位的先后次序等。

3. 编辑正文

考虑到礼貌、礼节,邮件的开头要称呼收件人。称呼顶格写,要恰当,一般可按职位称呼,职位不清楚的可称"××先生""××小姐"。换行空两格开始编辑正文内容,正文之前最好加上问候语。结尾也应像普通信件一样,加上祝福语。在署名时可使用签名档,适当加入个人信息和联系方式,注意不要过于复杂。

正文应简明扼要,条理清晰,行文通顺,表达准确。最好在一封邮件中把相关问题全部说清楚、说明确。提示重要信息是必要的,但不要动不动就用大写字母、粗体和斜体、彩色字体、加大字号等对一些信息进行提示,过多的提示会让人抓不住重点,影响阅读。如果邮件带有附件,应在正文里面提示收件人查看附件,附件不要过多或过大。编辑正文时注意选用便于阅读的字号和字体。另外,只在必要的时候才使用英文电子邮件。

4. 检查并发送

在邮件发送之前,务必自己仔细阅读一遍,检查行文是否通顺,拼写是否有错误。最重要的是,主题不可出现错别字和不通顺之处,切忌只顾检查正文却在发出前忘记检查主题。检查无误后,点击"发送"就可以了。

(二) 使用电子邮件的注意事项

秘书人员使用电子邮件,应养成经常查看电子邮箱是否有新邮件的习惯;收到他人的重要电子邮件后,应即刻回复对方。

秘书人员通过这种方式和他人进行信息交流,无需通过邮局、专人投递的方式,免除了大量复杂的工作,节省了很多时间。但电子邮件与普通邮件有所不同,在处理的过程中,务必要多加注意。

1. 谨防病毒

电子邮件很容易感染计算机病毒,而且随着网络技术的发展,病毒也在逐步升级,这要求秘书人员在使用电子邮件的过程中必须掌握反病毒技术并严格实施反病毒措施。

2. 保存备份

编辑电子邮件的过程中必须注意保存,以免丢失,降低工作效率。还要做好备份工作,所有发出和接收的重要邮件都应当及时备份。

第三节　印信管理

一、印章管理

印章是组织及其领导者的职责权限的象征,具有权威作用。组织的印章代表该组织的正式署名,领导的印章则代表某种职权。公文、介绍信和各种来往函件,必须盖了章才有效,因而印章具有依据和凭证作用。

(一) 印章的种类

秘书人员保管的印章主要有组织公章、领导印章以及其他印章。

1. 组织公章

组织公章是一个组织的标志和象征,具有法定的权威性和现实的证明效用。任何组织发出的文件,一经加盖组织公章,就具有法律效力,否则将不被社会所承认。

根据使用场合的不同,组织公章又有几种不同的形式。

(1) 正式公章,就是平时所说的公章。这种印章代表组织的正式署名,需要组织的上级行政单位正式批准方可刻制和使用。

(2) 套印章,款式和法定效力与正式公章相同,是用于制作大批正式文件时嵌入印刷机器中使用的公章。使用套印章需要上司签字,文件印制好后,模板要销毁。

(3) 钢印,是用金属材料制作而成的,用在证件上,不需要印色,利用压力凸凹成形,直接盖于相片的骑缝处,可证明持证人的身份。

2. 领导印章

领导印章属公务用章,不同于一般的私章,是领导因工作需要行使职权而刻制的姓名章。领导印章具有领导亲笔签字的效力,可以代替领导的亲笔签字。主要有两种形式:一种是由领导亲笔书写然后照其真迹按比例放大或缩小刻制的印章,无外框,用于命令、任免通知等下行文;另一种是用统一字体刻制的,一般为长方形,有外框,可用于代替一般的签字。

3. 其他印章

秘书人员管理的其他印章,有专用章、缩印章和相关的办事章。专用章是根据某一特定工作的需要,为减少正式公章使用次数而刻制的印章。如会议专用章、文件收发专用章、文件校改章、文件密封章等。缩印章主要用在各种票券上作为凭信,是依据正式印章和专用印章按比例缩小了的印章,不能作为正式印章使用。

(二)印章的刻制和颁发

印章的生成有两种情况,一种是本组织经上级主管单位批准后刻制,另一种是上级主管单位颁发。

1. 印章的刻制

印章的刻制是印章管理工作的一个首要环节,要严格按照相关规定刻制,不得私自刻制。组织被正式批准成立,在公安部门登记后,才能由专门刻制厂制作印章。刻制之前应先请示上级,报批时要同时将拟定的样式、尺寸、印纹、图案、字体等内容和使用章程一并上报。承制单位或刻字者一律不准留样和仿制。验收合格的印章应立即进行登记,盖好印样以备核查。

2. 印章的颁发

在颁发印章前,应对印章的所有者进行严格审查,必须确认印章的所有者是确有实际需要的法定机关。上级领导机关向所属下级机关颁发正式印章,必须有正式的行文。我国各级人民政府的公章,一律由上级人民政府刻制颁发。下级机关领取上级颁发的印章时,必须由专人持有本单位领导签名的介绍信领取,并严格履行接印手续。

(三)印章的启用和保管

1. 印章的启用

印章在启用前,需要选定启用日期。为让有关组织知晓新印模,按印章制发权限,由上级机关或代管机关向下级机关发启用印章正式通知,并附上印模。启用通知上的印模应用蓝色印油,以示首次使用。启用通知发放的范围应根据印章的使用范围而定。还应填写印模卡,一式两份,一份留存,一份上交备查。办妥手续之后,到了规定日期方可启用生效。

2. 印章的保管

组织的印章必须指定忠实可靠的专职秘书人员保管,未经上司批准不得擅自委托他人代管。一般情况下,印章保管者也是实际用印者,秘书机构必须严格审查和挑选,平时应加强教育和考查。

印章要在办公室内使用,不得擅自拿出办公室。所有印章都应保管在牢固的橱柜里,配好相应的锁。保管人员不得随便将钥匙委托他人保管或随意将钥匙插在锁孔后离开。在节假日期间,安保人员和值班人员应加强对印章保管处的保卫工作,一旦发现印章有异常现象或丢失,应该保护现场,并及时报告上司,迅速查明情况,妥善处理。必要时报告公安部门协助查处。

秘书人员取用印章应注意轻取轻放,避免破损。为保持印章清晰,保管人对所保管的印章应经常清理,保持卫生。

(四)印章的使用

秘书人员使用印章是一项严肃的工作,尤其是使用组织公章,必须严格用印,防止发生任何事故。

1. 用印申请

凡使用印章,用印人必须填写用印申请单,经有关领导审核批准后,方可盖印。其权限可分级掌握,使用哪级印章,就由哪级领导批准。一般证明用印可由机关秘书长或办公室主任批准,或遵循领导所确认的用印审批惯例。

印章管理人员在盖印前还应对用印文书的内容、手续、格式、份数进行认真检查,尤其是对一些特殊情况的用印,更要细心检查,必须确认用印文件与批准文件完全相符才能用印。

文件和信件用章,可凭领导人的签发手续,按应发的份数盖章。如果发现问题或情况不明确,要及时请示,经上司核准后,方可用印。

不得在空白纸或空白介绍信上用印,任何人不得因私用印。

2. 用印登记

秘书人员每次用印都要详细登记。用印登记表格式如下:

表 2-4 用印登记表(式样)

序号	用印时间	用印部门	用印事由	批准人	经办人	盖章人	备注

3. 用印注意事项

秘书人员在加盖印章时用力要均匀,力求端正、清楚。钢印应加盖在照片中人像的脖子和衣领以下与证件交接的部位。务必使照片上印有字迹或图案,以防伪造或自行更换照片;也不能过上盖至脸部影响辨认。钢印尽量正置,以示权威和严肃。

值得注意的是,不同的印章及印章加盖的不同的位置,其意义、作用是不同的。常见的落款章,应加盖在文书的落款处,表明作者的法定性和文件的有效性。加盖的位置按照规定是在落款处的年、月之间,"骑年盖月"。印章加盖之页最好有正文,若凑巧需要印章单独加盖一页时,必须在该页的 1～4 行写明"此页无正文"等字样。带有存根的公函、介绍信,要在正本和存根连接处的骑缝线上加盖骑缝章。对文书中的错字等更正之后,加盖更正章作为作者自行更正的凭信。在公文和其他重要文件封套的封口处加盖密封章,以确保传递途中的保密。如下图所示：

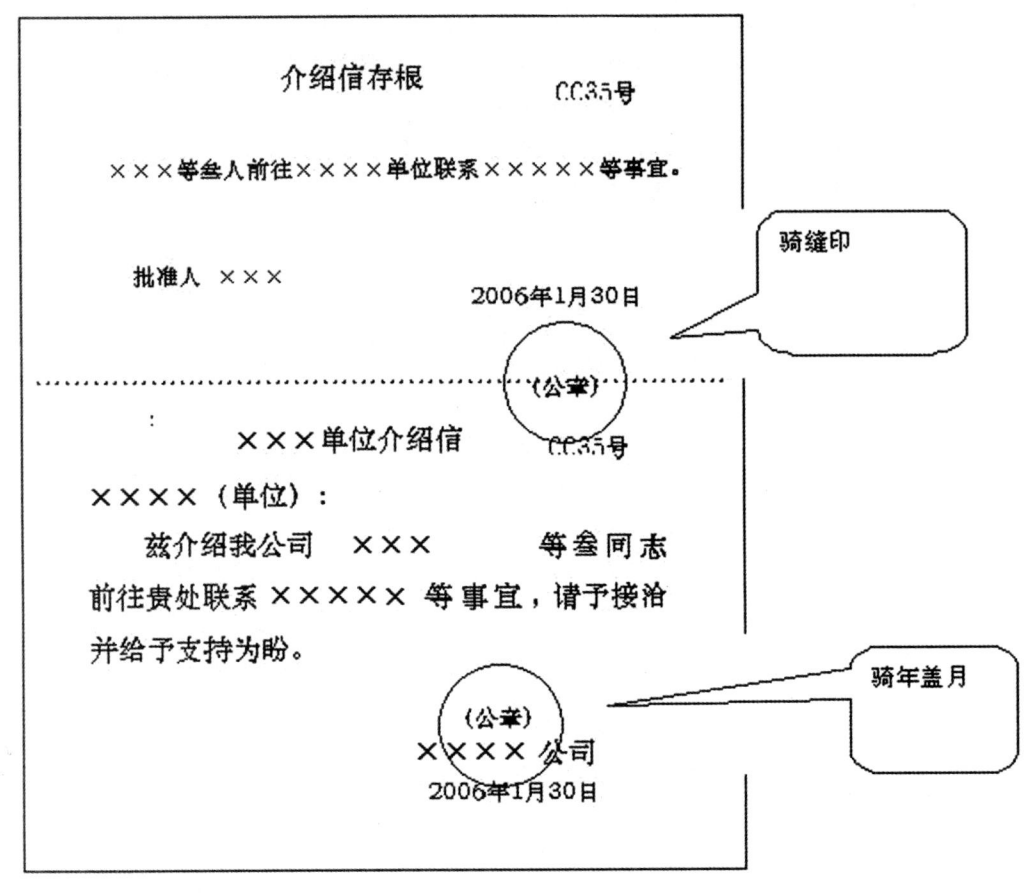

图 2—1 骑缝印

（五）印章的停用和销毁

1. 印章的停用

组织变动或组织名称改换、上级有关部门通知改变印章图样、印章损坏等原因都会导致原印章停用。原印章停用要尽快通知有关单位，宣布原章失效。通知中要说明停用原因，最好还要附上印模，并写明停用日期。

2. 印章的销毁

印章停用后就成为废章。按照有关规定和上司的指示，要及时将作废的印章送交制发机关封存（不得在原单位长期存留），定期销毁。销毁印章应报经组织负责人审核批准。主管印章的人员应在销毁现场监销，或者经主管单位批准后自行销毁，并进行登记，留下印模存档，以备核查。

二、信证管理

信证管理一般包括介绍信的管理、证明信的出具和凭证的管理。

(一)介绍信的管理

介绍信是以本组织的名义出具的用以介绍前去联系工作、洽谈业务的人员身份和任务的专用信函。通常由被派遣人员携带前往,当面出示给对方,既可以证明身份,又代表一个组织的法定授权。

1. 介绍信的形式

介绍信一般有便函式和固定式两种形式。不管使用哪种形式的介绍信,没有加盖组织公章,就不能生效。

(1) 便函式

便函式是在单位信笺上手工书写或计算机打印、具有大致格式的书信,签上本组织全称并盖上公章,多用于一般的临时性事务。

(2) 固定式

固定式更为常见,专门印制并有编号,是联单式介绍信,文字和形式固定,领用人的姓名和身份、人数、联系事项需临时填写。固定式介绍信通常盖两次印,一次盖在正文与存根的连接线正中,各占半颗印;另一次盖在单位署名上。

2. 介绍信的使用

开具介绍信须经主管领导批准,并严格按规定内容填写,不能含糊笼统。存根和正文应保持一致,并注意填写有效期。严禁发出盖有印章的空白介绍信。如有特殊情况,也需要上司批准,并将上司的批准文字粘贴在存根上,以备查证。领用人要履行签字手续,以示对领用介绍信负责。

领用人若丢失介绍信,应及时报告开具介绍信的机构;若涉及重要事项,应及时通知将要前往的组织,以免被人冒名顶替而造成损失。

3. 介绍信的保管

介绍信应指定专人掌管,一般由保管组织公章的秘书人员保管。介绍信的保管与公章保管差不多是同样的管理制度,要保证存放安全,不能缺页或丢失。介绍信开出后如未使用,应收回,贴于存根联上,并加以注明。介绍信存根要与领用申请书、作废的介绍信和退回的空白介绍信粘在一起,妥善保存归档,以备查证,任何人不得擅自销毁。

(二)证明信的出具

证明信是以组织或个人的名义,证明某一组织或个人身份、经历或有关事件的真实情况,供接收方作为处理和解决事情的依据的专用书信。

证明信是一种专用书信,尽管证明信有好几种形式,但它的写法同书信的写法基本一致,大部分也采用书信体的格式。

证明信的作用贵在证明,除了个人签字或盖章以外,还须有组织证明该人身份的盖章及对所证明内容的评语。有关组织在盖章前一定要仔细调查,确保内容准确无误。如果证明材料不止一页,应注明"此件共×页",并将这几页材料右沿错开,加盖骑缝印。

(三)凭证的管理

凭证的种类很多,包括出入证、毕业证、工作证、通行证等,也是人们经常使用的证明材料。凭证一般都需要加盖印章才有效,但也须承担相应的法律责任,因此盖章要经过严格的审批制度,不经有关领导批准,秘书人员不得擅自给凭证盖章。

已经制好的各种凭证要按顺序编号,领用时要履行严格的登记和签收手续,要建立科学的分发和管理制度。对本组织所发放的各项凭证,要建立登记制度,内容包括凭证名称、印制份数、用途、分发对象、领取人等,以备查考。未领用的各种凭证,要妥善保管,选择保密的地点存放,不得随意放置,并且定期检查,一旦发现问题,应及时采取相应措施。

所有凭证文件都具有很高的查证价值,大多要永久保存。因此,一切有关凭证的证件、抄件、存根、复制件、草图等都应及时整理,妥善保存、归档,不得丢失,更不得自行销毁。

三、名片管理

名片,中国古代称名刺,是人们在相互拜访或联系时用的卡片,上面印着姓名、职位及其所属组织机构和联系方式等。当今社会,人们在交往过程中,名片是交流双方自我介绍或相互认识最快且最有效的媒介。为了确保组织的良好形象,通常由办公部门或人事部门负责,对组织成员的名片进行设计与管理。除此之外,管理上司的业务往来名片也是秘书部门的一项任务。

(一)名片印制

国内名片样式有多种,横版排列的规格有两种:方角为 9.0cm×5.5cm,圆角为 8.5cm×5.4cm;竖版排列的规格也有两种:方角为 9.0cm×5.0cm,圆角为 8.5cm×5.4cm。私用名片格式自由灵活,一般可根据不同的社交场合设计不同的风格。公务名片格式(横版)大体是:在名片中央印上姓名,姓名后面(或下方)跟着印上职务或技术头衔,左上角印上供职组织单位的名称(一般应为全称),下方印上联系方式,如地址、电话号码、传真号码、邮编、E-mail 等。除此之外,在设计上还可使用组织的形象标志。如有对外交往需要,可印双语名片或单纯的外文名片。

```
××××单位名称(全称)
(形象标志)

       ×××(姓名) ××(职位)

电话:×××           传真:×××
地址:××××××       邮编:×××
Email:×××@×××.com
```

图 2-2 公务名片式样

名片应使用规范简化汉字，如果与港澳台同胞或海外华人交往，可选用繁体字。印制名片一般不套色，如确有需要，一般不超过三种颜色；底色可用白色，也可用其他浅色。但无论是采用有颜色的底色还是套色，总体风格应大方得体。

（二）名片管理

秘书部门的名片管理工作，不仅要负责组织机构的名片管理，建立健全名片管理制度，统一设计与印制名片，而且要协助上司整理业务往来名片。

整理名片，主要是为上司及组织机构收集和保存有价值的信息，以便将来使用。为了方便检索与查找，通常把名片分类存放。分类方法一般有两种。一是以个人姓名分类，即按名片姓氏笔画的顺序排列；二是以单位名称排列，即按照单位名称的笔画分类或音序排列。名片存储最好采用专用的名片簿或名片盒。如果收到变更地址、联系方式及单位名称的新名片，旧名片应及时废弃。

复习与思考

1. 如何理解秘书值班制度建设的重要性？
2. 秘书人员接收邮件要注意的问题有哪些？
3. 秘书人员如何保管和使用印章？
4. 简述信证管理的内容与方法。

实训与模拟

1. 国庆长假期间，根据安全管理的需要，请为某机关的办公室编制一份值班工作安排表，其中值班人包括领导3人、秘书1人、办公室其他工作人员5人。

2. 假设你是宏远公司总经理秘书，请为总经理设计适合不同社交场合使用的名片，并为总经理办公室设计一个名片分类管理方案。此外，为确保印章安全使用与管理，请为宏远公司拟定一份印章管理制度。

案例分析

下面是某公司秘书王晴一天的工作记录：

8:40 到达自己的办公室（公司9:00上班）。

8:45 打扫上司的办公室、接待室等房间，查点备用物品。

9:00 上司到办公室。

9:10 为上司冲泡茶水，与上司确认当天的日程安排。

9:20 处理传真或电子邮件，根据上司的指示进行回复。

9:35 邮件到达后进行分拣，将紧急的信件和包裹分发给收件人。

10:00 接听电话；将前一天来访客人的信息输入电脑中的顾客名录；整理报纸杂志，剪报、扫描等。

10:30 接待客人，给客人沏茶。

11:40 上司外出，将上司交代的文件整理完毕。

12:00 午餐。午休。
13:00 回到办公桌前,上网查资料,接听电话等。
13:10 上司回到公司,给上司冲咖啡,报告电话留言,领回上司上次出差时的单据,核算出差费用。
14:00 根据总经理办公室主任的指示,复印并打印文件。
14:30 招待客人,给客人沏茶。
14:50 回到办公桌前继续起草报告(计划明天写完)。
15:30 为公司司务会准备咖啡、茶水。
16:00 把总经理办公室主任的信写好之后,写好信封,并通知快递公司将信取走。公司司务会结束后清理会场,打印出第二天上司的工作日程表,交给上司。
17:00 上司下班,整理未完成的文件。
17:20 关闭计算机,关好电源、门窗,下班(公司 17:00 下班)。

认真阅读案例,回答问题:
1. 王晴这一天的工作涉及秘书日常事务的内容有哪些?
2. 根据秘书实务理论对秘书王晴一天的表现作出点评。

第三章　口头沟通

口头沟通是秘书最为常见的信息沟通形式。他们每天要和不同级别且拥有不同专业技术的人员进行口头交流,因此,良好的口头沟通技巧在秘书工作中显得尤为重要。本章主要介绍秘书的口头沟通技巧,包括听、说、提问的技巧、发言与演讲的要求与设备、接打电话的方法、电话服务与设备的使用等,以提升秘书人员的口头沟通技能。

第一节　口头沟通概述

口头沟通是人们在工作和生活中必需的信息沟通方式,主要借助口头语言来实现信息交流。任何一种社会职业,无论什么类别和职位,都需要完美的口头沟通技巧。在秘书的日常工作中,口头沟通是非常重要的沟通方式与手段,如口头汇报、电话联系、召开会议、组织讨论、公开发言与演讲等。在这些口头沟通工作中,即便是一个极小的口头表述失误,都会直接影响所在社会组织的形象,甚至让对方对其所从事的工作产生怀疑。因此,良好的口头沟通技巧,在秘书工作中显得尤其重要。

一、口头沟通技巧

相对书面沟通方式,除特定场合的演说之外,口头沟通没有也不需要长时间的准备,但在发言之前要组织一下想法,使它们形成一定的逻辑顺序。一旦开始发言,每一个字的发音都要正确,音量要适中,句与句之间或话题转换时要有适当的停顿。在口头交流过程中还要仔细观察对方的反应,捕捉对方的面部表情及体态手势,接收对方对信息的反馈。然后,对那些表述不清晰的内容进行重复,或是举例阐明等。这些都要求一个人在说、听、提问等方面有良好的口头沟通技能。

(一) 说到位

口头沟通传递信息,关键在于"说";要提高口头沟通能力,关键也在于"说"。不仅要会说,而且要说清楚。高超的口头沟通技能要求表达准确而清晰,否则会影响沟通的效果。绝大多数的口头沟通没有书面资料可以借助或参考,要想表达流畅、清晰、准确,就要具备基本的语言表达能力,要具备思想、知识、心理等多方面的综合素质。除此之外,在人们的交际过程中,口头交流双方还要遵循合作的原则,以求有效地配合,从而达到交流的目的。美国著名语言哲学家格赖斯认为,人们在谈话中遵守的合作原则有四个:量的准则,要求所说的话应该满足交际所需的信息量,不应超出交际所需的信息量;质的准则,要求不要说自知是虚假的话,不要说缺乏足够证据的话;关系准则,要求说话要有关联;方式准则,要求说话清楚、明了,避免晦涩,避免歧义,简练且井井有条。只有在此基础上,才能说到位。

鉴于秘书人员的工作环境,下面提出几点口头沟通的技巧。

(1) 语言表述正确、通俗易懂。秘书要与各方面打交道,语言表达要力求适应不同的沟通环境与对象。

(2) 注意说话节奏,充分利用语音、语调和句与句之间的停顿,这能给谈话带来一种亲切的气氛,从而缩短交流双方之间的距离。

(3) 与对方保持目光接触,这有利于良好关系的建立。

(4) 恰当的礼仪与热情的态度。

(5) 运用肢体语言。人们在沟通交流过程中,肢体语言所传达的信息最能反映一个人的真实感情和想法。

(6) 赞美。赞美是一种力量,促使对话双方更进一步的交流。

(二) 积极倾听

几乎每一个人都喜欢表达自己,喜欢"说",因此,培养"听"的技能就显得更为重要。在口头沟通过程中,大多数人对于"说"似乎显得主动而轻松,但是,想要非常轻松地理解某一个人说的话,即听懂,却不那么容易,这需要大量的实践训练。积极倾听是沟通双方建立良好关系的重要因素。在口头交流中,专注地听意味着要时刻注意并领会对方的每一句话,对对方所说的话表现真诚的兴趣,这样会使对方感到被尊重,自尊心得到满足,从而感到自己的价值和重要性。同时,积极倾听便于人们理解并处理不同风格的交流。对于秘书来说,与上司或其他人员进行口头沟通时,最好是至少80%的时间在"听",20%的时间在"说",而"说"是阐明或陈述"听"到的重要观点,在"说"结束时,还应总结自己的观点。总结之前应暂停,这可以让自己有时间回想一下此前所说的内容。

为了确保能够听清楚并理解说话者所说的内容,首先应关注说话者在以下几个方面的特点:

(1) 用词、重点、腔调、沉默、肢体语言。

(2) 要找到适合的聆听位置,再仔细聆听下去。所谓聆听位置,一般是指稍向前坐,保持眼睛能与说话者交流。

其次,要听取以下内容:

(1) 究竟说了什么?

(2) 什么没有说?(可能需要从字里行间或说话者的肢体语言中发现,然后提出问题)

(3) 是怎样说的?(语音、语调)是否符合说话者的肢体语言?

(4) 说话者是什么表情?

(5) 倾听不同的情绪。例如,紧张、担心、激动、恐慌、泄气、积极进取、快乐、无聊、对抗等。

人们在发言时,作为倾听者要显示或表明正在"听",并且能听明白说话者的意思,甚至能听懂说话者的情绪,有情感上的共鸣,从而促进相互关系的发展。同时应反思一下,说话者为什么对倾听者这样说？他在寻求什么样的结果？

(1) 给一个做事命令;
(2) 给一个信息反馈;
(3) 一次礼貌性交流以建立和谐的关系;
(4) 寻求帮助;
(5) 缓解情绪;
(6) 询问反馈;
(7) 寻找鼓励;
(8) 希望澄清事实;
(9) 试图追究责任。

再者,积极倾听应该注意:

(1) 阻止一切杂念,集中全部注意力于说话内容;瞬时倾听,不去想说话者接下来要说什么,以免分散注意力。
(2) 倾听不仅需要用耳朵、眼睛和心思,甚至还需要情感,要善于发现说话者肢体语言所暗示的真实内容。
(3) 注意口头承诺语,如"好""是""噢,真的""啊哈,行"等。
(4) 注意非语言承诺,如自始至终的微笑、大笑(恰当的)、皱眉头、聚精会神地倾听、点头等。
(5) 如果正在听从指令,应该做笔记并适当提出问题,以明确所听到的事项及说话者的意图。在一些特殊情况下,做笔记应在交流或会议之前经得允许。
(6) 当没有理解时,可要求说话者重复前面所说的,"你的意思是……?"
(7) 保持目光接触,并用眼睛去"听"。
(8) 保持沉默,不要担心说话者短暂的停顿。
(9) 保持尊重,不能打扰正在说话的人。否则可能出现的情况是,倾听者仅仅是对自己的观点有兴趣,而对说话者要说什么并不感兴趣,甚至可能会打断说话者的思路,使他们偏离说话的真实意图。
(10) 答复前"暂停",是倾听者最重要的工具之一,它表明倾听者正在思考刚才所听到的内容,或者正在理解说话者的观点,或者正在考虑如何进行应答。

最后,积极主动地总结听到的内容:

(1) 当说话者结束谈话时,最好利用几秒钟思考一下前面的内容,然后考虑接下来的问题。
(2) 仔细思考前面的谈话后,给予积极的称赞,礼貌地说明对方的想法非常有价值,对自己非常重要。
(3) 进行总结时,不能只总结与自己相关的内容。

总之,积极的倾听能够获取更多的信息,提高对信息的理解,有助于秘书与上司之间建立良好的沟通关系、保持高度的信任,也是秘书与同行、下属和其他人沟通的最佳工作技能。

(三)提问方式

提问是秘书与上司、同事建立关系所运用的又一种沟通技巧。任何一次实际的交流都是围绕一个中心问题发问,然后倾听回答的过程。但在重要谈话中,提问要非常注重技巧,特别是注意措词,理解说话的内容,体会说话者的情绪。同时要给对方一个表达的机会,这样也可以发现自己的假定(提问)是否正确。在与上司、同事甚至客户建立关系之初,提问是非常重要的。

1. 开放式提问

为获得不同层次的信息,应采取不同类型的提问。开放式问题一般用非特异性的词语如"描述"或"告诉"来开始,用来了解某一情况,这样可以不必提很多的问题。而且这样的提问可鼓励回答者拓展他们的思想、感情、观点等,同时还可引出其他的问题。开放性的问题几乎不受任何限制,对方能说的所有事情都可以使用开放式提问。但是,提问者在回应问题或应付尴尬局面时,必须有良好的素养,包括理解力。

开放式的提问,常以"5W1H"开始,即"Who(谁),When(什么时候),Where(哪里,哪个地方),What(什么事),Why(什么原因),How(怎么样)"。这些问题的设计旨在获取最大量的信息、思想、感情和事实。例如,"今天天气怎样"是一个中立的开放式提问;相反,"你高兴吗"是一个引导性的问题(这意味着高兴)。

2. 封闭式提问

封闭式提问一般用来检验已经初步了解到的情况,通常可以用"是"或"不是"来回答。常用的提问形式如:"你是……""你已经有……""你过去是……""你会……""你将来……"等。提这些具体的问题,目的是直接找出事实。例如,"你说什么时候去度假?"

除此之外,还有一些其他提问技巧,如对诸多具体问题总结阐述后,重新提问。无论是开放式还是封闭式的提问,总结问题有助于说话者把握并理解提问者的要求。

秘书在倾听指令或处理事务时,应多提出问题以求充分理解对方的意图,为将来处理类似的情况提供经验。无论如何,对于不理解的问题,上司都会给予指示或说明。在提问时不要觉得提问是愚昧无知的表现,当然,如果觉得是愚蠢的问题就不应提出来。秘书要经常提问,并善于提问,即便是问十次而获得一个正确的建议,也比不提问而做错事情要强。

二、口头沟通的障碍

(一)曲解

曲解,可能是信息传递中的一种谣传,也可能是传送者精确提炼意见时使用不合适的词语带来的误会。在团队口头沟通中,每一个人解释信息时会采用不同的参考体系,克服由此带来的曲解的重要方法之一,就是扩展管理团队每一位同仁的眼界,务使每一个人了解别人的思维体系。另一种方法是使用心理学家所说的"同情",即努力从别人的立场来考虑问题。总之,曲解包括词语与意义之间的困扰。

（二）过滤

过滤，指信息发送者有意操纵信息，以使信息显得对接收者更为重要或有利。这对于信息沟通实质上是一种障碍，传送者会故意挑选资料，误导接收者将其当作有利的消息。没有人愿意把错误暴露于人，尤其是自己的上司。另一方面，上司需要可靠的资料，尤其是自己关心的那些事情。信息过滤的决定因素是组织结构中的层级数目，组织纵向层级越多，过滤的机会就越多。美国通用汽车公司的前总裁德罗里恩说，从下级报上来的信息经过层层过滤，往往使上级接触不到实际情况。下级提供的资料往往是为了获得他们所希望的回答，有时会报喜不报忧，或者猜测领导需要什么，然后上报什么。过滤是一种非常普遍的社会组织心理与行为形成的障碍。

（三）保密信息或隐瞒信息

保密信息或隐瞒信息是影响口头沟通效率的另一个障碍。保密信息是秘书工作的基本要求，实际工作中，秘书往往不能把一些重要的信息告知所有人，信息传达具有明显的范围局限性，这也会给办公室沟通带来困难。此外，由于繁忙的日程安排、个人的健忘，甚至为了回避人们渴望探听到他人隐瞒的信息的习性，使得秘书会有意或无意地隐瞒重要信息，从而影响办公室沟通的效率。

除此之外，信息传输通道的负担过重、通信联系的时间规定等引发的管理上的各种问题也会造成口头沟通的障碍。

三、提升口头沟通能力

从前文可以了解到，许多固有的信息沟通规则，会给口头信息沟通带来障碍。要改善秘书的口头信息沟通能力，首先要熟悉一般的信息沟通程序，了解口头沟通的基本要点：良好的口头沟通环境、语言及消息符号的本质（亦即字与符号所代表的意义）、信息过滤程序及可以预期的曲解、接受者的态度及其经验背景。其次，作为信息的传递者，应保持良好的态度。信息传送时，应鼓励信息接收者作出积极的反应；倾听时要非常认真，力求了解对方所传达的意义。再次，重复倾听的内容，把握信息沟通的重点，消减曲解。最后，利用不同的信道（即所有的五官感觉）协助一个信道避免谣传，慎重选用字词，避免因感情冲动而言辞激烈，使信息接收者得出不正确的结论。

第二节　发言与演讲

发言与演讲一般指在会议上或一些特别场合的讲话或发表意见等。高超的发言与演讲能力对一个人的职业发展来说，是一笔重要的财富。在办公室工作中，无论是上司还是秘书，发言与演讲是工作中常用的沟通方式。这里就发言与演讲的一些具体问题作简单的提示。

为满足受众的特定需求，每一次发言与演讲都应有精确的设计。准备口头报告或讲话时,也可采用书面报告收集数据时所使用的方法与技术。口头发言前,一定要明确发言所要达到的效果以及受众的兴趣,然后对所要表达的内容做充分的准备。

一、发言与演讲前的准备

(1) 理解主题,明确目标。

(2) 组织思想,拟订发言提纲。

(3) 把握受众的兴趣,解释发言内容对他们的好处。

(4) 概括要点,不能只传达给受众大量的事实或数据。

(5) 不能背诵稿件,可准备一张索引卡片,列出发言要用到的关键词语。把握好主题,按索引卡的提示组织发言。

(6) 演讲中不能有偏见或成见,不能有歧视。

(7) 很多情况下,演讲稿也需要有书面形式。通常相对于手写的演讲稿,打印的演讲稿更便于朗读。但是演讲时不能机械地读稿件,翻页时最好扫视一下观众席。

(8) 发言与演讲提示无论采用索引卡,还是文稿,都可以用 PPT 幻灯片来显示。演讲前最好自己在镜子前面进行演讲训练。

二、对发言与演讲人行为的建议

(1) 发言或演讲之前吃点薄荷糖,保持口气清新。

(2) 同与会者交谈时携带记事本,以便能随时做记录。

(3) 演讲后把名片分发给与会者。

(4) 演讲时避免上洗手间,在演讲前应少喝茶水饮料。

(5) 准备一杯水,在喉咙发干时润嗓子。大多数情况现场会提供茶水,但是最好自己带,同时注意盖好瓶盖以免抛洒。

(6) 戴手表,最好是那种表盘较大的手表以便看清时间。看时间时可以放慢说话的速度。

(7) 发言前有一点紧张,可以引起对发言这件事的重视,从而提高自身的参与程度,促使自己超常发挥。

(8) 演讲人服饰要端庄且穿着舒适。紧身的裙子或休闲裤会令人不舒服。同时要考虑到演讲现场的温度,衣服厚薄要适宜。一般演讲时都是站着的,鞋子要舒适,大小合适,女士鞋跟不能太高。女士的裙子不能太短,尤其是坐在主席台上时。

(9) 女士们发言时,要将手提包放在观众看不见的地方,通常可以选择放在讲台下面,或者请信任的人帮忙看管。

三、发言与演讲期间的表现

(1) 演讲一开始应该对组织的邀请表示感谢,并表述自己高兴、愉快的心情。

(2) 演讲的第一句话为整篇演讲奠定了基调。开场白一定要引人注意,通常可以运用笑话、奇闻轶事、提问或引文吸引观众的注意力。

(3) 不能以居高临下的方式与观众说话,观众会有一种被轻视的感觉。

(4) 站着说话,让观众听到且看见,不能佝偻,也不能前后左右摇晃。
(5) 充满热情,保持微笑。
(6) 对观众及演讲主题专注。
(7) 观点之间注意停顿,以便于观众理解主题。
(8) 说话明确、清晰。
(9) 移动视线扫视全场观众。
(10) 借助道具表达观点,一个深刻的印象能抵得上千言万语。
(11) 如果演讲时有搭档,那么相互之间要注意协调。二者在主题及见解上要保持一致,与搭档的观点不一致会带来不良后果。因此,预先要明确各自的分工,比如谁先发言,谁来分发材料,谁来介绍,谁来总结,等等。

四、发言与演讲后的提问、总结与评价

在发言或演讲结束时,如果有时间,可以向观众提出问题与他们讨论,或请观众提问并回答。对现场提问的观众可以给一些有趣的奖励,如送给提问者一个小礼物。如果遇到不能回答的问题,应该礼貌地回绝,并请对方再次提问题。

为了保证发言或演讲不被打扰,也可以发给观众一些小纸片,请他们把问题写在纸上,然后收集并回答。也可事先把问题和 E-mail 打印出来,分发给观众,以征求观众的意见。如果有些问题来不及回答,可以在发言或演讲结束之后再回答。发言或演讲结束时,一定要总结所有的观点。

如果希望观众对发言或演讲作出评价,最好采取简洁且容易完成的表格形式;如果希望得到最真实的看法,就不能要求观众说出自己的名字及其他个人信息,表明这只是收集反馈信息。同时要注意,在发言或演讲结束后,每个人都着急离开,如果因为完成评价而**耽搁**观众的时间,一定要对他们表示感激与歉意。

五、文字资料及视觉设备

(一) 文字资料

事先分发文字材料,可以让观众了解演讲内容,便于记录。但是,这样也易导致有些观众只是阅读材料,而非用心听演讲,有些观众甚至拿到材料就离开。因此,使用文字资料时要慎重考虑。如果必须使用文字资料,最好便于阅读,用一些醒目的字体突出重点。文字不能拥挤,如果有条件也可以用彩色纸印刷,以吸引人的注意。

(二) 视觉设备

通常人们记忆图像信息易于声音信息,因此,在演讲现场多用各种视觉设备辅助人们记忆演讲信息,活跃现场交流的气氛。图片、照片、展览品、活动挂图等,都能帮助观众对演讲现场信息进行记忆。

1. 白板

一般会议中心的主席台,其正面的墙上有白色的书写板,在演讲时可以用来书写特殊的字、名词或重要观点。不过这种书写板需要专门的笔和墨水。

2. 挂架或活动挂图架

挂架或活动挂图架用来挂大幅纸张。挂图内容可以在会议之前准备或在演示过程中直接在纸张上书写,这些纸张可以移开或撕下来,放在旁边的墙上,以便会议过程中一直能看见。

3. 幻灯片

幻灯片就是一些透明胶片,通常在发言与演讲之前准备好。使用幻灯片需要有投影仪。发言人或演讲者可以利用彩色的幻灯片来增加发言内容的视觉效果,还可以用多张连续的幻灯片制造复杂的视觉效应。观众阅读一般文件上打印的文字比较困难,因为字迹太小,而幻灯片可以用图片或画面扩大发言或演说的内容,使文字的易读性大大提高。

4. 计算机演示

为了提升发言或演讲过程中的演示水平,许多发言人或演讲者利用计算机等多媒体设备来提高演示效果。它可以综合运用图像、图表、声音、剪贴画、动画等吸引观众的注意力,提升他们的兴趣。目前,最为常用的演示软件包为PPT(Microsoft PowerPiont),灵活且容易操作,已经逐步取代了幻灯片。但它要求发言或演讲现场配备有计算机、投影仪、电子显示屏、音响等多媒体声频及视频设备。

第三节　接打电话

随着现代信息技术的发展,电话日渐成为秘书及办公室最重要的口头信息沟通途径与方式。熟练掌握电话沟通技巧,不仅可以提高工作效率,也有助于树立良好的组织形象。

一、应答电话

(一) 应答电话的要领

秘书必须有一个令人愉快的电话人格和抑扬顿挫的声音来传达尊严和礼貌,这是应答电话时最为关键的。电话沟通时,双方没法见面,仅仅通过电话来判断对方及其组织的形象。因此,用语调和语言显示对所沟通内容的热情和兴趣,做一个良好的倾听者,把握对方所说的内容,这不仅可以为自己创造一个有礼貌的形象,也可以为组织树立信誉。相反,粗暴无礼的口头表达,不仅仅损坏个人的形象,而且会给组织带来麻烦。无礼的电话会增添人们工作中的烦恼,绝大多数人都不喜欢与粗暴无礼的人或公司来往。

一个高明的电话应答者应该:

(1) 说话清晰;

(2) 调整语气和语速;

(3) 说话时直接面对话筒;

(4) 用友好、愉快、助人为乐的态度;

（5）用专业化的词语，不能散漫；
（6）创造一种愉快的沟通氛围；
（7）礼貌用语，表达礼仪与尊重；
（8）记住并使用呼叫者的姓名；
（9）集中全部注意力倾听；
（10）回应对方，表达自然，用具有自身特点的话语应答；
（11）充满热情；
（12）随时准备记录。

当电话铃响起时，尽量在铃响三声以内接听，若有事耽搁应向对方道歉："对不起，让您久等了。"否则，第一显得失礼，第二显得组织管理水平低，直接影响组织的信誉和形象。如果秘书需要离开办公室（哪怕只有几分钟），应请其他人接听电话。应答时，拿起准备好的纸和笔进行记录，或直接用键盘记录。接听电话声音要清晰，音量适中，以保证对方能听清楚。为了方便记录，接听时可使用电话接收器或耳机，这样接听时可以自由进行记录。还需注意，嘴里有食物或口香糖时不能说话。

秘书接听电话时，通常应主动自我介绍，说明公司名称、办公室名称或电话所属人的姓名。但每一个电话的回应方式，需视当时的具体情况而定。如直接宣布公司名称或电话所属人的姓名，这种电话应答方式取决于所在的办公室是否经常直接接待来自社会公众的电话。为了提升服务质量，避免不必要的电话转接，许多单位及公司都印发了内部各个部门以及各个员工的电话号码。对来自外部的电话，应直接告诉对方本单位或公司的名称、个人办公室名称，例如，"您好！这里是××公司，××办公室。"

许多电话都有来电显示服务功能，能够显示接入的电话是来自内部还是外部。接听时，如果知道是来自组织内部其他部门的电话，可以简单应答为"××办公室"。在某些情况下，也可以说出接听人的名字，例如，"××办公室，××。"然而，决不能机械或冗长地应答："您好！这里是××公司，××办公室，××。有什么事要帮助吗？"如此长篇大论，有浪费时间之嫌。

接听时，如果需要对方等待，必须明确告诉对方"请稍等"。如果需要查找其他的信息或另有电话需接听，可以征求对方的意见，"我可以把电话搁置一下吗？"或者直接说，"请稍等一会儿"，然后尽快回答"让您久等了，很抱歉"，再继续刚才的谈话。注意不能让对方等待的时间太长。如果不能尽快回来，可以要求对方留下电话号码，办妥事情后再及时给对方回电话。

办公室里也可以使用可视电话，这样可以对来电进行筛选，但使用中要特别注意，如果呼叫者知道他们的呼叫正在被筛选，会非常不高兴。使用可视电话时，不能说"您是哪位？"而应直接说，"请问，能告诉我，您是……"或"我能告诉××先生（职位）是谁在找他吗？"

（二）电话记录

记录电话信息是接听电话的组成部分。当被呼叫者不在或不能及时接听电话时，通常要求做个电话记录，或使用语音留言。在日常办公室电话工作中，许多人都不能有效地进行电话记录。

首先,当电话铃响起时,应准备好笔和纸,而不能在接通之后说:"等一会,我得找笔和纸。"做好电话记录是接听电话时最基本的任务。呼叫者开始说话时接听者就应开始记录,这样记录来电信息会比较容易,待通话结束后再试图回忆和记录容易出现纰漏。

通常接听来电时可用电话留言簿,即时记下所需要的信息。许多单位及公司的留言簿还可以自动复制一份电话记录的副本,以备后续处理之用。如果随时记录的手写笔记难以辨认,可先记录在便笺上,通话结束后,再立即抄录到电话留言簿上。通话结束后,应立即将电话记录传递给信息接收人,或是及时做好存档。

目前,电话记录还可用个人电脑进行记录。许多办公电子邮件系统都有电话录音模板,这些模板采用电子信息记录的形式记录下有关来电信息。通常办公室秘书人员承担接听电话的主要责任,这就需要在个人电脑中设计一份标准电话信息记录样式,以便随时使用。同时,还可通过电子邮件或手机短信等将电话记录快捷方便地发送给接收人。

一份电话记录主要包含以下内容:

(1) 来电者的姓名,对于发音不常见的字,可以做个标记;
(2) 来电者电话号码,包括区号,如需要还可包括电话分机号;
(3) 来电事由;
(4) 接收人应回打的电话;
(5) 如果有留言,应记录清楚;
(6) 来电时间,记录确切的日期及时间非常重要;
(7) 通话结束之前,通常要验证电话号码及来电者姓名,例如,可以这样说:××先生,谢谢您的来电,我将验证一下您的电话号码,123……,我会请××尽快给您回电话。如果号码记录错误,就不可能回电话。如果不能按承诺回电话,会给所在办公室甚至整个组织造成极坏的影响。电话记录表如表3-1和表3-2所示。

表3-1 电话记录(式样一)

被呼叫人姓名:
日期:
通话时间:
呼叫人:
单位或公司名称:
电话号码:
是否需要回电:
再次呼叫:
记录人:
事由:

表 3—2　电话记录(式样二)

来电单位		来电人员	
来电时间		联系电话	
来电内容			
拟办意见			
领导批示			
办理情况			

(三)内线电话

许多公务电话都是在一个组织内部的办公室之间拨出与接听。这些单位或公司的办公室有可能就在同一栋楼或者几栋相邻的建筑里,但也有可能在不同的城市,甚至遍布世界各地。为了实现快捷通信,许多大型单位及公司都设有内线电话,或者称为内部电话。通常内线电话可以按部门或功能编制简洁的电话号码以方便记忆与使用。内线电话相互之间不仅拨打免费,而且还可以通过设置集团电话交换机,对使用人员做出不同级别的限制,便于管理。虽然内线电话具有很多优点,但是它的使用相对直线电话来说比较复杂,拨号也有一定的规则。在使用内线电话之前一定要预先考虑清楚,如内部电话互拨、拨叫外线、回拨外线、追拨外线等情况下,是否加拨特定号码。

(四)电话目录

电话目录就是通常所用的电话号码簿,它是秘书人员从事电话工作必不可少的工具。除了拥有一些共享性的电话目录之外,还需要编制一份个人电话目录,包含上司电话及日常使用电话,这样可以减少打电话之前寻找电话号码的时间,提高工作效率。

个人电话目录可以制作成不同的样式,如可用旋转式卡片夹置于办公桌上,随时随地记录电话号码;商业名片上也有电话号码,应放置在专用的名片盒内;计算机中的相关软件也能够自动登记电话号码。除此之外,现在的移动电话及固定电话机也有电话登记簿的功能。值得注意的是,在计算机或移动电话机登记的电话号码都需要备份,以免丢失。在今天,现代办公室都在使用自动化办公技术,各单位及公司为了节约纸张及打印费用,一般不再提供印刷的电话簿,仅仅制作一份电子电话号码联系单。对于秘书人员来说,如果需要,可直接打印一份放在自己的工作手册中。

为了有效提供电话服务,秘书常用的电话号码簿有下面几种。

(1) 全体员工电话簿:公司员工名录、电话号码;

(2) 电子电话簿:客户电话簿、公司电话簿;

(3) 卡片电话簿(旋转文件夹):客户电话簿;

(4) 案头手册存放电话簿;

(5) 记忆电话树。

制作一个完整的电话簿,必须按一定的工作步骤来完成。以记忆电话树为例,它主要是有利于记录一个工作团队或工作小组中全部成员的电话号码,以确保信息得到及时沟通。制作电话树,第一步,记录自己工作团队或小组中所有人的名单,并得到每个人的工作号码、手机号码或家庭电话号码。第二步,把自己的电话号码放在首位,然后在自己的电话号码之下,列出两个人的电话号码,再在这两个人下面各列两个人,以此类推,他们每个人的分支越走越远,直到包含了小组或团队中的每个人。第三步,在电脑上输入编制好的清单。如果电脑上没有可用的电话树格式,可用大纲样式列表。第四步,激活电话树,确保名单上的每个人都能获得信息。第五步,使用短信名单的人还可以使用手机上的便捷拨号方式来实现信息传递。

二、打出电话

(一)打出电话之前的准备

打出电话之前,需要做好以下准备:

(1)验证将要拨通的电话号码;

(2)准备通话内容,如有必要,写一个简短而全面的通话内容提纲;

(3)找出可以用于参考的报告或相关文件;

(4)如果是国际长途电话,考虑对方的当地时间;

(5)如果被呼叫者不在,考虑是否使用语音邮件、留言,或者与其他相关的人通话等。

(二)打出电话的程序

秘书打出电话一般分为下面几个步骤。

第一,正确拨号。拨号时注意力要集中,避免拨错。占线时,可停几分钟再拨。

第二,自我介绍。秘书拨通电话,听到对方的应答后,应首先问候对方并介绍自己的姓名、业务及部门或单位。一般用语为:"您好!这里是××××(单位),想请××先生(女士)听电话。"

第三,准确陈述。将通话内容逐项、准确、清楚、完整、简洁地告诉对方。如果是重要通知,可以提醒对方记录,还可以要求对方将所记内容复述一遍。

第四,耐心解答疑问。如果对方一时听不清或对某些问题提出疑问,秘书应耐心解答。

第五,礼貌告别。一般是主叫方先提出告别,之前应先请求结束通话,如可以委婉地说:"您看还有什么问题吗?"在对方表示没问题后才可以结束通话,并且要有礼貌地道声"再见",然后轻轻放下话筒。

第六,整理记录。对于打出的重要电话应记录清楚,以备核查。

(三)长途电话

随着通讯技术的发展,长途电话作为重要的联系方式使用较为频繁。目前,长途电话一般可分为固话国内、国际长途和移动国内、国际长途。

1. 国内长途

长途电话使用的关键问题是费用高,通常办公室电话绝大部分是长途电话。需要注意通话时间,节约办公成本,并随时登录电信服务公司网站,查询即时话费。离开办公室后,如需拨打长途电话,除使用移动电话外,还可以使用一般公用插卡电话机,购买有固定面额的预付长途电话卡,如10元、50元、100元等。使用时,先摘下话筒插卡,根据语音提示拨号接通,通话结束后挂机拔卡,计费结束。

此外，还有"对方付费电话"的长途电话，常用的有两类由对方付费的电话，一类是某些商业公司热线服务电话，一般前面加拨800，这种电话是对方付费。另一类是由被呼叫者个人付费，这类电话是在被呼叫者的电话号码接通后，接线员会询问呼叫者的姓名，并征求被呼叫者的意见，征得许可后再接通电话，并由对方付费。

2. 国际长途

国际长途的拨打方式，各国有所不同，因为不同国家长途电话服务系统不尽相同。为了方便拨打国际长途电话，最好能够保存一份完整的国际长途区号、时差及其他有关方面的文件资料。拨打时，要先加拨国际长途区号（IDD）。例如，国际电话号码标准写法为：＋33(0)147 286xxx。其中，"＋"表示国际号码，每个国家有所不同。在拨"＋"号时，需要按住"＋"键不动，直到显示"＋"号；"0"外面加括号意思是，如果身在号码所在国，就拨 0 147 286xxx，如果不在号码所在国，就拨＋33 147 286xxx（不拨0）。

除此之外，拨打长途电话还需要特别注意，一是长途电话区号及其变化，二是考虑时差，无特殊情况，打电话应在被呼叫者的工作时间内，尤其是国际长途电话。

表3－3　拨打长途电话记录(式样)

```
                  拨打长途电话记录

  呼叫日期：
  呼叫号码：
  被呼叫人：
  单位或公司名称：
  事由：


  打出人姓名：
  打出电话号码：
```

三、处理上司的电话

处理上司的电话是秘书日常电话工作的主要任务，通常有如下几种情况及处理方式。

（一）替上司向外呼叫电话

秘书受上司委托向外呼叫电话的情况有两种：一种是上司不参与通话，替上司转达意思；另一种是拨通上司指定的号码，然后由上司直接与对方通话。替上司转达意思，一定要先明确上司的授意。为避免电话转达时话意出现偏差，通话前秘书人员可向上司复述授意的内容，以确保通话的准确性。替上司拨电话，要集中精力，记下上司所讲的电话号码，要求上司复述号码或拨错电话是秘书的严重失职。上司要找的人接通电话后，要立即将话筒交给上司。若替上司找的是地位较高的人或尊长，与对方秘书说完后就应让上司接电话，告诉上司对方马上就会过来。

（二）接听打给上司的电话

秘书替上司接听电话是其工作职责，而绝大多数来电者总喜欢要求直接与被叫方上司通话,以提高办事效率。为了让上司集中精力和时间处理重要事务,秘书替上司接听电话要发挥一定的筛选过滤作用,以免上司将时间和精力耗费在不必要的话务上。

秘书接听打给上司的电话,首先要做出是否转接的决定,这主要依据来电目的及重要程度。秘书要善于依据对方的单位、姓名与身份、话语中隐含的信息来初步判定来电目的和重要程度,再进行筛选过滤,然后确定如何应对。在这一过程中,秘书应尽可能了解对方的来电意图,回话时要灵活机动,留有余地。如对方执意要找上司通话,秘书可以先请对方稍候,然后征求领导的意见;如果领导正在处理重要公务不便打断,秘书也可稍停片刻,再回对方:"×总现在不在办公室,有事可以跟我说吗,我是×秘书,我一定将您的意思转告给×总"。如果发现对方所说的事情确实比较重要,需要上司直接接听,则可灵活地回答:"嗯,那边×总好像已回来,待我把电话转过去。"总之,对于打给上司的电话,秘书一定要灵活机动地处理。

秘书替上司处理各种来电,要注意适应上司的生活习惯与工作安排。上司每天都要处理各方面的事务,工作会比较紧张与忙碌,秘书应了解上司每天的工作日程安排,在接听电话的那一刻,能够迅速地做出是否请上司接电话的决定,并给对方一个合理的解释或正确的回答。

(三) 呼叫对方上司

秘书只有在事情重要而又比较紧急时,才会直接找对方上司通话。对方接话人往往是秘书或其他工作人员,他们出于工作需要总是尽可能分担上司的工作压力,主动"挡驾"。这时就需要语气诚恳,与对方友好协商,告知对方确实有要事需直接与对方上司通话,希望协助。当确认对方上司在接电话时,可先问候对方上司,语气尽量恭敬,声音尽量和悦客气,然后告知相关具体内容;对于需征求对方意见的问题,应给对方较大的回旋余地,使用商量、恳请的语气;对于对方一时不能决定的问题,可主动提出:"是否我迟些时候再打电话给您?"总之,与对方上司通话要表示出充分的尊重和敬意。

第四节 电话服务与设备

一、专门化的电话服务

(一) 专门化服务

电话服务,除了办公室的一般通话服务,还有其他各种专门化功能与服务。现代办公室常用模拟电话和数字电话,主要可以提供以下专门化功能与服务。

(1) 来电显示。通过电话的显示屏了解主叫号码。

(2) 呼叫转移。用户A的呼叫立即被转移给事先定好的用户B。

(3) 呼叫等待。分机A呼叫分机B,分机B忙,分机A拨呼叫等待后缀,然后等在线上,一旦分机B空闲,分机A接通分机B。

(4) 呼叫代接。当一个分机被呼叫的时候,不管呼叫是来自内线、外线还是接线员,任何分机都可以通过拨打"拦截"前缀和被呼端号码代接该电话。

(5) 查询呼叫。用户 A 和用户 B 进行内线或外线通话,能通过拨打后缀对第三方查询呼叫,或者直接拨打第三方的分机号码。

(6) 外线号码重拨。通过拨打相关前缀,任何用户都可以对最后一个外线号码重拨。

(7) 预约提醒。用户终端编设预定时间振铃,若无应答则在规定时间段后重复响。在安排时间内,语音提示信息(可选择)提醒您这是预约提醒。

(8) 语音提示。可以提供语音提示电话机的各种功能。

(9) 经理秘书功能。这一项是数字电话机的独有功能,主要是在经理和秘书之间建立直接快速呼叫、秘书缺席提示、秘密监听、线路转移等多种功能。

(10) 语音信箱。电话机内置语音信箱功能,对通话进行录音。

(二)语音信箱

秘书在处理办公室电话时,可充分利用上述专门化服务功能,提高口头沟通的效率。这些专门化电话服务,尤其是语音信箱服务,为秘书的电话沟通工作带来了极大的方便。秘书要时刻接听打入办公室的每一个电话,这是一件非常困难的事情,语音信箱从技术层面上克服了这一难题。语音信箱系统一般不需要特别的设备,现在人们所使用的移动电话和数字固定电话机都配有相关设备。使用者只要与电信服务公司联系开通语音信箱业务并索取语音信箱号码,然后在电话机或手机语音信箱选项内设置好语音信箱号码即可。一般办公室会设置一个统一的中心语音信箱应答系统,以代替每一部电话机分别应答。语音信箱应答对于呼叫者也没有特别的要求,如果需要语音留言,只要注意表达时语音清晰即可。

当被呼叫的人不在时,为了确保信息能够及时传达,通常可以考虑使用语音留言,需要注意的事项如下:

(1) 留言时不能咀嚼口香糖或食物;
(2) 语速稍慢且语音清晰;
(3) 留言之前组织好思想,条理要清楚;
(4) 留下姓名及电话号码。因为凭声音很难认出来电者,没有电话号码也就得不到回复;
(5) 留言要简短,不能漫谈;
(6) 说明打电话事由;
(7) 说明什么时间可以在办公室接收回复;
(8) 如果留言太长,在结束时最好能重复。

秘书在了解如何给呼叫者留言之外,还要创建并设置自己及办公室的语音信箱。如果办公室电话使用一个中心语音应答系统,通常问候语之后,应给出"某人不在办公室"或转接其他线路的信息。这些语音应答可以是统一的声音,也可直接使用电话所有者个人的声音和姓名。总之,语音应答系统采录的声音要热情而专业,不能粗鲁,也不需要幽默。用语简洁明了,留言不能冗长。当离开办公室一天以上,语音留言应有所变化。

凡有语音信箱服务的办公室电话,需要每天安排一定时间来听电话,并且养成习惯。

秘书最好在每天早上刚开始上班时进行这项工作,这样可以收到昨天一整天包括晚上打进来的电话语音留言。如果白天上班时离开过办公室,或在接电话时另一个电话响起,这些情况一般需要及时听取语音留言。如果每天收到的语音留言超过十五个,为保证及时回复,需借助语音留言登记。语音留言表如表3－4所示。

表3－4 语音留言表(式样)

日期	时间	呼叫者	单位名称	来电号码	留言	回电

二、其他专用电话

(一)网络电话

网络电话又称为 VOIP 电话,是通过互联网直接拨打固定电话和手机的,包括国内长途和国际长途。网络电话的资费是传统电话费用的 10%～20%。宏观上,网络电话可以分为软件电话和硬件电话。软件电话就是在电脑上下载软件,购买网络电话卡,通过耳麦和对方进行通话;硬件电话首先要一个语音网关,网关一边接到路由器上,另一边接到普通的电话机上,然后普通话机即可直接通过网络自由呼出电话。

(二)移动电话

移动电话通常称为手机,是指可以随身携带、无线漫游并使用无线通信信号的便携式电话终端。现代的移动电话利用数字技术,已发展至 4G 时代。移动电话在日常生活及工作中广泛应用,不仅是办公室的重要工作设备,更是出差旅行、商务活动中必不可少的通信工具。移动电话服务范围广,计费方式多样,方便人们选择和使用。

(三)卫星电话

基于卫星通信系统来传输信息的通话器就是卫星中继通话器。卫星中继通话器是现代移动通信的产物,其主要功能是填补现有通信(有线通信、无线通信)信号无法覆盖的区域,为人们的工作提供更为全面的服务。现代通信中,卫星通信是无法被其他通信方式所替代的,现有常用通信所提供的所有通信功能,均已在卫星通信中得到实现。

(四)航空电话

为了保证航空飞行的安全,移动电话一般不能在飞机上使用,航空电话则可以在一些国际航班上使用。航空电话一般是安装在个人的座位上,也有一些是安装在飞机的客舱里。航空电话实际也就是卫星电话,使用时需要通过信用卡操作。拿下电话筒,插入信用卡,拨号接通;电话结束,取出信用卡,计费完成。航空电话费相对昂贵,是一般国际长途的 3～5 倍。

三、远程会议

远程会议是指处于不同会议室的与会者通过声频或者视频设备而进行的会议。目前远程会议系统主要包含电话会议、网络会议、视频会议等。召开远程会议不仅成本低,而且速度快捷。它主要是利用电话免提或者视频会议设备来实现。相对现场会议来说,远程会议可以节约大量的时间和差旅费。远程会议成功的关键在于会前的规划和与会者的意愿。

（一）声频会议

声频会议即电话会议，就是利用电话机来召开会议的新型会议模式。召开电话会议，电话机需要有免提功能，有内置扬声器及麦克风，以便有更多的人能听见；有专门线路以适应长时间的通话，一个小时或更长时间都能够实现。但需要注意，如果电话不是在个人办公室内，要考虑到同一办公区域中的其他人是否会受到影响。如果需要打开扬声器，为了确保不影响在同一办公室工作的其他人，要礼节性地征求其意见，询问是否可以使用电话免提。如果在个人办公室，最好关上门，使邻近的办公室或办公场所不受影响。

召开电话会议时，将免提电话放在会议桌上，打开扬声器，拨通与会者的电话，就可以进行了。电话会议所使用的免提电话不限于固定电话，也可以是移动电话或独立的免提电话。根据会议内容需要，有时还需台式保密电话。目前，不仅组织内部可以召开电话会议，即使国际电话系统也可以提供电话会议服务。大型电话会议通常需要通信公司的支持，预先通知所使用的专门线路等。召开电话会议需要事先拟制一份与会者名单，主要包括联系地址及电话号码（与会者必须提供参加会议的电话号码）；再发送会议通知，告知与会者会议召开的时间及会议事项。

召开电话会议的注意事项有以下几个方面：

（1）准备电话会议，预先发布与会者名单及议程表；

（2）发言时要确保其他与会者知道谁是发言人；

（3）因为与会者只能听，看不见发言人，所以发言人语言表达要清楚，不能含糊，也不需要其他肢体语言；

（4）不要打扰其他人的发言；

（5）不要私下与其他人窃窃私语；

（6）不发言者可使用静音按钮；

（7）在会议进行中不要使用电话保持键；

（8）当会议结束时，要感谢安排会议的人员。

（二）视频会议

视频会议包括电视会议与网络会议，是指两个或两个以上不同地方的个人或群体，通过电视传输线路及多媒体设备，互相传送声音、影像及文件资料，即时沟通，召开会议。相对电话会议来说，视频会议具有直观性强、信息量大等特点。通常与会者可以看见视频会议的主会场，不仅可以听到发言者的声音，同时能够看到图像，甚至可以在各个分会场之间进行切换，共同商讨问题。但它的价格更为昂贵。除非有需要，一般电视会议不能通过公共电视频道进行传播，需要建设或租用专用视频线路及设备。它广泛应用于现场办公、商务活动等多种领域，尤其是许多大城市的商务活动中，都能够提供高端视频会议服务系统。

视频会议的基本设备一是专用的会议室，二是终端设备及传输设备。终端设备如电视机、专用电视摄像机、麦克风、其他会议控制设备及传输设备，如电视会议的专用线路等。

随着计算机技术的发展,视频会议也可以通过互联网进行,即所谓网络会议。在以网络为媒介的多媒体会议平台,使用者可突破时间和地域的限制,实现面对面的交流。采用先进的音频、视频编码与解码技术,可以使会议语音和视频效果大大增强,同时还可以提供电子白板、网页同步、程序共享、演讲稿同步、虚拟打印、文件传输等会议辅助功能。网络视频会议是视频会议的一个重要组成部分,它能够提供高效、快捷的会议沟通途径,有效降低会议成本,提高组织的会议效率。

召开视频会议的注意事项:
(1) 与会者要注重服饰;
(2) 避免有明显图案的服装;
(3) 尽量避免穿黑色、白色服装及夹克衫;
(4) 蓝色、灰色是最适合的颜色;
(5) 克服个人不良习惯,如搔头发等。

复习与思考

1. 结合自身的特点,谈谈如何提高口头沟通过程中说的技巧。
2. 请查找资料,阐述互联网电话系统如何操作。
3. 分析召开视频会议的注意事项,并说明为什么。
4. 根据打出电话的程序,利用计算机设计一个打电话的流程图。
5. 电话记录应包含哪些信息?请制作一份电话记录表。

实训与模拟

1. 组织一个实训小组,利用固定电话或移动电话,演示电话的接打流程、方法以及规范用语。假设其中一个小组成员为电话呼叫者,负责打出电话,要求以不同的身份,如上司、客户等;不同的态度,如温和的、愉快的、粗鲁的等;不同的事务,如日常联系、节日问候等。其他人为秘书并应答,要求保持愉快的声音与表情及适宜的语言节奏和清晰度,并记录要点。

2. 实地参观办公室,调查办公室的电话使用情况,包括电话设备、电话使用成本、接打电话的方式、专门的电话服务与远程会议使用情况、人员素质要求等,写一篇简短的汇报材料。

案例分析

案例一:下面是发生在鸿达公司秘书赵凯身上的一件事。公司经理刚刚出门,办公室电话响了,他漫不经心地接起对方的电话,身子斜靠在椅子上,二郎腿不停地摇晃,为了舒适,他还把手臂靠在电话机上……在他看来,既然对方不在眼前,看不见自己,何必那么一本正经。正在这时,经理进门看到了这一幕。快下班时,经理狠狠地批评了赵凯。

阅读案例,回答下面的问题:

1. 对方不在眼前就不必一本正经吗？为什么？
2. 此事若是发生在你身上，你怎么对待经理的批评？

案例二：一天，秘书李爽被怒气冲冲的上司叫到办公室，原来一位交往多年的代理商给李爽的上司寄来一封非常无礼的信。上司让李爽记录自己口述的回信：我没有想到会收到你这样的来信，尽管我们之间已有那么长时间的往来，但事到如今，我不得不中止我们之间的一切交易，并且我要让所有的同行知道你的行为！信的内容大致如此。口述完回信后，上司命令秘书李爽立即将信打印寄走，并要求李爽通知其他在家的领导不许和这个客商往来，撤回公司驻该代理商处的代表。

阅读案例，回答下面的问题：
1. 秘书李爽是否应该立即照办？为什么？
2. 为秘书李爽设计一套较为合理的解决方案。

第四章　文字处理

无论是政府机构、商务组织,还是其他非正式社会组织,在处理组织内部和外部关系时都离不了书面沟通。秘书文字处理工作指根据社会组织管理工作的需要,将获取的各种信息转变成书面材料,具体包括文稿写作、文字记录、排版打印等事务。

第一节　文稿写作概述

随着现代科学技术的发展,秘书无论是撰拟公文、电子邮件、商务信函、备忘录、报告,还是撰写每日新闻时讯、编写信息简报、记录发言等,都需要熟练而高超的写作技能。文稿写作通常是秘书工作量最大也是业务水平要求最高的工作,因为秘书撰写的书面文字材料将以积极或消极的方式,给社会组织内部或其他社会公众塑造上司及组织的形象。本章将针对秘书常用公务文稿的撰写提出一些技术性建议。

一、文稿写作的要求

(一) 文稿写作的基本要求

撰写任何书面文字材料,首先要注意到书面沟通与口头沟通的差异。书面文稿缺少语气、手势和面部表情等视觉线索的辅助,完全依靠文字表达能力让读者准确无误地理解文字所传达的信息。其次,因文体不同,语言、行文风格会有所不同。

秘书拟写文稿是为了替上司及领导机关传递管理指令与信息,要求以客观、严谨、平实的态度,表达某一个社会组织机构的公务管理活动。秘书文稿写作以拟写实用文体为主,需要到达以下几个方面的基本要求:

(1) 明确;
(2) 简洁;
(3) 正确;
(4) 完整;
(5) 用词礼貌;
(6) 具体实在;
(7) 口语化。

此外,特别需要注意了解读者及听者。一份成功的文稿需要了解读者或听者的意见,以明确书面沟通的效果。

(二) 写作能力与技术

为达到上述基本要求,成功地完成文稿写作任务,秘书需要具备以下几项基本写作能力与技巧。

第一,思想表达明确且简洁,避免误解。用最容易理解的语言明确要点,确认事实。

第二,一份完整的文件应包含读者必须了解的所有信息,排除不必要的信息,以免迷惑、误导读者。如果需要读者采取行动,要说明行动的具体要求。

第三,传达相关事宜,要采用礼貌、友好的语气。

第四,不要因为心情不佳而影响写作风格。尤其是愤怒的情绪要冷静处理。文件要经过审查再发出。

第五,处理要及时且讲究礼仪。非常重要的商务往来信函,一般要求在两天以内回复。电子邮件最好当天或第二天回复。结束语一定要注意礼貌,在信函结尾不要简单地只写"谢谢"。

(三) 避免一些常见问题

文稿写作是高难度的工作,即便是集中全部精力,遵循所有的写作要求与规律,在实际写作过程中,一些常见问题依然会不可避免地出现,这就需要及时检查并加以纠正。

1. 清晰度

任何书面沟通材料都要给读者传达清楚准确的信息,但是一些常见的错误却可以直接影响到信息表达的清晰度。对信息误解的常见原因,一是字词错误或用错位置。例如,历史博物馆展出了两千多年前的新出土的一大批文物("两千多年前的"与"新出土的"词序颠倒)。二是滥用代词或指代不明。例如:琳达与丽丽去商店,她买了一台电脑("她"是指谁?)。在实际写作中,这些现象往往会不可避免地出现,这需要适当地检查与审核,及时加以纠正。

2. 语气

口头沟通可以借助语调、手势及面部表情,表达亲切的语气和友好的氛围,而书面沟通只能通过文字来传达。文稿写作过程中要注意口头语言与书面语言在表达上的差异,尽量做到文字所传达的态度与语气符合表达意图。例如:"非常高兴为你服务!"(口语)"非常感谢您为我们的项目做作出的贡献。"(书面语)

3. 词语

词语的运用要符合现代汉语规范。在写作过程中容易出现的词语运用方面的问题有下面几种。

(1) 许多在口头语言中使用的词语不适合用在书面语言中,冗长的词语一般也不适合用在书面语言中。

(2) 专业性的书面材料中通常不使用俚语,因为可能会有人对俚语不理解。

(3) 缺少过渡性词语或者关联词,会使语意表达不连贯,甚至整篇文章显得断断续续。为了保持句意流畅,通常要借助过渡性词语或关联词进行过渡。

(4) 词语单一化。如果在每句的开头重复使用同一词语,会让读者厌烦。如,"我"常出现在一句话的开始,容易使读者麻木,要避免以"我"开头的综合症。在撰写信函、备忘录、电子邮件时,尽量使用多样化的词语。相同的意思可以用不同的词语表达,避免在一段文字中多次重复使用相同的词语。

(5)秘书在处理信函时,使用称谓语是非常重要的。如果不能知道对方的性别,最好不使用区分性别概念的词语。例如:"把这份材料送给他。"("他"还是"她"?)"把这份材料送给主管。"(不区分性别)

4. 得体

从读者的角度来看,书面文字要有感染力。另外,绝大多数人愿意接受建议而不是被要求,撰稿人应该站在读者的角度满足读者的心理。拟写信函应该以读者关注的重点为中心;在传递负面消息时,要以积极的语调表达观点和问题;在否定之前,应先给正面的鼓励,并以积极的语气结束;不要激怒读者,一般不能用"你是错误的""你犯了一个错误"这样的判断,而应转换一下表达方式,如"这里存在一个问题";不能责备读者,更不能认为读者愚蠢。

5. 简洁

实用性文体语言要求平实简洁,读者容易阅读和理解。撰写公务文稿时,多采用直接性、告知性、严密性的句式来传达信息,一般不用容易引起误解的术语与行话。除此之外,尽量使用一些实用性强的短句,用主动句式代替被动句式,读者对主动句的理解比被动句要快。特别要注意人称代词的使用,人称代词用来彰显相互之间的关系,或者为读者和作者之间建立起联系的纽带,所以不能滥用,以免引起误解。

二、文稿写作的原则

除满足文稿写作的基本要求之外,秘书在写作过程中要遵循以下几项原则。

(一)符合党和国家的法律、法规和政策

任何组织发布的各类公文,内容不仅必须符合国家的法律、法规和党的方针政策,而且必须遵循与本组织生产经营有关的劳动、人事、环保等各个方面的规章制度。秘书撰写文稿在遵循基本写作要求的前提下,需要把握政策与制度要素,一旦内容违反法律、法规和政策,可能会给组织带来不良的后果。因此,秘书要有法律、法规意识,对具体法律条款或政策规定非常熟悉,保证行文内容符合法律、法规的基本要求。

(二)完整、准确地反映上司、机关的制文意图

秘书文稿写作,严格来说,是"奉命"写作。代上司或机关起草各种文稿,无论是公文还是新闻报道,所代表的都是上司的意见,而非秘书本人的看法。因此,完整、准确地反映上司的意图,是文稿撰拟的基本要求。秘书在接受制文授意时,应当场记录并事后揣摩制文的目的、依据、观点、篇幅、时限,以及有关的文件、材料和背景信息,初步形成提纲,征求上司意见或经领导集体讨论,在确认文章主旨符合上司意图后再正式动笔。上司审批秘书起草的文稿时,首先要审查是否准确反映了制文意图。因此,秘书在接受拟稿任务时,一定要明确上司的真正意图。

(三)实事求是

公务文稿是一种实用性的文体,是上司及领导机关在管理活动中进行信息沟通的重

要工具,其作用是传递上司与领导机关的管理意图,希望读者及听者(上级或下属)做出反馈或采取行动。大多数以议论和说明为主,文稿应该概念明确、判断恰当、逻辑严密、论证有力、结构严谨,保证信息准确完整地传达到位。撰写过程中要力求保持所表达信息的真实性。实事求是既是秘书文稿撰写过程要坚持的基本原则,也是秘书文稿写作工作所必须承担的责任。

三、常用文稿种类

秘书及秘书机构为支持上司及本组织的管理活动,常用的书面沟通形式主要有以下几类。

(一)公务文书

根据公务文书的适用范围,可分为通用公文和专用公文两大类。通用公文,据现行《党政机关公文处理工作条例》(中办发〔2012〕14号)(下称《条例》)的规定有15种:决议、决定、命令(令)、公报、公告、通告、通知、通报、议案、报告、请示、批复、意见、函、纪要,上述公文文种,公文学界通常称其为法定文种。除此之外还包括党政机关及社会组织常用应用文文种,主要有综合性工作总结、计划(包括规划、工作要点、安排、方案、设想等)、调查报告、简报、专用书信、讲话稿、讣告、悼词、规章制度(如章程、细则、制度、守则)等,这些都是实际工作中经常被使用的文种。

专用公文指具有专门职能的机关在专门的领域中形成、使用的书面材料,具有特定的格式。其文种主要包括:财经文书类,如市场调查报告、经济合同等;司法文书类,如起诉书、判决书、笔录等;外交文书类,如国书、照会、护照、条约等;公关礼仪文书类,如贺信(电)、喜报、慰问信、表扬信、感谢信、开幕词、闭幕词等。实际工作中对这一类公文的使用通常由社会组织机构的业务范围及具体事宜来确定。

(二)讲话稿

广义来说,讲话稿也属于应用文,指人们在特定场合发表讲话的文稿。由于使用范围变化多样,它通常没有固定的格式和要求。狭义的讲话稿指一般所说的领导讲话稿,是各级领导在各种会议上发表带有宣传、指示、总结性质的讲话文稿。据工作性质的不同,常用的讲话稿主要有法定会议的工作报告(如政府工作报告、公司经营状况的报告)、部署工作的指示性讲话、表彰大会上的总结性讲话、宣传动员教育辅导性会议上的演讲及纪念庆祝大会上的各种礼仪性讲话等。为上司撰写讲话稿是秘书及秘书部门的本职工作,责无旁贷。

(三)新闻稿

秘书不但要为组织内部撰写新闻及信息方面的文字材料,而且要面向社会公众撰写供报刊发表的文章,新闻稿也是秘书及秘书部门日常使用的文体。秘书撰写新闻稿主要有两种情况:一是新闻报道,也就是把本单位发生的有新闻价值的事件写成消息、通讯等新闻类文章;二是以上司或单位的名义撰写文章,如会议讲话记录、思想政策宣传等,提供给报纸、杂志、网络、电视台、广播电台等组织内部媒体或组织外部的大众媒体。

(四)商务信函

信函是秘书及其工作部门最常用的一种文体。商务信函是指进行商务活动时使用的信函。商务信函的种类有贸易信函、商务便函、通知函、邀请函、感谢信、祝贺信、求职信、申请函、推荐信等。相对其他通讯形式来说,商务信函不仅内容表述较为详细,而且每封信函都有发信人的签字,构成法律意义上比较正式的文件。在现代商业活动中,尽管电话、电报、传真、电子邮件等通讯方式已广泛使用,但是商务信函仍然是商务活动的最为正式的通讯方式之一,在商务信息沟通中起着非常重要的作用。凡重要业务,在经过电话、传真、电子邮件等确认后,往往还需要制作专门的信函复述其内容,签名盖章,成为正式文件。

四、文稿拟写方式

作为社会组织实施管理的一种手段和工具,不同体式的公务文稿,因其适用范围、效力不同,拟写方式也会有所区别。据《条例》规定,结合社会组织机构自身的实际情况,文稿拟写方式通常可分为办公室撰拟、小组集体撰拟、职能部门代拟等。

(一)办公室撰拟

办公室撰拟通常由办公室专职拟稿的秘书承担,主要包括涉及本组织全局性的报告、讲话、计划、总结、上级汇报性材料以及日常行政管理所使用的各种公文、商务信函、礼仪性文书等。这是我国各级各类社会组织机构中最为常见的文稿撰拟方式。凡由本组织机关拟订的文字材料,除特别重要的文件需要主管领导亲自拟稿之外,大都是由主管领导授意专职秘书独立起草完成。在实际工作中,办公室文稿真正的执笔人主要是秘书。这也是秘书的基本工作内容。

(二)小组撰拟

有些重要文件,如政府工作报告、长期发展规划等,由于工作量大,一般由主管上司成立专门的起草小组来承担起草任务。文件起草小组采取集体撰拟的方式,其一般步骤是:由上司提出文件的主旨、内容和思路,然后起草小组集体讨论拟订写作提纲,并报请上司审批;接下来按照写作提纲进行分工,每个起草者分别起草部分文稿,组长将初稿汇总并指定专人进行组合和文字加工,最后将改定的文本送上司审批或开会讨论通过。

(三)部门代拟

以组织名义发布的一些专业性强、内容涉及某些专门业务的文件,通常根据"谁主办,谁拟稿"的原则,交给相关职能部门起草,然后由办公室审核把关,这种拟稿方式叫做部门代拟。凡由职能部门拟写的初稿,其分管领导要对文稿拟写的内容把关,再交由办公室进行审核。

代拟文稿虽然从整个组织机构来说是职能部门而不是办公室秘书起草,但是真正的起草人实际上大多还是职能部门的秘书或助理。也就是说,即使一个组织的大多数重要文件采用部门代拟的方式起草,文稿撰拟仍然属于典型的秘书业务。①

五、文稿写作过程

公务文稿写作和文学创作有着大致相似的规律,包含准备、起草、审核、定稿四个阶

---

① 杨树森:《秘书实务》,高等教育出版社,2010年版,第30~31页。

段。但是由于写作目的及功能不同,公务文稿写作有一些特定的规律与要求,无论是行文主体还是行文方式与一般写作都有所不同。

(一) 受命与准备

秘书撰拟文稿一般是"奉命写作",目的是表达上司或领导的决策,因此,接受写作任务时,必须注意倾听,明确行文的主旨、内容和要求,还要有详细的记录,如有不甚明白之处要当面询问,并互相交流沟通,力求准确而深刻地理解上司的意图。

任何写作都要以材料准备为基础,材料来源于日常工作和专题性信息收集。在接受起草任务之后,除利用平时积累的材料之外,还要向有关职能部门征询写作所需的信息资料,以保证材料的充实。秘书人员平时在收集与积累写作材料时,特别要注意与组织生产经营有密切关系的专业信息、政策信息,同时注意运用多种渠道、多种收集方法,如剪报、网络等来获取这些有价值的信息。在详细占有材料的基础上,再深入构思与撰写提纲。从接受拟稿任务到正式动笔写作之前,撰稿人为起草文稿所做的一切事务都属于前期准备。

(二) 构思与起草

在正式动笔前应该对文稿进行构思,并形成书面提纲,这对于撰写公务活动的应用文书来说尤其重要。提纲应该包括文章的主旨、分论点、每个部分要使用的材料。一些内容重要的文件,确定提纲是一个很长的过程,要经专门的起草小组反复讨论,提交主管上司,召开领导集体会议多次讨论,才能最终确定。除了一般的通知、命令等内容简单的文种外,大多数文种的写作,拟定提纲是最为关键的环节,在实际撰写过程中必须充分给予重视。

起草就是拟写初稿,即在拟定提纲的基础上填充内容,进行书面文字表达。如果提纲拟得合理而详细,撰写初稿的工作会相对容易,只需注意恰当地选择与使用材料,以合适的表达方式体现主题,对原来提纲中不尽合理的地方进行局部调整。值得注意的是,在遵循这些一般的写作规律的前提下,起草公务文稿还需考虑到文种的适用范围与具体要求,对涉及其他部门职权范围内的事项,主办部门应当主动与有关部门协商,取得一致意见后方可行文;如有分歧,主办部门的主要负责人应当出面协调,若仍不能取得一致,主办部门可以列明各方的依据,提出建设性意见,并与有关部门会签后报请上级机关根据文种要求协调或裁定。我国党政公文拟稿的具体要求(《条例》第十九条规定)如下。

(1) 符合国家法律、法规和党的路线方针政策,完整、准确地体现发文机关的意图,并同现行有关公文相衔接。

(2) 一切从实际出发,分析问题要实事求是,所提政策、措施和办法切实可行。

(3) 内容简洁,主题突出,观点鲜明,结构严谨,表述准确,文字精练。

(4) 文种正确,格式规范。

(5) 深入调查研究,充分进行论证,广泛听取意见。

(6) 公文若涉及其他地区或者部门职权范围内的事项,起草单位必须征求相关地区或者部门的意见,力求达成一致。

(7) 机关负责人应当主持、指导重要公文的起草工作。

除上述要求之外,文书起草还应注意到,绝大多数应用性文体行文时,在语言表达上,对文字的生动性、形象性要求并不高,但是对语法、逻辑、格式的规范要求严格。因此,拟写文稿时,语言上应做到用词准确、行文简洁、合乎现代汉语语法规范,逻辑上要做到概念明确、判断恰当、推理合乎规则、论证有说服力,格式上要符合各类应用文体格式的规范与要求。尤其是党政机关公文起草要符合《条例》及《党政机关公文格式》(GB/T 9704—2012)的相关规定。

(三)审核与修改

审核是完成初稿后,送负责人签发前,由办公室进行审核。据一般写作规律来说,这是对文稿起草质量进行把关的必要程序。在《条例》中有明确规定,公文文稿签发前,应当由发文机关办公室进行审核。审核工作由秘书部门负责人或专门人员负责。不仅仅是文章的润色或字、词、句的修改,重要的是把好文书初稿的整体质量关,对文稿的行文方式、行文规则和文稿格式等,都需要进行全面的审核。

审核文稿可以从行文内容和表达方式两个方面进行。

1. 审核行文内容

(1)行文理由是否充分,行文依据是否准确;
(2)内容是否符合国家法律、法规和党的路线、方针、政策;
(3)是否完整、准确地体现发文机关的意图;
(4)是否同现行有关公文相衔接;
(5)所提政策、措施和办法是否切实可行;
(6)涉及有关地区或者部门职权范围内的事项是否经过充分协商并达成一致;
(7)其他内容是否符合公文起草的有关要求。

2. 检查表达形式

(1)文种是否正确,格式是否规范;
(2)人名、地名、时间、数字、段落顺序、引文等是否准确;文字、数字、计量单位和标点符号等用法是否规范;
(3)语言是否通顺流畅、合乎语法规范;
(4)文字是否简练。

针对上述审核要求,凡存在疑问、错误或不妥之处,都需要进行修改。对于由职能部门起草的文件,如果内容上有实质性改动,须与拟稿部门协商,如果需要较大的改动,则需提出修改意见并把草稿退回拟稿部门,责其重拟。经审核不宜发文的公文文稿,应当退回起草单位并说明理由;符合发文条件但内容需做进一步研究和修改的,由起草单位修改后重新报送。需要发文机关审议的重要公文文稿,审议前由发文机关办公室进行初核。

(四)签发与定稿

文稿经办公室审核后送交分管上司审阅,确认无误后由上司签字,这一程序叫作"签发"。公文经上司签发即为定稿,并开始具有法定效力。公文以外的其他文书,虽然没有法定的审核和签发程序,但是以上司或机关名义发布的文件材料,毫无例外,都要经过办公室主任和分管上司的审查把关才能算完成定稿。据《条例》规定,公文应当经本机关负责人审批签发。重要公文和上行文由机关主要负责人签发。党委、政府的办公室根据党委、政府授权制发的公文,由受权机关主要负责人签发或者按照有关规定签发。签发人签发公文,应当签署意见、姓名和完整日期;圈阅或者签名的,视为同意。联合发文由所有联署机关的负责人会签。

为了制作印发文稿的正本,秘书还要完成文稿的检查与校对任务。一是要检查发文签字、正文、附件是否完整齐全,必要时还应核对相关参考资料。二是完成文字校对工作,避免任何一个错误的出现。

第二节　文稿格式举例

为了满足现代管理科学化与规范化的要求,社会组织管理工作中所使用的各类公务文稿,在长期的实践过程中形成了相对稳定的格式或惯用的体例。下面将以党政公文与商业信函为例,分析常用文稿写作中的格式要求。

一、党政机关公文格式

党政机关公文格式指党政机关公文的版面格式。所有公务文书都是应用性文体,它们的拟写及印制都有规范化的体式,其中以法定公文制作的要求最为规范。下面将以现行《党政机关公文格式》(GB/T 9704—2012)为例,分析党政机关公文格式的各组成要素。

(一)格式种类

我国现行党政机关公文格式,总体上有一般公文格式与特定公文格式之分。现行公文格式具有很强的规范性,在版面的排列上有严格的规定,一般格式有上行文版式与下行文版式之分;特定格式有信函格式、命令(令)格式、纪要格式三种。这些格式及版式规范对公文各构成要素的排列次序与编排式样、文字符号的形体及尺寸、版面的规格和尺寸、版面的区域划分等做出了具体规定与要求。在公文撰写和印制过程中,其格式各个组成部分的标注编排均需遵循一定的规范性要求(详见《党政机关公文格式》(GB/T 9704—2012))。

(二)格式基本要素

据最新的《党政机关公文处理工作条例》(2012年发布)规定,公文一般由份号、密级和保密期限、紧急程度、发文机关标志、发文字号、签发人、标题、主送机关、正文、附件说明、发文机关署名、成文日期、印章、附注、附件、抄送机关、印发机关和印发日期、页码等组成。各组成要素具体内容如下。

(1)份号。公文印制份数及顺序。涉密公文应当标注份号。

(2)密级和保密期限,即公文的保密等级和保密的期限。涉密公文应当根据涉密程度分别标注"绝密""机密""秘密"和保密期限。

(3)紧急程度,即公文送达和办理的时限要求。根据紧急程度,紧急公文应当分别标注"特急""加急"电报应当分别标注"特提""特急""加急""平急"。

(4)发文机关标志。由发文机关全称或者规范化简称加"文件"二字组成,也可以只使用发文机关全称或者规范化简称。联合行文时,发文机关标志可以并用联合发文机关名称,也可以单独用主办机关名称。

(5) 发文字号。由发文机关代字、年份和发文顺序号组成。联合行文时,使用主办机关的发文字号。

(6) 签发人。上行文应当标注签发人姓名。

(7) 标题。由发文机关名称、事由和文种组成。

(8) 主送机关。公文的主要受理机关,应当使用机关全称、规范化简称或者同类型机关统称。

(9) 正文。公文的主体,用来表述公文的内容。

(10) 附件说明。公文附件的顺序号和名称。

(11) 发文机关署名。署发文机关全称或者规范化简称。

(12) 成文日期。署会议通过或者发文机关负责人签发的日期。联合行文时,署最后签发机关负责人签发的日期。

(13) 印章。公文中有发文机关署名的,应当加盖发文机关印章,并与署名机关相符。有发文机关特定标志的普发性公文和电报可以不加盖印章。

(14) 附注。公文印发传达范围等需要说明的事项。

(15) 附件。公文正文的说明、补充或者参考资料。

(16) 抄送机关。除主送机关外需要执行或者知晓公文内容的其他机关,应当使用机关全称、规范化简称或者同类型机关统称。

(17) 印发机关和印发日期。公文的送印机关和送印日期。

(18) 页码。公文页数顺序号。

(19) 公文使用的汉字、数字、外文字符、计量单位和标点符号等,按照有关国家标准和规定执行。民族自治地方的公文,可以并用汉字和当地通用的少数民族文字。

(三) 格式版面要素

公文版式包括纸型、幅面及格式要素排列规则等。公文用纸一般采用国际标准 A4 型纸(210mm×297mm),左侧装订。特殊的公文用纸大小根据实际需要确定。据《党政机关公文格式》(GB/T 9704—2012),最新公文版式将组成公文的要素划分为版头、主体和版记三个部分。公文首页红色分隔线以上的部分称为版头,版面要素包括份号、密级和保密期限、紧急程度、发文机关标志、发文字号、签发人等;公文首页红色分隔线(不含)以下、公文末页首条分隔线(不含)以上的部分称为主体,版面要素包括标题、主送机关、正文、附件说明、发文机关署名、成文日期、印章、附注、附件等;公文末页首条分隔线以下、末条分隔线以上的部分称为版记,版面要素包括抄送机关、印发机关和印发日期等。页码位于版心外。这些版面要素的标志规则与规定,参见本章第四节。

二、商业信函格式

商务信函在国内使用时有汉语与外语(通常指英语)等形式。汉语商务信函主要适用于国内各地区、港澳台地区、东南亚地区、日本等;用外语(通常指英语)书写时,适用于其他国家和地区。一般发出去的外文函电应该是以汉语信函为底本的译文,收进来的外文信函也要先译成汉语作为处理问题的依据。无论是汉语还是外语书写,都要遵循商务信函的惯用格式及要求。

(一) 中文商务信函格式

商务信函与其他信函一样,是一种具有习惯格式的文体。商务信函通常由信封、信文及附件三部分构成。一般情况下,信封、信文部分必不可少,而附件则视具体情况而定。

1. 信封

(1) 中文信封通常有横式和竖式两种。用横式信封时,自左至右,自上而下,排列收信人邮政编码、地址、姓名和寄信人地址、姓名、邮政编码等内容;用竖式信封时,自上而下、自右至左排列。如果填写位置颠倒了,就会导致投递错误,寄出的信又会给投递回来。

(2) 信封在填写时需要注意的情况有下面几个方面。一是收信人地址,用横式信封时居上书写,用竖式信封时居右书写。具体需要填写邮政编码、省、市(县)、城区、街道、门牌号码,以及单位全称和业务部门名称。收信人的地址要写得详细、具体、准确、工整。特别需要注意,不能只写单位或公司名称而不写详细地址,也不要随意使用简化的单位名称,以免误投。二是收信人姓名,一般写在中间位置,字稍大。姓名之后接着写称呼等,如"女士收""先生启"。如果是初次联系,尚不知对方姓名,或有时为避免因对方调动岗位(或出差)而延误书信的处理,也可把具体业务部门作为收信人,如"某某公司销售部"等。三是寄信人地址及姓名,用横式信封时居下书写,用竖式信封时居左书写。具体填写要求与收信人地址基本相同。

根据邮政部门的规定,邮票一般贴在横式信封的右上角或贴在竖式信封的左上角。

2. 信文

信文主要记载商业业务的具体事宜,是商务信函的核心部分。通常情况下,书写商务信函的信文要按照一定的程序。首先,要用本单位或公司的对外发函稿纸起草,经过主管上司或有关人员审核后,再用印有信头的对外正式发函纸打印或缮写。在发文稿纸上,一般要写清经办部门、拟稿人及拟稿时间、函件寄往的国名和客户名称、事由、函件编号、正文等内容。其中,经办部门栏填写起草人所在部门名称,事由栏填写函件标题。打印或缮写正式发出的信文内容时,要依次写清楚下列内容。

(1) 信头,一般包括发函公司或单位的名称、地址、电报挂号、传真号、电话号码、电子邮箱、公司网址、邮政编码等。这部分内容通常已印在信笺上端的中间部分。回信地址包括组织名称、地址、城市、省(州)、国家、邮政编码等,写信人的姓名写在信函的结尾处,不要在回信地址处重复。

(2) 收函一方的公司名称。收函方的公司、商号名称要顶格书写。

(3) 称谓,如果写给公司的,称谓语可写"诸位执事先生";如果是写给公司某个负责人或业务员的,可称呼其职务或姓名。一般习惯在后面加"台鉴""台览"等词语,以表示对对方的尊敬。称谓顶格书写于收函方公司名称下一行。

(4) 正文。信文的正文是书信的主要部分,叙述商业业务往来联系的实质问题。首先向收信人问候;接着说明写信的事由,例如,何时收到对方的来信,表示谢意,对来信中提到的问题进行答复,等等。其次写该信要进行的业务联系,例如,询问有关事宜,回答对方提出的问题,阐明自己的想法,向对方提出要求,等等。如果既要向对方询问,又要回答对方的询问,则先答后问,以示尊重,然后提出进一步联系的希望和要求。

(5)结尾。写信事由交待完毕,最后结尾往往用简单的一两句话,表明希望对方答复,如"特此函达,即希函复"。同时写上表示祝愿或致敬的话,如"此致敬礼""敬祝健康"等。祝语一般分为两行书写,"此致""敬祝"可紧随正文,也可和正文隔开另起一行;"敬礼""健康"则转行顶格书写。

(6)署名。署名即写信人签名,通常写在结尾后另起一行(或空一、二行)的偏右下方位置。以单位名义发出的商业信函,署名时可写单位名称或单位内具体部门的名称,也可同时署写信人的姓名。重要的商业信函,为郑重起见,也可加盖公章。

(7)日期。写信日期一般写在署名的下一行或同一行偏右下方位置。商业信函的日期很重要,不要遗漏。

(8)附件。商业信函常见的附件有报价单、产品介绍或说明书、订购合同、发货通知单、产品质量检验书等,用以证实信文所写的各种论点,或作为商业业务往来的确认手续。

(二)英文商业信函格式

1. 信封

由于不同语言在书写方式上的差异,国外信封的书写格式与我国不同,为了便于投递,国外商业信函通常应按国外的习惯格式书写。在此以英语商业信函为例。寄往使用英语的国家和地区的商务信函,其信封书写格式可分美式和英式两种。

(1)美式信封书写格式,一般是在信封左上角写寄信人的姓名与地址,姓名在上,地址在下;收信人的姓名和地址写在信封的居中偏右位置,包括收信人的称谓(先生、女士、经理等)和收信人的名、姓、门牌号码、路名、市名、州名、邮政编码及国名。邮票一般贴在信封右上角,航空标志贴或写在邮票下方。

(2)英式信封书写格式,一般是将寄信人的姓名和地址写在信封的左下角,航空标志贴或印在信封的左上角;收信人的姓名与地址写在信封的居中位置,邮票也贴在信封的右上角。注意在写信封上的姓名、地址时,美国习惯采用齐头式,就是每一行左面都取齐;英国则多采用缩进式,即每行逐次向右缩进。

为投递方便,信封上(左上角或右下角)还要标注有关投递事项,常见的有下面几种。

(1)航空(by Air-mail);

(2)挂号(Registered 或 Reg.);

(3)快递邮件(Express);

(4)包裹邮件(Parcel Post);

(5)印刷品(Printed Matter);

(6)样品(Sample);

(7)商业文件(Commercial Papers);

(8)密函(Confidential);

(9)亲启,私人信(Private);

(10)赠品(with Compliments);

(11)留存邮局(Post Restitute 或 Care Postmaster)。

2. 信文

一般英语商业书信的信文构成可分为两部分。一是必须部分,即在一般情况下不可缺少的部分。

(1) 信头(Letter Head),信头与中文信函相似。如果使用普通纸张,回信地址必须写在距信顶部1.5英寸处;

(2) 封内地址(Inside Address);

(3) 称呼(Salutation or Greeting);

(4) 正文(Body of the letter);

(5) 结束礼词(Complimentary Close);

(6) 签名(Signature)。

二是根据实际需要而增加的部分。

(1) 附件(Enclosure),简写Enc.;

(2) 再启(Postscript),简写P.S.;

(3) 经办人姓名(Attention Line);

(4) 事由(Subject,Heading);

(5) 查号或参考编号(Reference No.);

(6) 抄送(Carbon Copy Notation),简写CC。

第三节 文字记录

文字记录就是把听到的话、发生的事、经办的工作如实记录下来,为撰拟文稿或处理公务提供初始依据,并为组织的发展留下原始档案。在秘书工作中,文字记录涉及办公室工作的方方面面,从日常例行事务到组织会议都需要用文字进行记录。这是办公室一项不可或缺的工作。对于秘书来说,无论是记录上司口头指示、工作安排,还是接待客户、记录电话,文字记录工作不仅需要遵循一般的要求和方法,而且需要相应的记录技术与设备。

一、文字记录的一般要求

(一) 随时记录

随时记录需配备相应的设备。一般情况下,秘书要随身携带钢笔和专用的保密记录本,以备随时记录。同时,在会议室、电话机旁、值班室、会客室等办公活动场所,也要准备常用的记录本和笔。随着办公自动化技术的发展,记录设备越来越多样化。目前,秘书部门一般可配备的记录设备有微型数码录音机、录音笔、便携式录像机、口授记录仪等。当然,先进的办公设备并不能完全取代笔录,因为不是任何场合都能够自由方便地使用它们,而且借助于这些设备记录下来的资料,其中有一些最终还是需要秘书转化为书面文字材料。

(二) 快速记录

绝大多数记录是把说话人的语音转换为文字信息。快速记录要求记录人具备良好的接受口语信息的能力,即倾听、记忆和判断能力。人的发音各有特点,并不都是清晰规范的,有的甚至使用方言,因此,秘书人员要具备倾听能力。首先,要听懂说话人的原话,理解其中的"言外之意";其次,要迅速分析判断原话中信息的重要性,确定哪些信息比较重要、必须记,哪些信息没有价值、不必记。在工作实践中要达到这一要求,需要一定的经验积累和技巧训练。

快速记录无论是手写还是利用相关设备,都需要运用专门的速记方法,这也是现代秘书工作必须具备的基本技能。近年来,随着汉字输入和录音、录像技术的发展,用电脑键盘记录汉字的速度已经可以达到每分钟两百字左右,基本与人们说话的正常速度相当,这为快速记录工作提供了很大的便利。因此,秘书在具备手写速记能力的前提下,借助计算机、速录机等设备进行速记显得尤为重要。

(三) 准确记录

秘书进行记录时,无论是重要会议还是一般性个人谈话,要保持始终如一的态度,认真听取发言,忠实记录现场原貌与发言详情。对发言人的言论,根据其实用价值,可以采取摘要记录或者详细记录的方法。如果采取摘要记录法,要保证要点不遗漏;如果采取详细记录法,则要求尽量记录原话。同时,任何记录工作都要尽量忠于事实,不能夹杂个人情感,不允许随意或有意增删发言内容。摘要记录时可以只归纳要点,但重要发言须由发言人本人审阅签字。

(四) 整理记录

记录,文字现场记录或录音、录像设备收集的信息资料,要及时加以补充和修改,认真整理,形成规范的书面材料。有的记录整理有时间限制,例如重要会议的讨论记录,当天必须整理出来以便刊载到会议简报中互相交流;有的记录整理虽然时间要求不是很急,但是内容非常重要,也应及时整理出来。整理讲话记录一定要及时,因为现场记录难以把讲话内容全部记下来,及时整理可以借助本人和其他人的记忆加以补充。如果过了一段时间再来整理,有的内容就难以准确地补充上去。

(五) 记录格式

最后值得一提的是,绝大多数的文字记录材料,如同其他应用文体一样,有一定的格式要求,这有利于完整地记录发言内容与其他相关要素。如在记录工作中经常会使用表格,以提高文字记录的效率。为了使文字记录工作更有效,在工作实践中,秘书人员要根据本组织的实际情况,科学地制作各种文字记录所使用的表格。同时还需特别注意,记录发言内容时,一定要符合发言的先后顺序,先发言者记录在前面,后发言者记录在后面。发言要点、内容前要写清楚发言人的姓名。

二、文字记录的方法

(一) 摘要记录法

摘要记录法,就是把发言人的讲话或需要记录的事情的主要内容摘其要点而记录的方法。大多用于不太重要的场合,例如,一般电话记录、来访记录、值班记录、会议记录、大事记录,等等。摘要记录法虽然对记录速度的要求不是很高,但是对记录者的分辨、判断能力要求并不低。因为所谓"要点",是相对于"不重要的内容"而言的,如果缺乏必要的分辨能力,抓不着要点,就可能出现重要的东西没有记下来,不重要的东西反而记了不少,此所谓"不得要领"。当记录经验不足时,遇到难以分辨重点的情况,最好本着"宁可多记,不可遗漏"的原则,否则可能会遗漏重要的内容,致使后续工作很被动。

(二)详细记录法

详细记录法,就是把说话的内容和事情的经过全面、完整地记下来。如重要决策性会议的讨论过程、上司的重要演讲、上级或上司重要的口头指示、机关重大事件的发生和处理过程等。详细记录法一般可以与录音、录像并用,如果条件不允许(因有的会议禁止录音、录像),则可以采用几位记录人同时进行记录,事后互相对照补充的方法。不管采用哪种形式,都要做到准确、全面、完整。有时甚至需要把何处有较长时间的停顿、何处有人插话、何处引起掌声等,也反映在记录当中。

(三)录音、录像技术记录法

文字记录,无论是手写还是键盘录入,对现场情景的实录还是存在一定程度的局限。近年来,随着现代录音、录像技术的发展,小型而轻便的现代化录音、录像设备为文字记录工作带来了巨大的变化,极大丰富了即时记录的内容,还在一定程度上减轻了记录人的工作压力。目前,有一些新型数码录音笔,其外形如同一支圆珠笔,可以保存10万字左右的内容,能够连续录音10个小时。除专门录音、录像设备外,数码电话机、手机都兼有录音甚至录像的功能。在数码录音、录像技术的支持下,这些声音、影像记录可以转换为书面文字材料。因此,掌握好录音、录像记录及处理技术,也是秘书文字记录工作的重要方面。许多组织机构的秘书部门都已使用现代录音、录像设备。但是,工作现场要使用录音、录像设备,一般要经有关人员的批准,并告知上司、到会人员以及其他被记录者,以免引起不必要的误会。

今天,录音、录像虽然为秘书的文字记录工作提供了极大便利,但是还是有许多场合不允许使用。如有的场合在谈话结束时说话人要在"笔录"上签字认可,就不允许会后根据录音整理;有的会议因保密的需要也不允许使用录音、录像设备。因此,秘书人员记录技术还是要立足于手工文字记录(包括手写和键盘录入并打印)。一般情况下,即使使用了录音、录像设备,手工记录也要同时进行,以防止设备发生故障造成漏记。

三、记录种类与格式举例

办公室日常文字记录工作有电话记录、值班记录、信访记录、接待记录、会议记录、工作日志、大事记录等。由于这些记录大多与办公室通信、值班、信访、接待、会务等业务工作相关联,其记录方式将在相关章节进行介绍,此处仅介绍工作日志、大事记两种记录的格式与方法。

(一)工作日志

工作日志,又称为现场工作日记,主要是记载每天工作过程中的各种细节,包括个人日志与部门日志。个人日志主要是记录个人每日所做工作的名称、内容、性质、重要程度、需要解决的问题、完成状况、完成工作所花费的时间及其他相关事项。部门工作日志主要记录本部门每日的工作内容、程序、方法、质量与权限等，这项工作一般由秘书人员来完成。填写工作日志是一种由本人或部门自行进行职务分析的方法，以此来了解实际工作内容、权利、责任、人际关系及工作负荷等。它可以使个人在纷繁复杂的事务中明确工作重点，提高工作效率，并养成合理安排工作的习惯；也可以使上司全面而客观地掌握本部门的实际工作情况，从而做出正确的判断与决策。

各社会组织根据自身实际情况，由综合办公室或人事部门配备专人管理工作日志，针对不同类型的岗位，设计专用表格（如表4－1和表4－2所示）或提出具体的撰写要求。在实际执行中，一般要求在每天下班之前将本人或本部门当天发生的重要事件如实记录下来。如果具备自动化办公环境，这项工作可以通过计算机来完成。通常预先将设计好的表格通过电子邮件或自动化办公平台发送给个人，填写后通过电子邮件回收，或直接通过工作日志管理软件在线填写，这更有利于在第一时间内收集到真实、客观的信息。

表4－1 工作日志（式样一）

时间	年　月　日		记录人	
日　志　内　容				
重要活动				
一般事务				
临时交办事项				
备注				

表4－2 工作日志样表（二）

部门：　　　　　　　　　　　　　　职务：
姓名：　　　　　　　　　　　　　　时间：

	工作项目	完成状况	待解决问题	工作时间	备注
日常例行工作					
临时交办事项					
当日总结					
明日安排					

(二) 发言记录

发言记录指在某些特定场合下,对发言人的言论及现场氛围进行记录。一份发言记录主要包括时间、地点、主持人、发言人、出席人、缺席情况、记录人等要素。在一些重要活动中可能还有嘉宾出席,也应记录。

秘书要对上司在各种公务活动中的发言进行记录,甚至还要对上司向秘书交代工作时的语言进行记录。上司在各种场合下的发言,有的事先准备有讲话稿,有的是即兴发言。一般情况下,随行秘书对上司的发言都要加以记录。如果上司是按准备好的讲稿发言,秘书对讲稿中已有的内容只需记录要点,但对发言中临时补充的内容要完整而清晰地记录。另外,讲话时听众的反应,讲话结束后与听众的交流,等等,也有必要加以记录。如果是即兴发言,则应该做到有言必录。通常讲话记录原件并不一定能做到内容完整,应该及时加以整理,并将整理好的文本送上司过目,由上司决定如何处理。

除此之外,秘书还要完成办公部门所承担的各种会议发言记录及其他工作情形下的发言记录。发言记录在运用记录方法和遵循一般记录要求时,还要讲究一定的格式规范。如表4-3和表4-4所示。

表4-3 会议记录(式样)

```
                    ××公司办公会议记录
时间:一九××年×月×日×时
地点:公司办公楼五楼大会议室
出席人:×××  ×××  ×××  ×××  ……
缺席人:×××  ×××  ×××  ……
主持人:公司总经理
记录人:办公室主任刘××
主持人发言:(略)
与会者发言:1.×××……………………………………………………。
           2.×××……………………………………………………。


(散会)
主持人:×××(签名)
记录人:×××(签名)

(本会议记录共×页)
```

表4-4:谈话记录(式样)

```
                    ×××廉政谈话记录
谈话时间：    年    月    日    时
谈话地点：
谈话人：              所在单位：
被谈话人：            所在单位：            联系电话：
见证人：
记录人：

谈话记录如下：
    问：……
    答：……


(共×页)
```

(三) 大事记

大事记是按时间先后顺序，简明扼要地记载一个机关、单位、部门、地区，在一定历史时期内发生的重大事件。它记载着本机关、单位、部门、地区重大事件的发生、发展以及事件本身的内在联系，不仅是总结工作经验教训的重要依据，而且是人们研究社会发展的有价值的史料。秘书部门每年年终都要将大事记录装订成册，作为机关的历史档案妥善保存。在国家档案局颁布的《文书档案管理期限表》中，大事记属永久保管的档案材料。

根据工作范围来划分，大事记可分为国家或地区大事记、机关单位大事记、专题大事记三类。编写机关单位大事记是秘书部门及办公室的一项经常性工作。它通常用来记录本机关、单位、部门、地区重大的人事变动、机构调整、大型会议、重要文件的收发、重大奖惩事项及重要业务活动和外事活动等，还可用来记载政治生活、社会生活中的某一现象等。

编写大事记一般要求及时、客观、全面、简明。及时就是要坚持当天记录，不可拖延到日后补记。客观就是要严格按事实记录，不能靠"合理想象"虚构所谓事实，有疑问的要核实，暂时无法核实的要注明"未经核实"，以免将来以讹传讹。全面就是要反映机关工作的全貌，不可记"喜"不记"忧"，不能为尊者讳，故意漏记负面事项。简明就是说只要把时间、地点、主要人员、主要事实及起因等记录清楚即可，无需有闻必录，也不需要详细描写。

大事记由事件发生的时间和事件内容两个部分构成。编写大事记一般按时间的先后次序排列大事记录，时间务必准确，要求每件大事均应写明年、月、日，对少数特别重大的事件，如地震、突发事件等，还需要注明事件发生的准确时、分。年、月、日不清楚或不齐全的，要补齐。大事记应分条记载，即一事一记。对大事、要事的时间、地点、情节、因果等力求记载清楚，言简意赅。此外，在平时的公务活动中，有些重大的活动或大型的会议，持续数日或更长的时间，为了保证大事记能够反映事件的全貌，可以在会议或活动结束后进行最后的综合记载。

大事记是一种专用、实用的文体,其常用格式如表4—5所示。

表4—5 ×××公司2012年大事记(式样)

一月: 1.1日:×××……   2.10日:×××……
二月:
……
十二月:

第四节　　文稿排印与校对

一、文稿排印

(一) 文稿印制要求

公务文稿经上司签发形成定稿后,需要印制成正式文件(即正本)发布。现在,在已经实现了办公自动化的办公室,小量文稿的缮印通常用计算机桌面排版,连接打印机打印和复印机复印,数量较多的则影印。

使用计算机及相关设备打印文稿,首先,要熟悉键盘上各个键的功能。通过键盘输入文字到计算机相关软件处理系统,这要求秘书文字录入必须达到一定的速度与正确率。一般要求汉字录入每分钟达到80个字以上,准确率达到98%,会使用两种以上中文输入法;英文及数字的输入,要求每分钟击键240次以上。其次,要掌握基本文档排印技术。使用计算机系统中的文档处理软件如Microsoft Word进行版式设计和打印,打印出来的文稿要求字迹清晰、整洁美观,字体大小疏密相宜,给人一种严肃、庄重的感觉。

(二) 幅面、排向与版面尺寸

一般的文稿排印采用国际标准幅面,分A4、A5、A6、B5、B6、B7。公文排印幅面为A4型,文字排向为横向,纸张方向有横向和纵向之分。公文版面由版心、天头、地脚、订口和页码几部分组成。版心指位于版面中央、排有图文的有效区域。天头指版心上边沿至页上边沿的空白区域即上白边。订口指相对公文装订一侧,从版心的内边沿到页左边的空白区域即左白边。A4纸型公文版面尺寸,分别为:公文用纸天头(上白边)为37 mm±1mm,公文用纸订口(左白边)为28mm±1mm,版心尺寸为156 mm×225 mm。如下图4—1所示。

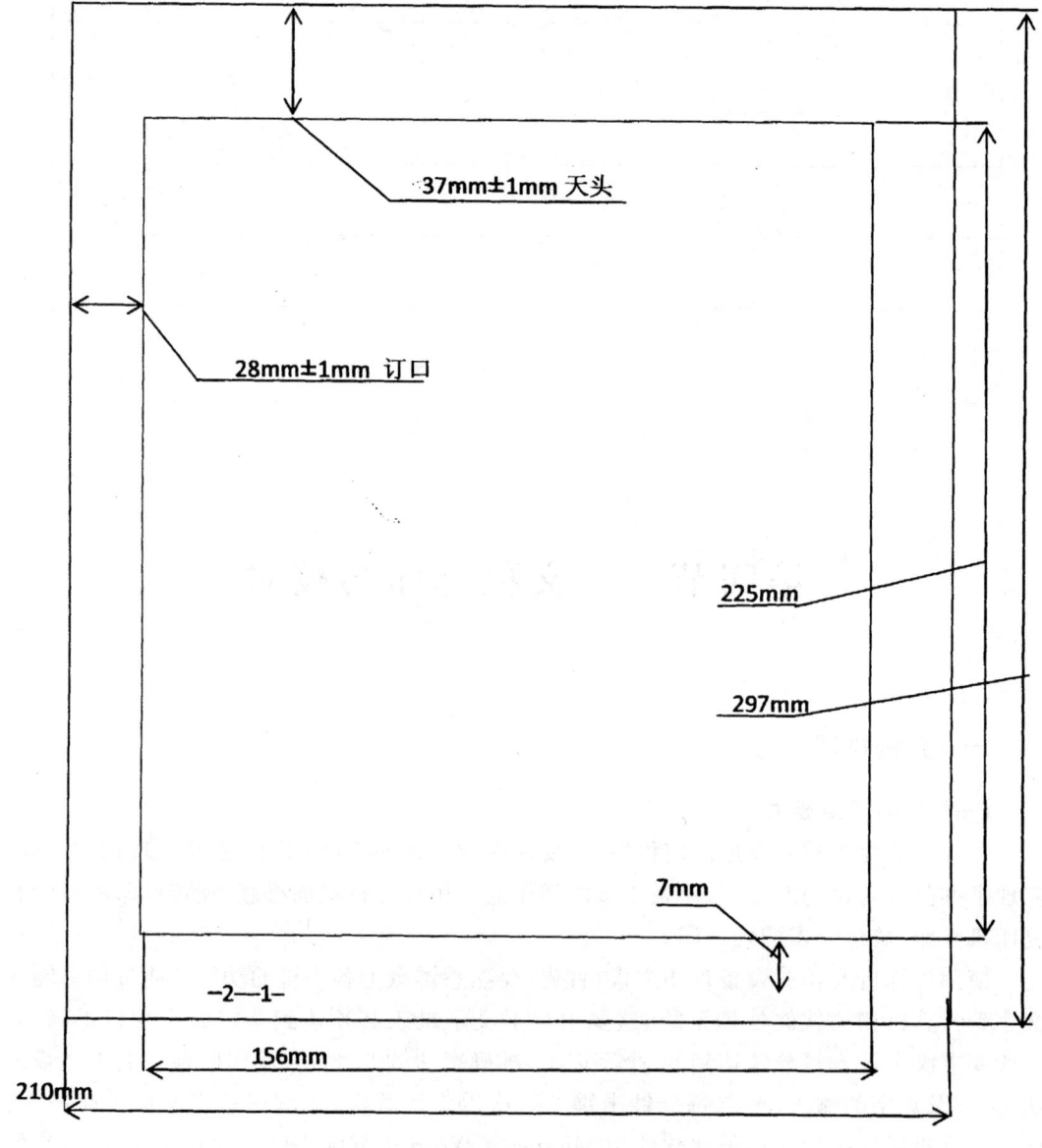

图4—1　A4型公文用纸页边及版心尺寸

(三）字体和字号的选用

计算机汉字软件有不同的字体，不同的文字资料可选用不同的字体排版，以活跃版面。正文常用的字体主要有宋体、仿宋、楷体和黑体四种，制作标题的字体，除这四种外，还有小标宋体、隶书、舒同体等十多种。

各种字体都有自身的特点。宋体（也称老宋、明体），笔画横细竖粗，点为上尖下圆的瓜子形，撇为上粗下细呈一定弧度的刀形，捺则上细下粗带有落笔刀锋，在笔画的右上弯处有装饰字肩。相对其他字体而言，宋体更适于人们阅读，因此常用于书刊、杂志的正文，是现在最通用的正文印刷字体。

仿宋体，这种字体的笔画粗细一致，笔画起落处锋芒突出，比其他字体笔画稍细。适用于公文、报刊、杂志等正文和小标题。

楷体，也称正楷，字形与手写的楷体字形基本一致，直接由楷书加以规范而成。楷体笔迹挺秀美观，字体匀整。

黑体，这种字体横竖都是粗笔画，并无粗细变化，起笔处为方头，折笔处无字肩。适用于排标题和文章中需要突出的部分，有醒目的作用。

另外，在排版印刷中常用的外文、数字字体有白正体、白斜体、黑正体、黑斜体、方头正体、方头斜体和细体等几种。

在排版时，不仅要选择合适的字体，而且还要选择大小合适的字号。印刷字体的大小用号数制或点数制表示。号数制，以三种且不成倍数的活字为标准，分为4号字系统、5号字系统、6号字系统三个系统。点数制，印刷上将1英寸的1/72定义为表示大小的单位，记作Point，译作"磅"或者称之为"点"，采用这种单位表示字的大小称为点数制或磅数制。各种常用字体、字形、字号可利用Microsoft Word演示，此处毋庸赘述。

目前，据现行《党政机关公文格式》规定，所用字体和字号，如无特殊说明，公文正文各要素一般用3号仿宋体字，标题用小标宋体或黑体，一般每面排22行，每行排28个字，并撑满版心。特殊情况可以适当调整。

二、公文格式要素排列规则

据《党政机关公文格式》（GB/T 9704—2012）规定，现行公文格式要素排列规则如下。

（一）版头部分的要素排列

1. 份号

如需标注份号，一般用六位三号阿拉伯数字顶格编排在版心左上角第一行。

2. 密级和保密期限

如需标注密级和保密期限，一般用三号黑体字，顶格编排在版心左上角第二行；保密期限中的数字用阿拉伯数字标注。

3. 紧急程度

如需标注紧急程度，一般用三号黑体字，顶格编排在版心左上角；如需同时标注份号、密级和保密期限、紧急程度，按照份号、密级和保密期限、紧急程度的顺序自上而下分行排列。

4. 发文机关标志

发文机关标志由发文机关全称或者规范化简称加"文件"二字组成,也可以使用发文机关全称或者规范化简称。发文机关标志居中排布,页面上边缘至版心上边缘为35mm,推荐使用小标宋体字,颜色为红色,以醒目、美观、庄重为原则。联合行文时,如需同时标注联署发文机关名称,一般应当将主办机关名称排列在前;如有"文件"二字,应当置于发文机关名称右侧,以联署发文机关名称为准上下居中排布。

5. 发文字号

发文字号编排在发文机关标志下空二行位置,居中排布。年份、发文顺序号用阿拉伯数字标注。年份应标全称,用六角括号"〔〕"括入。发文顺序号不加"第"字,不编虚位(即1不编为01),在阿拉伯数字后加"号"字。上行文的发文字号居左空一字编排,与最后一个签发人姓名处在同一行。

6. 签发人

签发人由"签发人"三字加全角冒号和签发人姓名组成,居右空一字,编排在发文机关标志下空二行位置。"签发人"三字用三号仿宋体字,签发人姓名用三号楷体字。如有多个签发人,签发人姓名按照发文机关的排列顺序从左到右、自上而下依次均匀编排。一般每行排两个姓名,回行时与上一行第一个签发人姓名对齐。

版头中的分隔线,发文字号之下4 mm处居中印一条与版心等宽的红色分隔线。如图4-2和图4-3所示。

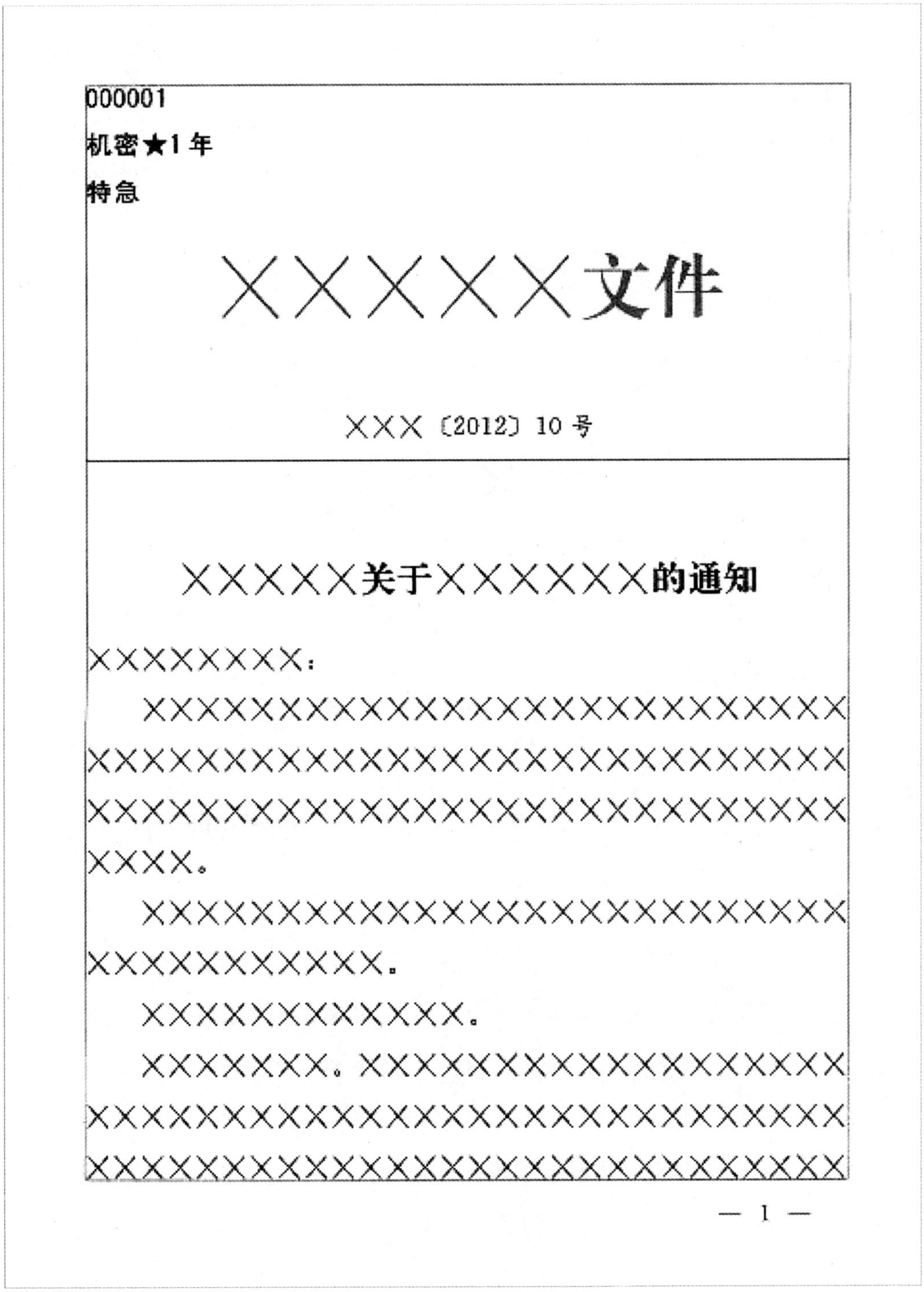

图 4—2　党政机关公文首页版式 1

图 4—3　党政机关公文首页版式 2

（二）主体部分要素排列

1. 标题

标题一般用 2 号小标宋体字,编排于红色分隔线下空二行位置,分一行或多行居中排布。回行时,要保证词意完整、排列对称、长短适宜、间距恰当。标题排列应当使用梯形或菱形。

2. 主送机关

主送机关编排于标题下空一行位置,居左顶格,回行时仍顶格,最后一个机关名称后标全角冒号。如主送机关名称过多导致公文首页不能显示正文,应当将主送机关名称移至版记,标注方法见抄送机关要求。

3. 正文

公文首页必须显示正文。正文一般用 3 号仿宋体字,编排于主送机关名称下一行,每个自然段左空二字,回行顶格。文中结构层次序数依次可以用"一、""（一）""1.""（1）"标注;一般第一层用黑体字、第二层用楷体字、第三层和第四层用仿宋字标注。

4. 附件说明

如有附件,在正文下空一行、左空二字编排"附件"二字,后标全角冒号和附件名称。如有多个附件,使用阿拉伯数字标注附件顺序号(如"附件:1. XXXXX")。附件名称较长需回行时,应当与上一行附件名称的首字对齐。

如附件与公文正文一起装订,应当另面编排,并在版记之前。"附件"二字及附件顺序号用 3 号黑体字顶格编排在版心左上角第一行。附件标题居中编排在版心第三行。附件顺序号和附件标题应当与附件说明的表述一致。附件格式要求同正文。如附件不能与正文一起装订,应当在附件左上角第一行顶格编排公文的发文字号后标注"附件"二字及附件顺序号。

5. 发文机关署名、成文日期和印章

（1）加盖印章的公文,成文日期一般右空四字编排,印章用红色,不得出现空白印章。单一机关行文时,一般在成文日期之上,以成文日期为准,居中编排发文机关署名;印章端正、居中下压发文机关署名和成文日期,使发文机关署名和成文日期居印章中心偏下位置,印章顶端应当上距正文(或附件说明)一行之内。联合行文时,一般将各发文机关署名按照发文机关顺序整齐排列在相应位置,并将印章一一对应,端正、居中下压发文机关署名,最后一个印章端正、居中下压发文机关署名和成文日期,印章之间排列整齐、互不相交或相切,每排印章两端不得超出版心,首排印章顶端应当上距正文(或附件说明)一行之内。

（2）不加盖印章的公文。单一机关行文时,在正文(或附件说明)下空一行右空二字编排发文机关署名,在发文机关署名下一行编排成文日期,首字比发文机关署名首字右移二字。如成文日期长于发文机关署名,应当使成文日期右空二字编排,并相应增加发文机关署名右空字数。联合行文时,应当先编排主办机关署名,其余发文机关署名依次向下编排。

（3）加盖签发人签名章的公文。单一机关制发的公文加盖签发人签名章时,在正文(或附件说明)下空二行右空四字加盖签发人签名章,签名章左空二字标注签发人职务,以签名章为准上下居中排布。在签发人签名章下空一行右空四字编排成文日期。联合行文时,应当先编排主办机关签发人职务、签名章,其余机关签发人职务、签名章依次向下编排,与主办机关签发人职务、签名章上下对齐;每行只编排一个机关的签发人职务、签名章;签发人职务应当标注全称。签名章一般用红色。

(4) 成文日期中的数字,用阿拉伯数字将年、月、日标全,年份应标全称,月、日不编虚位(即 1 不编为 01)。

6. 附注

如有附注,居左空二字加圆括号编排在成文日期下一行。

特殊情况说明:当公文排版后所剩空白容不下印章或签发人签名章、成文日期时,可以采取调整行距、字距的措施解决。

(三) 版记部分要素排列

1. 版记中的分隔线

版记中的分隔线与版心等宽,首条分隔线和末条分隔线用粗线(推荐高度为 0.35 mm),中间的分隔线用细线(推荐高度为 0.25 mm)。首条分隔线位于版记中第一个要素之上,末条分隔线与公文最后一面的版心下边缘重合。

2. 抄送机关

如有抄送机关,一般用 4 号仿宋字,在印发机关和印发日期之上一行、左右各空一字编排。"抄送"二字后加全角冒号和抄送机关名称,回行时与冒号后的首字对齐,最后一个抄送机关名称后标句号。

如需把主送机关移至版记,除将"抄送"二字改为"主送"外,编排方法同抄送机关。既有主送机关又有抄送机关时,应当将主送机关置于抄送机关之上一行,中间不加分隔线。

3. 印发机关和印发日期

印发机关和印发日期一般用 4 号仿宋字,编排在末条分隔线之上,印发机关左空一字,印发日期右空一字,用阿拉伯数字将年、月、日标全,年份应标全称,月、日不编虚位(即 1 不编为 01),后加"印发"二字。

版记中如有其他要素,应当将其与印发机关和印发日期用一条细分隔线隔开。

(四) 页码

一般用 4 号半角宋体阿拉伯数字,编排在公文版心下边缘之下。数字左右各放一条一字线,一字线上距版心下边缘 7 mm。单页码居右空一字,双页码居左空一字。公文的版记页前有空白页的,空白页和版记页均不编排页码。公文的附件与正文一起装订时,页码应当连续编排。公文末页版式如图 4—4 所示。

××××××××××××××××。

　　××。

2012年7月1日

　　(×××××)

抄送：××××××××，××××××，×××××，×××××，
　　　×××××。

| ××××××××× | 2012年7月1日印发 |

— 2 —

图4—4　公文末页版式

三、文稿校对

在处理办公事务的过程中，一切由文字形式出现的文件、信函、记录等，秘书都需要认真校对，因为人们在拼写、打字或排版等过程中，由于主客观原因难免出现疏忽之处，如不加以改正可能会造成不可挽回的损失。一般性的错误会使读者感到疑惑或误解，严重的甚至可能造成重大政治错误或技术事故。所以校对是影响文字信息处理质量的关键性工作。

校对是对原稿负责。秘书的校对工作中，原稿是指经过领导修改后正式批准打印的文件定稿。对原稿负责就是忠实地反映原稿上所书写和批注的一切内容，通过校对，消灭校样上一切与原稿不符的文字、符号、标点、图表和版式等错误。在校对过程中，如果校对人员发现原稿中的错误，不得擅自改正，应提出疑问，请审核领导或原拟稿人改正。这是对原稿负责的要求。

（一）校对通用的十大原则

（1）检查著录项目是否齐全、正确、规范。公文要求检查文头、文尾，图书则检查封面、扉页、版权页等。

（2）消灭校样上的错字、别字、倒字、横字、坏字、缺字和多余的字，以及字体、字号上的错误。

（3）检查外文字母、符号的字体、字号、语种、大小写、上下标的用法是否正确。

（4）外文单词的转行是否符合语法规则。

（5）全文或全书标题层次是否统一，正文标题与页码是否与目录中的一致。

（6）改正标点符号、字、数码、时间等用法上的错误。

（7）检查注释与参考文献的次序与正文标的号码是否一致。

（8）检查全文是否缺少页、段、图、表等。

（9）检查图表、公式是否有文字或符号的错误，排法是否正确，是否需要加以改正或调整；有无歪斜、倒转等现象。

（10）处理居中、接排、空行、缩格、线型等版式上的问题，检查是否符合禁排的规定。①

（二）常用校对方法

在实际工作中，常用校对方法有以下三种。

1. 对校法

对校法又称点校法，是将原稿放在左方或上方，与校样对照着核对的方法。这种方法要求原稿与校样尽量靠近，以缩短核对中两眼反复移动的距离，防止过分疲劳。校对时，左手指着原稿，右手持笔指着校样，两手随校对的速度而移动，发现问题时，用笔在校样上标出来。其特点是易操作，差错较少，但速度较慢。

2. 折校法

折校法又称比校法，是用大拇指、中指和食指夹持校样，校前将校样轻折一下，然后将

---

① 王金玲：《方正书版/飞腾排版教程》，中国轻工业出版社，2007年版，第20页。

校样靠近原稿,字字对照的校对方法。校对时,原稿平放在桌上,两手夹持校样从左向右徐徐移动,使得原稿和校样上的文字依次一一对照,两眼能同时看清原稿和校样上相对应的文字。校完一行,可用大拇指和中指推移原稿换行,用食指轻压校样。改正校样错误时,可左手压住校样,右手持笔改正。其特点是容易发现原稿和校样上的不同,不易产生漏字,速度较快,但难以发现内容方面的问题,操作时稍嫌麻烦。它是目前普遍应用的校对方法。

  3. 读校法

  读校法是两人合作进行的校对方法。校对时,一人读原稿,一人看校样。读原稿时不但要读文字,而且要读出版面和文内的标点符号及具体要求。其特点是校对速度快,合作性强,校对人员文化素质要求较高,但对于同音字及标点的校对较为困难。一般公文要经三次校对才可以付印。

复习与思考

  1. 简述文稿撰拟的基本原则与要求。
  2. 简述撰拟公务文稿的一般过程。
  3. 简述文字记录的基本要求与方法。
  4. 简述党政机关公文的格式要素。

实训与模拟

  1. 组织一次分组讨论活动,并利用两种以上的记录方法进行全程记录。
  2. 以某一单位或部门的某年度工作为例,编写一份大事记。
  3. 利用计算机中的文档排版系统,模拟公文格式编排版面。
  4. 请你以宏远公司总经理秘书的身份,为本公司即将召开的新产品发布会(产品信息自拟),撰写一份邀请函,再以受邀公司秘书身份撰写答复函,并按商业信函正文格式编排打印两份文稿。

第五章 文档管理

文档管理的主要内容是对所在组织机构的文书和档案进行管理。本章主要介绍文书处理、公文行文关系、公文办理程序、归档文件整理规则、档案整理与编目、档案销毁与存查方法、档案室工作的基本任务及工作程序与方法。

第一节 文书处理概述

文书作为一种书面信息沟通的手段,是社会组织机构实施行政管理活动的重要工具,文书处理是社会组织行政管理活动的重要组成部分。秘书及秘书机构是上司及领导机关文书处理的直接责任者,对本组织上司及领导机关的各类往来文书,要及时、准确地处理,保障有效、安全地流转,妥善、完整地存储,充分发挥文书的作用。文书处理的质量与效率对社会组织管理工作的成效有直接影响。

一、文书及相关术语

（一）文书、公文、文件

1. 文书

文书是人们在社会实践活动中为处理各种事务而形成的、具有特定效用的信息记录。任何一个正常运转的社会组织或个人都离不了书面沟通,具体形成的书面信息沟通材料,如公文、书信、契约等统称为文书。

根据形成和使用范围,文书大致可分为私人文书和公务文书两大类。私人文书指个人、家庭或家族在社会活动中,根据自身处理事务的需要形成和使用的文字材料,其内容属于私人性质。它是个人、家庭、家族用来表达意图、进行联系、记述情况、作为依据的一种手段,如私人函电、书信、日记、自传、家谱、账簿、著作手稿及房契、地契、契约、遗嘱等。公务文书指社会组织机构在行政管理活动或处理公务活动中产生的,按照严格的法定生效程序和规范格式制定的具有传递信息和记录事务作用的载体,包括各种法令、文件、公务函电、规章、合同、报表、会议记录、调查资料、登记表册等。

2. 公文

公文通常有广义与狭义之分。广义的公文即公务文书。狭义的公文是党政机关实施领导、履行职能、处理公务的具有特定效力和规范体式的文书,是传达、贯彻党和国家的方针政策,公布法规和规章,指导、布置和商洽工作,请示和答复问题,报告、通报和交流情况的重要工具。按照法定的生效程序和规范的格式制定,以加盖公章为生效标志。根据《党政机关公文处理工作条例》(中办发〔2012〕14号)(以下简称《条例》)规定,具体包括命令(令)、决议、决定、公告、公报、通告、通知、通报、议案、报告、请示、批复、意见、函、纪要共15种。

3. 文件

文件与文书是两个十分相近的概念。在实际工作中,人们常称文书为"文件"。它们的形成主要源于历史和习惯两个因素。我国清代以前没有文件的概念,人们习惯把历史上形成的文件称为文书。目前在国际上文件是一个通用的概念,人们把现行的文书统称为文件。根据我国《档案工作基本术语》(DA/T1—2000)规定,文件是指国家机构、社会组织或个人在履行其法定职责或处理事务中形成的各种形式的信息记录。

(二) 文种、文稿、文本

1. 文种

文种是根据公务文书的性质及用途而确定的种类名称。公文文种可分为通用公文和专用公文两大类。通用公文使用范围较为广泛,指我国党政机关、企事业单位、其他社会组织在行政管理活动中所使用的一些公文文种,如《条例》中所规定的决定、通知、通报等15种公文。专用公文,指在一些专门活动或领域中使用的公文文种,如经济合同、起诉书等。区分公文种类是执行文书处理工作的前提。

2. 文稿

文稿是文件起草过程中形成的历次稿子,可分为草稿和定稿两种。草稿是文件撰写过程中形成的原始文稿,它的内容和文字表述尚未成熟,只供讨论、修改、审批之用。草稿一般不必归档保存,但是,特别重要的文件的草稿,反映了文件形成的过程,具有一定的查考价值,可以归档保存。定稿是经修改审阅后由负责人签发或有关会议正式讨论通过的最后完成稿。定稿是一份文件的标准文稿,是缮印发出正式文件的依据。凡需归档保存的文件,其定稿也需同时归档。

3. 文本

文本是同一文件由于作用不同而形成的不同版本,可分为正本、副本、存本、试行本、各种文字文本等。正本是指将定稿缮印后向外发出使用的有规范格式和生效标志的正式文本。正本由收文机关根据文件的查考、保存价值决定是否需要归档保存。副本指再现正本内容和形式特征的复本,备存查和通知有关方面之用。副本一般不需归档保存。存本是文件制发机关在正本制作完成后,从中留存以备查考的文本。一般情况下,存本与定稿一起归档保存。试行本是指文件制发机关对于内容考虑尚不成熟,需要先实行一段时间,而后根据实践检验的情况再行修订的文件发布试行的文本。试行本主要用于法规性文件。各种文字文本是指同一份文件有两种以上文字的文本。

二、文书处理

文书处理,广义上是指围绕文书拟制、传递、办理和管理而开展的一系列活动的总称,包括从文书形成到办理完毕,由组织负责人、秘书人员及其他相关的业务人员共同参加的一系列工作,如领导人对文书签发、批办,秘书人员签收、登记,职能部门承办等。狭义上专指由专门文书管理机构或秘书人员针对文书所做的技术性和事务性工作,具体包括收发登记、分发传递、催办督办、文书实体保管等方面的工作。

(一) 文书管理机构

文书管理机构是指主管本组织或机关文书处理的专门机构。社会组织的文书处理工作存在多种组织形式。据文书工作的活动程序在社会组织内部的分布状况,文书管理机构可以分为三种类型。

1. 中心机构

中心机构是社会组织内部文书工作的总枢纽,主要是指各级各类办公机构,其主要职责有:领导与组织全部文书处理工作;领导与指导下属机构的文书处理工作;具体负责以本组织或办公室名义发文的撰拟、核稿、签发、缮印、校对、用印、登记、旧档,以及收文的签收、登记、分办、拟办、批办、承办、催办、归档等工作。

2. 专门机构

专门机构是指社会组织内部专门从事文书处理的工作部门,其职责是完成文书的制发和管理。文书工作的专门机构通常有文印室、收发室、保密室(机要室)、秘书处等。这些机构分别承担文书的撰拟、传递、办理和处置等工作。其中,保密室(机要室)专门负责文书安全管理。据《党政公文处理工作条例》的有关规定,党委(党组)的县级以上单位,一般都建立机要保密室或机要阅文室,并按照有关保密规定配备工作人员和必要的安全保密设施、设备,负责保存保密文件材料。

3. 分支机构

分支机构是相对于中心机构和专门机构而言的,主要包括指社会组织内部的各职能部门。它们一般都根据自身的工作需求,配备专(兼)职文书人员,或设立文书工作机构,负责本部门的文书处理工作。

(二) 文书处理的一般程序

根据社会组织管理活动的需要及文书运行规律,文书处理工作具体包括以下几个程序。

1. 文书拟制

根据公务活动的需要,对有关信息资料进行收集、整理、加工、撰拟,形成文稿,在此基础上,经审核、修改、签发,确认其正式效用之后,再经签发、印制而成为正式文件。根据《条例》的规定,党政机关公文的拟制包括起草、审核、签发等环节。

2. 文书传递

包括接收、登记、分发、分装、投送及传递渠道的选择等具体环节。

3. 文书办理

文书办理是指根据文书运行规则,针对文书进行的具体处理工作,通常包括发文办理与收文办理程序。发文办理是组织机关根据隶属关系与职责范围,对已经拟制完备的文书,遵循行文原则,以一定传递方式发送给接收单位的过程。它具体包括签收、登记、初审、承办、催办等程序。收文办理是指收文单位收到来自各方面的文书后,在自身职责范围内,了解来文内容或解决来文中所提出的问题和事务。它具体包括复核、登记、印制、签发等程序。

4. 文书整理归档

包括清退、暂存、销毁、整理归档等环节。即由受文单位对已办理完毕的公文,根据要求对其去向做出安排。在规定立卷归档范围内的,要根据文件的作者、内容、文种、时间等特征组卷,进行系统化整理,并对已归档的文件编目,建立科学化的检索体系。在移交范围内的归档文件,要建立文件保密的安全防护设施,确定保管期限,在规定期限内移交档案部门。在规定清退范围内的,一律退还给发文机关或指定的单位,对于具备留存价值的文件,在履行一定审批手续后,予以销毁;对不宜立即销毁、又不属于规定的立卷归档范围内的文件,予以暂存。

三、文书管理

文书管理是按照一定程序处理文书的全部活动,通常包括行文和收文管理、发文管理和文书保存等。这里侧重于文书的安全管理,具体指在文书处理过程中对人、物、环境进行管理与控制,以确保文书运行安全,充分发挥文书的效用。

(一)文书管理制度

为确保文书安全运行及保存,社会组织机构必须建立健全的文书管理系统,设置专门的管理机构,建立完善的文书安全管理制度。在各级党政机关及其他社会组织中,根据文书运行规律及《条例》规定,分别有保密管理制度、文书管理制度、档案管理制度、信息管理制度、办公室管理制度、会议管理制度等配套制度,从不同的角度和处理环节,对秘书及其部门的操作进行规范,以保证文书的安全运转。

(二)安全管理措施

1. 区分公文密级

根据《条例》规定,对公文的安全管理,关键要区分密级公文与非密级公文。对密级公文,确定密级前,应当按照拟定的密级先行采取保密措施。确定密级后,应当按照所定密级严格管理。绝密级公文应当由专人管理。公文的密级需要变更或者解除的,由原确定密级的机关或者其上级机关决定。涉密公文公开发布前应当履行解密手序。公开发布的时间、形式和渠道,由发文机关确定。传阅保密文件材料由机要人员统一掌握,划定传阅范围,不得自行扩大,不得让无关人员阅看,控制传阅件的行踪,以防丢失。

复制、汇编机密级、秘密级公文,应当符合有关规定并经本机关负责人批准。绝密级公文一般不得复制、汇编,确有需要的,应当经发文机关或者其上级机关批准。复制、汇编的公文视同原件管理。复制件应当加盖复制机关戳记。翻印件应当注明翻印的机关名称、日期。汇编本的密级按照编入公文的最高密级标注对保密文件材料专门登记入册,并定期清查,防止丢失和错漏。

2. 运行处理规范

非密级公文的安全管理主要有两个方面。一是控制公文传达范围。根据《条例》规定，公文的印发传达范围应当按照发文机关的要求执行；需要变更的，应当经发文机关批准。经批准公开发布的公文，同发文机关正式印发的公文具有同等效力。二是规范操作，控制进程。文秘部门不仅要严格执行公文处理程序，如收文登记、发文登记、用印登记等，而且要对执行情况进行有效控制，通过催办和查办，掌握承办单位的贯彻执行进程和结果。任何已经印发的文件，没有发文机关的决定，执行机关不能撤销和废止。公文的撤销和废止，由发文机关、上级机关或者权力机关根据职权范围和有关法律、法规决定。公文被撤销的，视为自始无效；公文被废止的，视为自废止之日起失效。

3. 整理归档齐全

对已办理完毕的文件，应根据需要进行整理归档。安全管理目标，一是要求归档文件齐全、完整。具体包括收集是否齐全，保存价值的鉴定是否准确，保存利用的环境是否安全等。要实现这一安全管理目标，不仅需要遵循前面提到的归档文件整理相关规则和要求，做好本单位在职能活动中所产生的文件材料的收集归档，还要考虑到其他特殊情况下所产生的文件整理归档要求，通常还需具体考虑下面这些特殊情况。针对机关的合并、新机关的设立、工作人员离职等，在机关合并时，全部公文应当随之合并管理；机关撤销时，需要归档的公文经整理后按照有关规定移交档案管理部门。工作人员离岗离职时，所在机关应当督促其将暂存、借用的公文按照有关规定移交、清退。新设立的机关应当向本级党委、政府的办公室提出发文立户申请。经审查符合条件的，列为发文单位，机关合并或者撤销时，相应进行调整。二是不具备归档和保存价值的文件的安全销毁工作。经批准后此类文件可以销毁。销毁涉密公文必须严格按照有关规定履行审批登记手续，确保不丢失、不漏销。个人不得私自销毁、留存涉密公文。

四、管理系统与工具

秘书机构管理本组织所产生的全部文书，包括所有往来公文、正在运行的或办理完毕的会议记录、信息资料等其他各种文字材料。为了有序地、安全地管理文书，除上述的安全管理制度与措施之外，还需要一些实用性的软件与硬件管理环境。

（一）分类方案与管理系统

1. 运行分类与管理系统

为了做好文件实体的安全管理工作，无论是纸质文件还是网络电子文件，秘书及其部门对正在办理或运行的文件都应创建安全管理系统。所谓安全管理系统，就是创建一个以运行文件为对象的分类方案，并利用相应的放置工具建立运行管理系统。针对办公室所有运行文件，一般分为"办理中"与"办理完备"两大类，分别放置于不同文件柜或同一文件柜的不同抽屉。在"办理中"存放系统之中，再将处于办理中的文件分为"拟制类""待签类""传阅类"等，分别用不同的文件夹分类放置，以方便日常查找。在"办理完备"存放系统之中，对办理完毕的文件按其保留价值，分为"归档类""暂存类""销毁类"。对暂时不能归档的文件，标记为"暂存类"，应单独存放。对没有保存价值的文件材料不能随手丢弃，应标记为"销毁类"，必须及时地全部销毁。对保管中的文件借出要有登记，需建立文件借出登记表,按归还时间及时收回,取出空位卡,放回原处。

2. 分类存放与保管系统

据我国的档案管理制度规定,各组织机构本年度形成的档案于下一年度的上半年移交档案室,且每年仅一次。因此,办公室需建立一个归档文件的暂存保管系统。暂存保管系统也需创建一个分类方案,这个存放分类方案最好与本组织机构的档案保管分类方案保持一致,这有利于档案整理与归档工作。对于办理完备并经过初步整理具有保存价值的文件,秘书部门及相关业务部门可根据这个暂存保管分类方案,建立一个保管系统。

不同组织机构,根据自身文件管理工作的需要,通常可以按照时间、主题词、地区、数字、字母顺序等文件实体的特征,选择一个分类方法,建立一个健全的分类存放保管系统,以满足日常工作需要。这个系统通常需要一个实体的空间,同时,根据工作需要和现实条件,还可以建立电子化存放保管系统。存放时可以采用以下几种较为简单的做法。

(1) 时间顺序法,主要是以文件形成的时间先后为序,依次以年月日为顺序。

(2) 主题词法,主要是以文件的内容为依据的分类方法。如以一个公司的文书为例,可分公司预算、公司表格、公司人事档案、研讨会、供应商等。

(3) 地区法,是以地理位置为依据,按行文方向进行分类的方法,主要适用于商务活动文档。

(4) 数字法,是以文件自身生成数字编号为分类的方法,主要适用于财务数据类文档的分类。

(5) 字母法,即以文件作者、机构的名称为依据,按英文字母的先后顺序排列。主要适用于纯英文函件的分类。

除此之外,还可以以机构、问题等文件特征为分类方法。通常这种暂存系统分类,最好与本组织机构档案管理系统的分类方案保持一致,这样可以提高后续归档收集整理工作的效率。一旦确立相应存放分类方案,就应以此为依据对所有文件进行分类,利用文件保管工具对具有保存价值的文件分门别类地存放。

(二) 文书管理工具

秘书部门除了具备一些通用的办公管理设备外,还需要针对文书管理工作配备专门且实用的保管与存放工具,通常有如下几类。

1. 存放工具

一是文件柜类,主要有文件柜、档案柜、资料架等。主要用于部门文件的保管,有各种型号及样式,常用的文件柜有多层抽屉式文件柜、多层板式文件柜、保密文件柜、零散文件整理柜、防火文件柜等,其材质主要有塑料、铁皮、实木等,要根据本单位或本部门的需要而定。

二是文件盒类,主要有档案盒、资料册、档案袋、文件盒、文件套等。主要用于存放刚收到及办理完毕的文件,便于文件的分类存放。

三是文件夹(卷宗夹)类,主要有有孔文件夹(两孔、三孔文件夹)、无孔文件夹(单强力夹、双强力夹、长押夹等)、报告夹、板夹、分类文件夹、挂劳夹等。主要用于纸质文件的储存、保护和规范管理,也可用于分类存放文书。文件夹的质地、颜色、大小、款式各式各样。有各种PP文件夹、PVC文件夹以及纸板裱糊文件夹;还有仿皮的、布面的文件夹等,其规格通常是盛装标准 A4 纸型文件的标准规格;也有 A3、A5 纸型文件夹。电脑中使用的文件夹是电脑的部分功能或软件功能,主要用于电脑文件的分类管理。

四是标签贴,贴于文件夹或文件柜上,上面打卷宗目录,以便分类存放文件。标签可用不同的颜色,并指定代表某类文书,便于记忆。通过不同颜色区分文书的类别,能够提高查找效率。

五是空位卡或空位文件袋,用来代替出借的文件。空位卡或空位文件袋上要写上文件名称、借用人姓名、借用日期、归还日期。空位卡适用于只从卷宗中借出一份文件或几份文件,空位文件袋则适用于整个卷宗被借出。

此外,还有名片盒、CD 包、公事包、拉链袋、卡片袋等,用于存放各种类型卡片及其他载体的信息资料。

2. 装订工具

纸质文件资料在使用过程中通常需要固定及装订,常用文件装订工具有下面两种。

一是用于固定少量纸张(20 张以内)的工具,主要有回形针、大头针、小型缝纫机、订书机、订书针、不锈钢订针、胶水等。

二是用于装订数量较多纸张(20 张以上)的设备,主要有手枪式电钻、打孔机、装订机、装订线、装订夹、装订台、起钉器、剪刀、裁纸刀、直尺等。

这些固定与装订工具种类规格多样,可根据实际操作的需要而选用。

3. 自动化管理设备

近年来,随着办公自动化技术的推广,国内的文书管理工作中,自动化办公设备的使用已经相当普遍。文书拟制、传递、办理、保存等各个环节,都需要使用自动化办公设备。这些设备主要有计算机、打印机、复印机、传真机、碎纸机等。其中,计算机、打印机、复印机主要用于文书拟制。计算机与互联网结合,则几乎可以实施文书管理工作的全部流程。如为信息化政务管理提供服务的 OA 办公系统、电子公文平台,都是通过计算机终端与互联网的链接来实现文书自动化处理功能。

计算机与互联网所搭建的自动化文书处理平台,极大提高了文书管理工作的效率。但是,从文书安全管理的角度看,处理密级文书的计算机一般不能连接互联网,密级文书传递要通过专门加密的网络传输通道,其中绝密级公文不能使用计算机、互联网传递。传真机也可用于文书传递,且专线专递,安全性高于互联网。碎纸机用于及时销毁无保存价值的文书,以防泄密。

当今是信息化时代,文书管理不再限于传统形成与传输方式,不仅需要运用自动化设备,还需专门的处理技术,如现代信息技术与通信技术使文书管理工作效率得到了极大的提高。现在,秘书们每天通过计算机及互联网办理公文、收发电子邮件、打印报告或备忘录,利用计算机及相关设备进行信息材料加工与处理,如文字录入、编排、校对、打印、复印等,文书管理工作已全面进入了"无纸化时代"。

第二节　公文处理原则与规范

公文作为国家机构与其他社会组织实施管理、履行职能、处理公务的工具,必须遵循一定的原则和制度,正确处理其运转过程中的一系列程序性工作,以保证公文处理的质量与效率。

一、公文处理的原则

据《党政机关公文处理工作条例》第五条规定,公文处理应当坚持实事求是、准确规范、精简高效、安全保密的原则。这不仅是公文处理的原则,也可视为秘书部门文书处理工作的总体原则。

(一)实事求是

实事求是要求公文处理工作要以事实为依据,涉及的人、事、物、数据等,不能夸大、缩小,更不能虚构,要以事实为依据,真实反映公务活动的要求或实际情况,正确发挥公文的权威与功能,不能滥发公文。

(二)准确规范

准确规范就是要求公文处理工作严格符合事实与标准。为了实现制发公文的目的,公文处理形成了一套完善的办理程序、工作准则和操作方法,有着自身特定的规律。在实际工作中,首先,要求公文内容必须与党和国家的法律、法规、方针及政策保持一致,符合本组织及相关部门的实际情况,前后发文不能互相矛盾,如果对以前政策有修改应做出说明;公文语言表达要清楚、明白,不能让读者产生歧义;要仔细认真地核稿和校对,要杜绝错别字,正确使用标点符号。其次,公文处理程序要规范。要求撰稿规范,文种适合,审核到位,收发登记准确,送阅对口,批办合理,缮印标准,封发不错漏,催办及时,归卷符题。尤其注意封发和签收这两个环节之间的衔接。

(三)精简高效

精简高效指公文行文精简且讲究时效。根据实际工作的需要,公文行文精简,可发可不发的公文,一律不发;必须发的行文,要把握时机。任何一份公文在运转过程中,都有一定的时间性要求,一旦失去了时间性,也就失去了在社会管理活动中发挥组织与指导作用的现实意义。因此,公文能不能做到及时处理,直接关系到社会组织的工作效率。公文处理的各个程序,不论收文处理,还是制发文件,都要遵守公文内容对时间的要求,做出迅速及时的处理,不压不拖,避免滞留误事。及时为公文处理的最基本要求,是实现公文处理的高效性原则的保证。

(四)安全保密

安全保密是对文书处理的特殊要求。《条例》中规定,公文处理工作中,必须严格执行国家保密法律、法规的有关保密规定,确保国家秘密的安全。公文失去了安全性,将会在政治或经济上造成不良后果。文书工作的安全保密,一是保证内容上安全,不失密、不泄密,保证公文不丢失、不被盗、不被翻拍;二是载体安全,就是保护好公文载体,使其不受破坏,平时不能乱扔、乱放、乱拆、乱折,尽量避免机械磨损等。制发公文时纸张要符合标准,书写、印刷使用的墨水、墨粉也要讲求质量,批签公文不能使用不合格的圆珠笔或铅笔。

二、公文行文规范

在公文处理工作中,所谓行文,指公文制发者向公文受理者制发公文的行为,即颁布或发布公文。组织机构之间行文要遵循一定的行文制度,也称行文规范,主要包括行文关系、行文方向、行文方式和行文规则四个方面的内容。

(一)行文关系

行文关系指公文制发者与受理者在公文来往中的相互关系。行文关系实质上体现的是社会组织之间的关系,由社会组织之间的隶属关系和职权范围确定。据《党政机关公文处理工作条例》规定,党政机关的行文关系,根据各自的隶属关系和职权范围确定。从隶属关系和职权范围两个因素来考虑,通常公文制发者与收受者之间的行文关系,主要有以下六种情况。

1. 领导与被领导的关系

按照我国现行的政治体制以及党和国家的管理制度,凡有隶属关系的上下级之间是一种领导与被领导的关系。

2. 指导与被指导的关系

指导与被指导的关系即业务指导与被指导的关系,指上级领导机关的职能部门与下级机关相关部门之间的关系。

3. 归口管理与被管理的关系

归口管理与被管理的关系指党政机关的综合部门与专业部门之间在业务上的一种工作分工关系。综合部门负责统一管理其职权范围内的事项,其他部门都要服从综合部门的统一管理,不得因本单位的级别与综合部门相同或比综合部门的级别还要高一些而不服从管理。

4. 属地管理中的统管与被统管关系

属地管理中的统管与被统管关系指设在某一地区的上级机关和上级机关的派出机构、外地机关与企事业单位的派驻机构与当地党委、政府在某些方面的管理与被管理的关系。

5. 监督与被监督的关系

监督与被监督的关系指具有监督职能的机关与被监督对象之间有一种监督与被监督的关系。

6. 平行机关之间的协作关系

平行机关之间的协作关系指两个机关没有隶属关系,一方对另一方没有制约的权力,这两个机关即为平行机关。平行机关不分级别高低。

(二)行文方向

行文方向指以公文发出的组织单位为基点,就发文与收文的组织单位之间职权关系所认定的公文运行去向。一般可以分为上行文、下行文、平行文和泛行文四个方向。

1. 上行文

上行文是由本组织单位向直接或间接隶属的上级组织、上级业务主管部门、统管或代管业务的上级单位行文,如请示、报告等,一般采用逐级行文,有必要时也可以采用多级、越级行文。

2. 下行文

下行文是由本组织单位向下级组织行文,包括直接或间接被领导、业务上被指导、业务统管或代管的下级组织单位等,如指示、批复、命令等。根据发文目的,可以采取逐级、多级行文和直达基层和群众的方式,还可以直接在报刊上公布。

3. 平行文

平行文指向本组织系统或专业系统的其他同级组织、非同一组织或专业系统无隶属关系的组织行文。同级机关单位之间商谈工作往往用信函联系,此外,还经常采用合同、协议书之类的公文进行公务协调。

4. 泛行文

泛行文发布范围广泛,没有确定的行文方向,包括公报、公告、公示、启示、声明等公开的告知性公文。

(三) 行文方式

行文方式指发文机关根据其工作需要所采取的行文方法和形式。通常按受文范围、主次、发文主体等方面进行划分。

1. 按发文机关的主体划分

单独行文,由一个单位署名制发的公文。

联合行文,由两个或两个以上单位联合署名制发的公文。联合行文必须在协商一致的基础上进行。当联合行文的各机关单位意见不一致时,不得各自向下行文,而应继续协商,在达成一致意见后再共同行文。如情况特殊非单独行文不可,应注明不一致意见。联合行文的机关单位,一般来说应当是同级机关单位。

2. 按受文机关的范围划分

逐级行文,指只制发给直接上下级组织的上行或下行公文,如"请示"和"批复"。

多级行文,指同时向直接和非直接上级组织,或同时向直接和非直接下级组织一次性行文。如"意见"。

越级行文,指越过直接上下级组织而向非直接上下级组织制发公文。

普发行文,指向所隶属的所有组织一次性行文,如"通知"。

通行行文,指向隶属和非隶属组织及社会公众一次性行文,如"通告"。

(四) 行文规则

行文规则是指各级组织机关之间公文往来时需要共同遵守的准则。据《条例》第四章第十三条至第十七条规定,正常有效的行文应当确有必要方可制发,讲求实效,注重针对性和可操作性,其行文关系根据隶属关系和职权范围确定。一般不得越级行文,特殊情况需要越级行文的,应当同时抄送被越过的机关。

1. 上行文规则

上行文即向上级机关报送的公文。据《条例》第十五条规定,向上级机关行文应当遵循以下规则。

(1) 原则上主送一个上级机关,根据需要同时抄送相关上级机关和同级机关,不抄送下级机关。

(2) 党委、政府的部门向上级主管部门请示、报告重大事项,应当经本级党委、政府同意或者授权;属于部门职权范围内的事项应当直接报送上级主管部门。

(3) 下级机关的请示事项,如需以本机关名义向上级机关请示,应当提出倾向性意见后上报,不得原文转报上级机关。

(4) 请示应当一文一事。不得在报告等非请示性公文中夹带请示事项。

(5) 除上级机关负责人直接交办事项外,不得以本机关名义向上级机关负责人报送公文,不得以本机关负责人名义向上级机关报送公文。

(6) 受双重领导的机关向一个上级机关行文,必要时抄送另一个上级机关。

2. 下行文规则

下行文即向下级机关发送公文。据《条例》第十六条规定,向下级机关行文,应当遵循以下规则。

(1) 主送受理机关,根据需要抄送相关机关。重要行文应当同时抄送发文机关的直接上级机关。

(2) 党委、政府的办公室根据本级党委、政府授权,可以向下级党委、政府行文,其他部门和单位不得向下级党委、政府发布指令性公文或者在公文中向下级党委、政府提出指令性要求。需经政府审批的具体事项,经政府同意后可以由政府职能部门行文,文中须注明已经政府同意。

(3) 党委、政府的部门在各自职权范围内可以向下级党委、政府的相关部门行文。

(4) 涉及多个部门职权范围内的事务,部门之间未协商一致的,不得向下行文;擅自行文的,上级机关应当责令其纠正或者撤销。

(5) 上级机关向受双重领导的下级机关行文,必要时抄送该下级机关的另一个上级机关。

(三) 联合行文规则

据《条例》第十七条规定,同级党政机关、与同级其他机关必要时可以联合行文。联合行文,既可联合向上行文,也可联合向下行文。党委、政府的部门依据职权可以相互行文。部门内设机构除办公室外不得对外正式行文。联合行文应当确有必要方可制发,单位不宜过多,如政府与同级党委、军事机关之间可以联合行文,政府部门与同级党委部门、军事机关部门之间可以联合行文,政府部门与同级人民团体和行使行政职能的事业单位之间,就某些相关业务,经过协商意见达成一致后可以联合行文。但属于党委、政府各自职权范围内的工作,不得联合行文。

在实际操作中还需要注意,2012年颁发的《党政机关公文处理工作条例》对行文规则的规定与《党委机关公文处理条例》(1999年)和《国家行政机关公文处理办法》(2000年)对行文规则的规定有所不同。

第三节　公文办理程序

　　文书处理工作的核心是公文办理,根据《条例》第六章第二十三条规定:公文办理分为收文办理、发文办理和整理归档。收文办理指对收到的公文的办理过程,包括签收、登记、初审、承办、催办等程序;发文办理指以本机关名义制发公文的过程,包括复核、登记、印制、核发等程序。

一、收文办理程序

　　据《条例》第二十四条规定,党政机关公文的收文办理主要程序有下面几个步骤。

（一）签收

　　签收,指传递重要公文时,收件人与递送者之间办理的交接手续,以确保文件传递安全,明确交接双方的责任。由收件人在对方的送文登记簿或发文通知单上签字,证明文件已收到。在签收之前,注意核对封套上的收文机关是不是本机关,以免误收;点清文件件数,逐件核对,明确是否与发文通知单或送文登记簿上一致,检查封套是否严重破封或损毁。以上检查无误后方可在送文单或送文簿上签字或者盖章,并注明签收时间。

（二）登记

　　公文办理过程中对公文的主要信息和办理情况应当详细记载,即进行收文登记。文书部门的具体操作如下。收到文件后,首先要拆除公文的封皮。在启封前,要区分拆封的范围,一般只能开拆注明本机关收的公文,上司的亲启件要交给上司本人或其委托人拆封,误送的公文不能拆。拆封时,不能随意把封皮撕坏,也不要让信封里面的文件受损。拆封后,要检查是否有缺页、缺份现象,核对公文的收文机关与信封的收文机关是否一致,如果有差错要及时追查。对于重要作者的亲笔信信封,应予以保存。对信封内文件的发文机关、发文日期不详的,应根据封皮上的发文机关和邮戳日期予以注明。其次,对收到公文的主要信息进行登记。凡重要公文均需登记,这是公文处理的重要环节,它有利于公文的办理、查找、统计、归卷。收文登记要求简便、明确、规范,一般单位都采用专用的收文登记簿进行登记,其主要信息有收文编号、收文日期、来文机关、来文字号、文件标题、附件、密级、份数、归卷日期、归卷号等,其中后两项留备文件处理完毕后再进行登记。每份正式文件都要在版头右上角加盖收文章(收文章式样如图5—1所示)。多份的同一文件只编一个收文号,但每份文件要注明是第几份,例如"45－2"表示是第45号收文的第2份。

收文	×××县人民政府
	×× 收字 45－2 号
	××××年 × 月 ×日

图 5－1　收文章样式

登记完毕后要在文件前附上"文件处理单"并随文件运转,在进行收文登记时,要将公文处理单前面三行内容填写好,然后用回形针固定于文件的前面,再交给办公室主任或专门文书人员,进入下一个处理环节。文件处理单格式如表 5－1 所示。

表 5－1　××县人民政府文件处理单(式样)

来文机关		来文时间	年 月 日
密　　级		来文字号	
文件标题			
拟办意见			
领导批示			
办理结果			

(三)初审

对收到的公文,文秘部门应当进行初审。初审的重点是是否应当由本机关办理,是否符合行文规则,文种、格式是否符合要求,涉及其他地区或者部门职权范围内的事项是否已经协商、会签,是否符合公文起草的其他要求。经初审不符合规定的公文,应当及时退回来文单位并说明理由。

(四)承办

承办就是执行所收到的公文的内容、要求。承办分两种情形,一是收到阅知性公文,应当根据公文的内容、要求和工作需要确定范围后分送。二是收到批办性公文,由秘书部门提出拟办意见,报本机关负责人批示或者转有关部门办理。秘书部门提出拟办意见时要注意下面几点:

(1)熟悉本机关的业务,站在领导者的高度,立足于全局;
(2)拟办前要仔细阅读全文,抓住来文主旨,领会来文精神;
(3)提出的办理意见要合情合理,切实可行;
(4)需要两个以上部门办理的,应当明确主办部门;
(5)对紧急公文还应当明确办理时限;
(6)语言要简明;
(7)要找出与本文件有关的背景材料,提供给批办上司参考。

承办部门对交办的公文,必须认真审阅,弄清来文的精神和要求,并按照上司的批办意见,及时处理问题或办理复文。如果发现批办意见无法执行,应及时向批示公文的领导反映,不能擅自处理。对有明确办理时限要求的公文,应当在规定时限内办理完毕。

(五)传阅

传阅是指根据领导批示和工作需要将公文及时送传阅对象阅知或者批示。办理公文传阅应当随时掌握公文去向,不得漏传、误传、延误。在传阅过程中,秘书人员要做好传阅管理工作,对需要传阅的文件,无论批示性公文还是阅知性公文,都应先在传阅文件前附上文件传阅单,如表5-2所示。

表5-2　××县人民政府文件传阅单(式样)

来文机关		来文时间	年 月 日
密　级		来文字号	
文件标题			
传 阅 记 录			
阅文人	送阅时间	阅文人签名(阅文时间)	退回时间

(文件传阅后请速退回办公室)

文件传阅时,首先,要根据上司的批示执行,将传阅文件直接送至传阅对象手中,传阅对象不能私下里横传,否则可能导致文件丢失。其次,根据文件的密级、份数和传阅人数及时间要求,传阅要采取不同的方法,秘密文件不宜复印,只能轮流传阅,非保密文件可以复印几份同时送阅。秘书人员在传阅对象送还文件时一定要检查文件是否缺页、损坏,传阅对象是否在传阅单上签了姓名和阅文日期。

文件传阅时,必须注意以下几个问题:一是控制传阅范围,不能随意扩大阅读范围,只能让那些应该而且必须看到文件的人员阅读,或者是文件中明确规定的人员阅读;二是确定阅读顺序,这有利于提高工作效率,一般先主要负责人后分管负责人,先上级后下级,先主管单位后相关单位;三是注意保密,在传阅时不能把文件随意丢放,以致泄密。

(六)催办

催办指送交有关部门办理的文件,秘书部门及时了解公文办理的进展情况,提醒或督促承办部门按期办结。它的主要任务是使公文得到及时处理,防止公文积压,避免扯皮推诿,提高办理效率。紧急公文或者重要公文应当由专人负责催办。

(七)答复

公文的办理结果应当由秘书部门及时回复来文单位,复文内容要引述来文的标题、字号、日期,说明承办单位、办理结果等信息,并根据情况告知相关需知晓公文执行结果的单位。

公文办理完毕,必须送回文秘部门。秘书要在文件处理单"办理结果"栏内注明详细信息。例如,需办复的公文要注明复文的字号、日期、承办单位,需传达的文件要注明传达日期、传达范围等。送回的文件经初步鉴定后就可以立卷归档。

二、发文办理程序

凡由本组织机关制发的公文都称为发文。据《条例》规定,发文的主要程序是复核、登记、印制、核发等。

(一) 复核

经发文机关负责人签批的公文,在正式印刷前,秘书办公室应当对签发过的文稿再进行一次复核,以防止出现工作上的疏漏。复核的重点是审批、签发的手续是否完备,内容是否完备,附件材料是否齐全,文种使用是否适当,格式是否统一、规范等。经复核发现需要对文稿进行实质性修改的,应当报原签批人复审。

(二) 登记

对复核后的公文,秘书办公室要进行发文登记,主要包括两个方面的工作:一是确定发文字号、密级,划定分送范围,确定印制份数;二是为了便于对文件进行管理,采取专用的发文登记簿,将公文标题、发文字号、密级、份数、成文日期、发送范围等进行登记。

(三) 印制

经发文登记之后,公文进入印制程序。公文印制必须保证质量和时效。目前,在已经实现了办公自动化的秘书部门,公文缮印主要是通过计算机打印、复印,数量特别多的公文,送印刷厂胶印,但涉密公文应当在符合保密要求的场所印制。

公文缮印要符合《党政机关公文格式》(GB/T 9704—2012)所规定的党政机关公文通用的纸张要求、排版和印制装订要求以及公文格式各要素的编排规则。如党政公文用纸统一为A4型纸,尺寸为297mm×210mm(长×宽)。其他相关技术标准可以参看《党政机关公文格式》的详细规定。为了保证公文质量,在正式缮印前还必须校对。校对是以定稿为基准对缮印的文件进行文字核对,要确保公文准确无误。校对是最后一道把关手续,必须认真做好。正式文件最后一道校对必须打出校样,以便校对人员在校样上签名,以示负责。

(四) 核发

公文印制完毕,应当对公文的文字、格式和印刷质量进行检查,然后用印,即在缮印好的公文(除会议纪要外)上加盖发文机关印章。纸质媒介公文用印要求端正、清晰,电子公文则需密码认证。

最后分发,具体操作如下。分装之前,首先要看发文稿纸注明的发送机关、密级、有无附件等;根据发送范围,拟定发送单位名单,准确填写信封,包括收文单位名称、地址、邮政编码等,收文机关的名称要写全称或者通用的简称;封装公文时,要点清份数,入封文件要折叠平整,并略短于信封的长度;如需回执,则把回执单贴在信封背面或装在信封内;发文如系密件、急件、亲启件必须分别注明,在信封上加盖急件章和密级章;检查文件里的收文单位与封套上的收文单位是否一致,杜绝混装、错装;文件的封口要用糨糊或胶水封实,不能用订书钉封口,绝密文件应盖专用密封章或贴密封签。文件封装后,应及时发送。现在发送公文的途径有邮寄、机要传递、直接送达、网络传输等。发送出去的文件一定要保证收文单位能收到,所以邮寄公文要挂号或寄快件、特快专递。而网络传输要正确填写发件人的电子邮件地址、收件人的电子邮件地址、文件主题、正文、附件等,并对文件内容加盖电子印章。涉密公文应当通过机要交通、邮政机要通信、城市机要文件交换站或者收发件机关的机要收发人员进行传递,通过密码电报或者符合国家保密规定的计算机信息系统进行传输,这些机要渠道传送的文件快而稳妥。直接送达的公文,不能请人代送、代转,不能送到个人手里或家里,一定要送到收文机关的文书部门,或在专门的文件交换处交给收文单位的文秘人员。

三、整理归档

整理归档是指立档单位对需要归档的文件及有关材料,应当根据有关档案法律、法规以及机关档案管理规定,及时收集齐全、整理归档。具体来说,整理是指将归档文件以件为单位进行装订、分类、排列、编号、编目、装盒,使之有序化的过程。归档文件材料的整理要符合国家档案管理的有关规定,凡以"案卷"为单位整理的要符合《文书档案案卷格式》(GB/9105-88)规范和标准,以"件"为单位整理的要符合《归档文件整理规则》(DA/T1-2000)规范和标准。经过整理形成的"案卷"或"件"即档案保管基本单位。

归档是指对办理完毕且具有保存价值的文件经系统整理交档案室或档案馆保存的过程。也就是把立好的"案卷"或以"件"为单位整理妥当的档案移交给档案室集中保存。按照国家有关规定,凡属整理归档范围的文件,应按要求归档。文书部门或相关的业务部门一般应在第二年的上半年向档案室或档案馆全部移交。与档案同时移交的还有归档文件目录,归档文件目录至少一式两份;档案室在接收档案时要根据归档文件目录检查案卷,交接双方共同清点案卷,检查完毕确定无误后双方签字,归档文件目录交接双方各保存一份。

四、销毁和存查

在实际工作中,各机关单位及其他组织部门每年都要清理出许多不必归档的文件,对这些文件的处置,《条例》第三十五条规定:不具备归档和保存价值的公文,经批准后可以销毁。销毁涉密公文必须严格按照有关规定履行审批登记手续,确保不丢失、不漏销。个人不得私自销毁、留存涉密公文。依据上述规定,对清理出来的不必归档的文件,要加强保管,不能随便堆放,以免泄密,更不能自行销毁或当作废纸变卖。对一般文件,报主管上司批准后用碎纸机切碎,或送到造纸厂,禁止把文件卖给废品收购单位。绝密文件要列出清单由组织的主管负责人批准后方可销毁。销毁时要有二人监销,防止无关人员介入,要保证每份公文都销毁得毫无痕迹,然后销毁人和监销人在销毁文件清单上签名并注明销毁日期。

对于一些归档文件的复本,或者虽不需要归档但对具体工作有参考价值的文件,秘书部门可以有选择地留存备查,这些历史文件遂成为资料。其中的涉密资料要按照保密纪律妥善保管。

最后还需特别提示电子公文的办理问题。随着我国办公自动化技术的普及,电子公文日渐成为文书处理工作的重要部分。为加强对电子公文的管理,国家相关机关颁布了《电子公文办理制度》(暂行),对党政机关的电子公文定义、交换系统、办理程序以及保密工作,都做出了具体的规定和要求,其他组织可以参照执行。

第四节 归档文件收集与整理

据国家档案管理的规定,社会组织机构(立档单位)在其职能活动中形成的、办理完毕的各种形式和载体的文件,均应作为档案保存。立档单位的文秘部门及相关业务部门对归档范围内文件材料进行整理,形成档案管理的基本单位——"案卷"或"件",再移交立档单位档案室或档案馆。因此,归档文件材料收集与整理工作应由秘书机构及相关文书管理人员完成。

一、归档文件收集

归档文件收集是指按照国家有关规定,对国家机关、社会组织以及个人从事公务活动所形成的各种文字、图表、声像、实物等文件材料进行汇集的过程。归档文件材料收集是归档文件整理的前提和基础。

(一)归档文件收集范围

归档文件收集,首先要明确归档文件的收集范围。根据《机关文件材料归档范围和文书档案保管期限规定》(国家档案局令,第8号)(以下简称《规定》)的规定,结合自身在公务活动中所形成的文件材料的实际情况,确定本机关单位文件材料的归档范围与不归档范围。

1. 机关文件材料的归档范围

根据《规定》,社会组织机关文件材料的归档范围包括:

(1)反映本机关主要职能活动和基本历史面貌的,对本机关工作、国家建设和历史研究具有利用价值的文件材料;

(2)机关工作活动中形成的在维护国家、集体和公民权益等方面具有凭证价值的文件材料;

(3)本机关需要贯彻执行的上级机关、同级机关的文件材料;下级机关报送的重要文件材料;

(4)其他对本机关工作具有查考价值的文件材料等。

依据上述归档文件范围,一般社会组织机关形成的实体文件材料有以下几大类。

第一类,正式文件。指本单位制发的正式文件的签发稿(定稿)、正本、重要文件的修改稿,包括转发、合并、本单位上级的批复、下级的请示等;其中两个以上机关联合办理的公文,原件由主办机关归档,相关机关保存复制件。机关负责人兼任其他机关职务的,在履行所兼任职务过程中形成的公文,由其兼职机关归档。

第二类,会议文件材料。指本单位党、政、工、团召开的代表会(大会与会议)、工作会,党组(党委)、行政领导办公会等会议文件、会议记录;专业会议及外出参加针对本单位制发的主管业务的会议文件。

第三类,重要材料。指本单位形成的"白头文件",如工作计划、总结、报告、规章、调查、统计、财务报表、交接手续、机构、人事、合同、协议、科学研究、刊物、出版物、重要的人民来信来访、领导的批示、领导人在公务活动中形成的重要文件材料;反映本单位(本行业)的历史沿革、大事记、年鉴、重要活动的剪报、荣誉证书、声像材料、实物等。这些文件材料在办理完毕后均需整理归档。

2. 不归档文件材料

根据《规定》,社会组织机关不归档文件材料主要有:

(1)上级机关的文件材料中,普发性不需本机关办理的文件材料,任免、奖惩非本机关工作人员的文件材料,供工作参考的抄件等;

(2)本机关文件材料中的重份文件,无查考利用价值的事务性、临时性文件,一般性文件的历次修改稿、各次校对稿,无特殊保存价值的信封,不需办理的一般性来信、电话记录,机关内部互相抄送的文件材料,本机关负责人兼任外单位职务形成的与本机关无关的文件材料,用作工作参考的文件材料;

(3)同级机关的文件材料中,不需贯彻执行的文件材料,不需办理的抄送文件材料;

(4)下级机关的文件材料中,供参阅的简报、抄报或越级抄报的文件材料。

依据上述不归档文件范围,一般社会组织机关的实体文件材料主要有以下几类:

(1)重份文件,包括本单位发文及部分收文的重份文件;

(2)普发性文件,主要指上级、本级非隶属单位给本单位的普发性不需本机关办理的文件材料,任免、奖励非本机关工作人员的文件材料,供工作参考的抄件等;

(3)未生效文件,如本单位代上级机关起草的未成为正式文件的稿本等。

(二)归档文件收集原则

归档文件收集要遵循齐全、完整的原则。齐全,是对整体而言,要求把本单位各部门应该归档的全部文字材料、图表、声像、实物等各种门类、各种载体的材料收集起来,个人在公务活动中形成的文件材料也在收集的范围,特别要注意对单位会议文件材料的收集。完整,是对个体而言,把一份文件的正件与附件、印件与底稿等,不缺件、不少页地都收集起来。齐全、完整要始终贯穿于整个收集工作乃至整个立卷工作的全过程,没有齐全、完整的文件材料,归档整理就不能很好地反映立档单位的历史面貌和工作情况。

(三)归档文件收集方法

为了齐全、完整地收集归档文件材料,应采取积极而有效的收集方法。

1. 平时收集

平时收集就是指文书处理人员在平时办理文件的过程中,依据归档范围,及时将办理完毕的文件收回集中、统一管理,不能长期散存在承办部门或承办人手中,以防止文件散失。各类重要会议(年度工作会议、党组织换届选举会议、党代会、人代会、职代会、表先会、专题座谈会、学术研讨会、经验交流会等)形成的文件材料,会议结束就应及时收集,待年终再收集已为时太晚。各类重大活动(上级机关视察、检查、赛事等)形成的文件,活动结束时要加强催办、查办工作,并按文件承办时限及时收集。这是确保应归档文件材料收集齐全、完整的重要手段。

2. 重点收集

重点收集是指把本单位收发文本上作了登记的全部文件材料收集起来。在每年年底或下一年的第一季度,依据收文簿、发文簿、借文簿、打印登记簿、用印登记簿等进行收集。这些登记簿记载着文件的去向,以此为线索收集文件,是防止文件流失的有效方法。同时还需注意把那些虽没作收发文登记,但仍属本单位的文件、材料、图表、声像、实物全部收集起来。

3. 突击收集

突击收集指结合保密检查、节假日清理文件、机构调整、人员调动以及突发事件来进行临时性的突击收集,这些活动一般时效性很强,如错过时机,再收集就相当困难。另外还包括清理收集散存多年的文件材料。

二、归档文件整理

(一)归档文件整理原则

归档文件整理就是将归档文件以件为单位进行装订、分类、排列、编号、编目、装盒,使之有序化的过程。归档文件整理要遵循文件的形成规律,保持文件之间的有机联系,区分不同价值,坚持便于保管和利用的原则。

(二)归档文件整理单位

根据国家档案管理的相关规定,目前有两种归档文件整理单位:一是以"案卷"为整理单位;二是以"件"为整理单位,"件"即"文件"。以案卷为整理单位的整理方法适用于科技档案、会计档案等,以件为单位的整理方法适用于文书档案、实物档案、声像档案等。

1. 以案卷为整理单位

以案卷为整理单位就是立卷,即将办理完毕的零散的文件,按照文件材料形成和处理过程中的联系组合成案卷。立卷是一个分类、组合、排列的过程。在这一过程中,分类即按照立档单位的分类方案,对文件材料的实体分类;组合即将经过分类的文件材料按照一定的特征集中起来;排列是对已经组合在一起的文件材料进行系统排序和编目。以案卷为整理单位要符合《文书档案案卷格式》(GB/9105-88),经过整理形成的案卷即档案保管的基本单位,实质上,案卷是一组有密切联系的文件的组合。

2. 以件为整理单位

以件为整理单位,一般要求以每份文件为一件,文件正本与定稿为一件,正文与附件为一件,原件与复制件为一件,转发文与被转发文为一件,报表、名册、图册等一册为一件,来文与复文为一件。根据《归档文件整理规则》(DA/T1-2000)(下称《规则》)规定,以件为单位的档案管理,其基本保管单位是件,并以件为单位整理装入档案盒。

(三)归档文件整理方法

对于秘书机构来说,归档文件材料以文书材料为主。所谓文书材料是指立档单位在党群工作、行政管理和业务活动中形成的以文字记录方式和纸质载体为主的文件材料。因此,下面具体阐述以件为整理单位的归档文件整理方法。

1. 装订

(1)确定整理单位——件。鉴定保管价值之后,确定将归档文件材料以件为整理单位。一般以每份文件为一件,文件正本与定稿为一件,正文与附件为一件,原件与复制件为一件,转发文与被转发文为一件,报表、名册、图册等一册为一件,来文与复文为一件。实际工作中可依此类推,如正文与文件处理单为一件,文件的中文本与外文本为一件,文件的汉文本与少数民族文本为一件等。

(2)修整。为使档案能够长期保存和有效利用,装订之前必须对归档文件逐件进行检查,凡是不符合要求的均要进行修整。一是对破损文件材料要修裱、纸张太小的文件要加边。二是对字迹模糊的需原样复制,并与原件一并装订。三是要去除固定文件材料的金属物,因其对文件有腐蚀作用。四是对纸型大小不一、长短不齐的文件材料要折叠对齐,折痕在文字之外,单张折叠。

(3)装订要求与操作。归档文件修整完毕,需要采用符合档案保护要求的装订材料加以装订,以固定文件页次,防止文件纸张丢失,便于保管和利用。

根据《规则》规定,以件进行装订要求做好这几个方面:件内文件的顺序,正本在前,定稿在后;正文在前,附件在后;原件在前,复制件在后;转发文在前,被转发文在后;来文与复文作为一件时,复文在前,来文在后;汉文在前,少数民族文字在后;不同文字的文本,无特殊规定的,中文在前,外文在后;有文件处理的,文件处理单在前,正文在后。

装订操作:用不锈钢钉或棉线将归档文件以件为单位固定在一起,即单件装订,便于保管利用。装订前应将件内的各页按一定方式对齐。采用左上角装订的,应将左上侧对齐;采用左侧装订的,应将左下侧对齐。装订要牢固,达到文件不损页,不倒页,不压字。对于装订成册不便拆订的书籍、刊物,拆订有损其原貌,也可以不拆订。归档文件采用线绳装订,文件较薄(约2—39页)的用缝纫机装订;文件较厚的(约40页以上)采用三孔一线左侧装订。装订时,注意孔眼间隔距离要均等,不压字迹,打孔时要用钢夹固定,线打结于所装订文件的背面。

2. 分类

归档文件的分类,是全宗内归档文件实体分类,就是利用分类方案中已经确定的分类方法,对归档文件实体进行分类。据《规则》规定,主要是将归档文件按形成年度、问题、保管期限等特征进行分类。

(1)按形成年度分类,将文件按其形成与处理年度分类。将归档文件按形成年度进行分类的具体做法如下。

一是以文件的签发日期(或落款日期)为准。如2012年形成的《2011年工作总结》应归入2012年。

二是跨年度的文件放入办结的年度。机关单位的某些具体职能活动,如召开会议,处理案件等,形成跨年度文件,统一在办结年度归档,分类时也都归入办结年度。如2012年形成的《2013~2015年工作规划》应归入2012年度。

三是几份文件作为一件,件的日期应以装订时排在最前面的文件日期为准。如来文与复文为一件,以复文为准等。

四是会议记录本以该本最后一次会议记录时间为准。

五是文件没有标注日期时,需要分析该文件的内容,制成材料、格式、字体以及各种标志,通过对照等手段来考证和推断文件的准确日期或近似日期,并据此按年度合理分类。

六是按年度进行的工作,这一部分就应按年度进行分类,如学校有教学工作的归档文件,应按教学年度进行归档分类。

(2) 按问题分类,即将文件按其形成机构或说明的问题进行分类。在实际操作中,机构分类法与问题分类法不能同时采用,应视情况予以取舍。

机构分类法就是根据机关内设机构对归档文件进行分类。采用机构分类法时,一般来说,有一个机构就设置一个类,机构名称就是类名。各类的次序可按照本机关序列表的规定或习惯上的顺序来排列。一般是办公室、人事处、机关党委排在最前面,再依次排列各业务部门。

问题分类法就是按照文件所说明的问题对归档文件进行分类。如将组织机构的党委、工会、共青团等机构形成的归档文件划为"党群类",业务部门形成的文件划为"业务类",行政后勤部门形成的文件划为"行政类"。

(3) 按保管期限分类,即将文件按划定的保管期限分类。立档单位将每年的归档文件按保管期限分成永久、30年、10年三大类。

实际工作中所采用的归档文件分类方法都不是单一的,往往需要结合多个特征,形成复合分类法。根据《规则》规定,归档文书材料一般可以采用年度—机构(问题)—保管期限或保管期限—年度—机构(问题)等方法进行分类。如采用保管期限—年度—问题分类法,即先将归档文件按保管期限分类,每个保管期限下按年度分类,再在年度下面按问题分类。

3. 排列

归档文件应在分类方案的最低一级类目内,按事由结合时间、重要程度等排列,即确定归档文件的先后次序。会议文件、统计报表等成套性文件可集中排列。以采用保管期限—年度—问题分类法为例,即是"问题"为最低一级类目,采用问题分类法分类的归档文件,可依据党群工作类在前,行政管理类、业务工作类在后,综合类在前,专题类在后,并结合重要程度排列,然后再按年度排列,不属于同一年份的文件要分开排列,再根据保管期限,按10年、30年、永久,将同一年份不同保管期限的文件分开排列。

4. 编号

编号是编目工作的起点和基础,目的是反映分类、排列这些系统化工作的成果。归档文件编号是指将归档文件在全宗中的位置标志为符号,并以归档章的形式在归档文件上注明。

归档文件应依分类方案和排列顺序逐件编号,在文件首页上端的空白位置加盖归档章并填写相关内容。归档章设全宗号、年度、保管期限、件号等必备项,并可设置机构(问题)等选择项(如图5-2所示)。图中"*"号栏为选择项,不选用时无须设置。

(1) 归档章项目与式样。

全宗号,档案馆给立档单位编制的代号。

年度,文件形成年度,以四位阿拉伯数字标注公元纪年,如2012。

保管期限,归档文件保管期限的简称或代码。

件号,文件的排列顺序号,包括室编件号和馆编件号,分别在归档文件整理和档案移交进馆时编制。室编件的编制方法在分类方案的最低一级类目内,按文件排列顺序从"1"开始标注。馆编件号按进馆要求标注。

机构(问题),作为分类方案类目的机构(问题)名称或规范化简称。

全宗号	年度	室编件号
机构*	保管期限	馆编件号

图5-2　归档章样式

(2) 盖归档章的具体要求。

归档章一律加盖在归档文件首页上端右上角的空白位置。

填写归档章项目,应使用符合档案保护要求的字迹材料,如碳素墨水等。

归档章由档案局统一制作。

5. 编目

编目必须按照分类排列的结果,逐类、逐件编制目录,系统、全面地揭示归档文件的全貌。归档文件应依据分类方案和室编件号顺序编制归档文件目录。归档文件应逐件编目。来文与复文作为一件时,只对复文进行编目。

(1) 归档文件目录格式,包括归档文件目录设件号、责任者、文号、题名、日期、页数、备注等项目,归档文件目录格式一般为竖式,各项目表格尺寸一般由档案室根据档案管理要求统一规定(如表5-3所示)。归档文件目录采用国际标准A4型纸。

表5-3　归档文件目录(式样)

件号	责任者	文号	题名	日期	页数	备注

① 件号,填写室编件号。

② 责任者,指制发文件材料的组织或个人,即文件材料的发文机关或署名者。具体要求如下:

填写正规的通用简称,不能填写"本局""本部"等。

以落款(盖章)单位为准,不能把承办文件或拟稿的内设组织机构或个人当作责任者填写。

报表的责任者,应填写填报单位,即盖章单位,而不是报表的印制或发送单位。

联合发文,只填写主办单位。如果本单位也属于联办单位之一,也应把本单位填入责任者内。

问文与复文作为一件时(如请示与批复、问函与复函、转发与被转发等),只填写复文单位即可。

③ 文号:文件材料的发文字号。由发文代字、发文年度和发文顺序号组成。

联合发文,填写主办单位文号即可。

期刊类文件,如简报、信息、动态、杂志等,只填写期刊号即可。

报告与批示、转发与被转发、请示与批复等,只填写批示、转发、批复件文号即可。

④ 题名:文件材料标题。没有标题或标题不规范的,可自拟标题,外加"〔〕"号。

文件题名中以发文字号代替文件内容的,应根据文件内容补充题名。

批复不另行文,只在请示上签批意见,可在请示件题名的后面补充。如"关于购买复印机的请示〔批复〕"。

正件与附件为一件时,如附件多,内容比正件重要,又是单件装订,附件的题名要依次列出,题名前加"附件 X"。

⑤ 日期:文件材料的形成时间,以 8 位阿拉伯数字标注年月日,如 20120909。

⑥ 页数:每一件归档文件材料的页数。文件材料中有图文的页面为一页。

计算页数时以文件中有图文的页面为一页,空白页不计。

大张文件或图表的折叠页,一张只能计一页。

来文与复文、正本与定稿、收文处理单与文件等作为一件,统计页数应将构成该件的各文件页数相加作为该件的页数。

⑦ 备注:注释文件需说明的情况。

只有请示没有批复的,注明缺批复。

只有复印件缺原件的,也应注明缺原件。

以上级机关名义起草的文件,底稿交上级机关归档,本级只留打印件,也可注交××机关存档的字样。不需说明的,则空着不填。

(2) 编目的要求。

① 用纸:归档文件目录用纸采用国际标准 A4 型纸,纸质优良。

② 字迹材料:应选用较耐久的字迹材料制作;使用计算机制作目录时,最好使用激光打印机,并选择较耐久的色带打印。

③ 编目后的归档文件目录应按保管期限分别编制和装订。并编制归档文件目录封面,可以视需要设置全宗名称、年度、保管期限、机构(问题)等项目,如图 5-3 所示。

④ 归档文件目录封面设置全宗名称、年度、保管期限等项目,其中全宗名称填写时应使用全称或规范的简称。

```
┌─────────────────────────────┐
│           归档文件目录          │
│                                │
│   全宗名称                      │
│   年   度                      │
│   保管期限                      │
│   机构(问题)                   │
│                                │
└─────────────────────────────┘
```

图 5-3 归档文件目录封面部分式样

6. 装盒

装盒包括将归档文件按室编件号顺序装入档案盒,并填写档案盒封面、盒脊及备考表项目等内容。

(1) 装盒要求,将归档文件严格按照件号的先后顺序装入档案盒中。装盒的具体要求有三条:一是不同形成年度的归档文件不应放入同一档案盒;二是不同保管期限的归档文件不应放入同一档案盒;三是不同问题(机构)形成的文件数量少,装不满一盒时,也不宜将其装入其他档案盒,而应通过使用不同厚度的档案盒来解决。

(2) 档案盒规格与填写要求如下:

① 档案盒的规格,档案盒应采用无酸纸制作,外形尺寸为 310mm×220mm(长×宽),盒脊厚度可以根据需要设置为 20mm、30mm、40mm 等。

② 档案盒封面,应标明全宗名称(即立档单位名称),标示应使用全称或规范化简称。档案盒应根据摆放方式的不同,在盒脊或底边设置全宗号、年度、保管期限、起止件号、盒号等必备项,并可设置问题(机构)等选择项(如图5-4所示),起止件号填写盒内第一件文件和最后一件文的件号,中间用"—"号连接;盒号,即档案盒的排列顺序号,在档案移交进档案馆时按进馆要求编制。

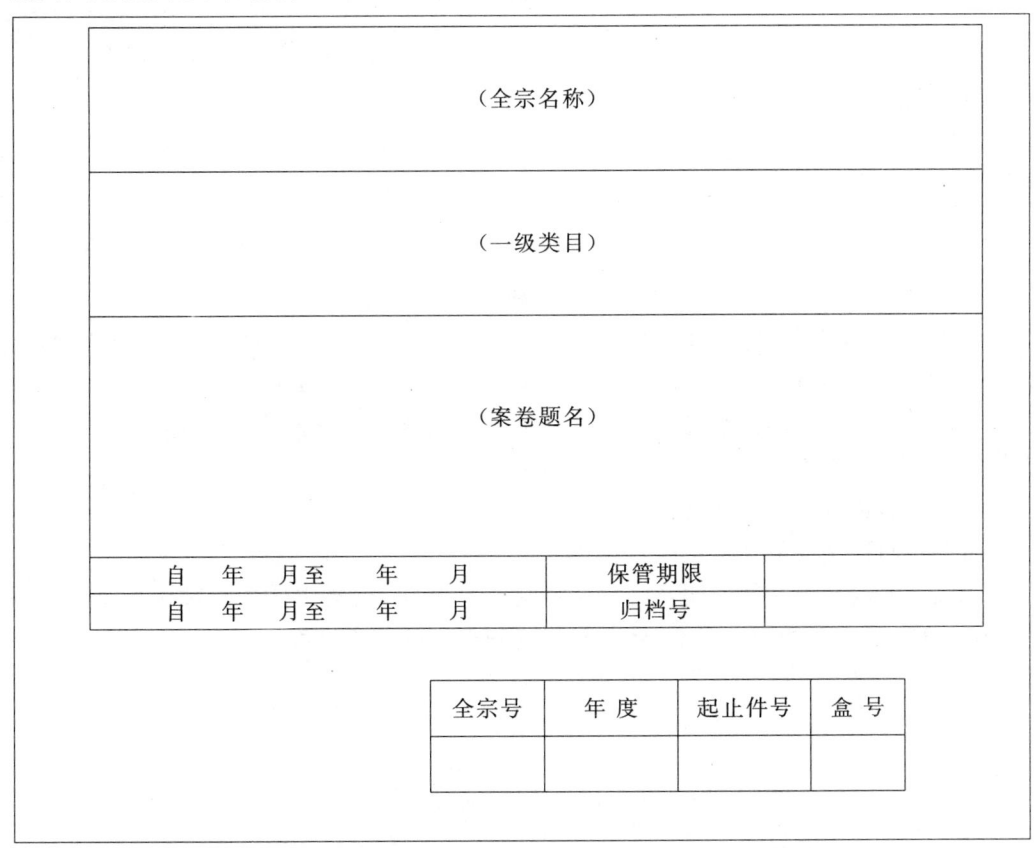

图 5-4 档案盒封面式样

③ 档案盒盒脊项目具体包括以下几项内容:

全宗号,档案馆给立档单位的代号。暂未确定的可空着不填。

年度,应填写档案的形成年度,并填写全称,如 2012。

保管期限,视档案保管价值由立档单位确定,并填写全称,如"永久"。

问题(机构),填写问题是指填写按问题分类的类目名称,如"人事类""财务类"等,填写机构是指填写本机关内部机构名称,如"办公室""财务科"等。

起止件号,盒内第一份文件和最后一份文件的件号,中间用"—"连接,室编件号由档案室负责填写,馆编件号待档案进馆后由档案馆负责填写。

盒号,即档案盒的排列顺序号。

盒号编制方法如下:一是按三个保管期限编制大流水号,即一个单位按永久、长期、短期三种保管期限编制三个大流水的盒号;二是按三个保管期限分年度编制小流水号,即一个单位、一个年度的档案盒按永久、长期、短期三种保管期限编制三个小流水号。

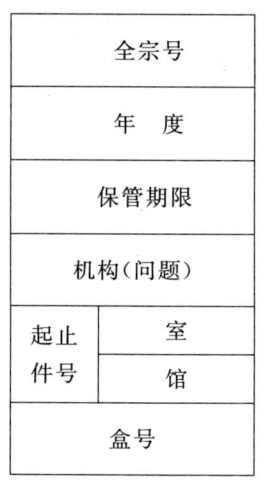

图 5—5 档案盒盒脊式样

④ 备考表,所有归档文件放入盒内之后,用备考表对盒内归档文件进行必要的注释说明。项目包括盒内文件情况说明、整理人、检查人和日期,如图 5—6 所示。

盒内文件情况说明:填写盒内文件缺损、修改、补充、移出、销毁等情况。

整理人:负责整理归档文件的人员姓名。

检查人:负责检查归档文件整理质量的人员姓名。

日期:归档文件整理完毕的日期。

最后,编制归档文件说明及归档文件目录。至此,归档文件的整理工作基本完成,接下来就可以进入档案管理环节,将整理好的归档文件移交档案室。

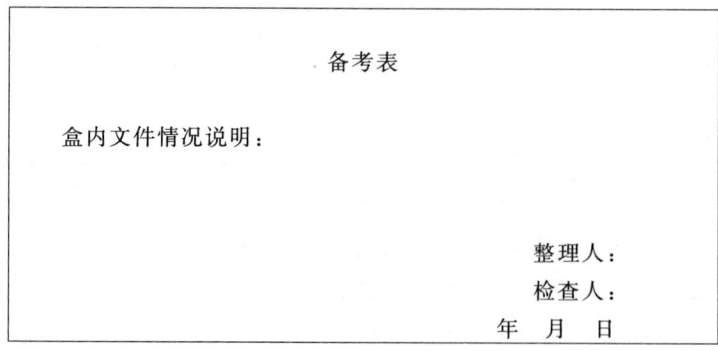

图 5—6 备考表式样

第五节 档案管理概述

归档文件移交到档案室后,就进入了档案管理的环节。档案管理亦称档案工作,是维护历史真实面貌的重要工作。严格来说,它包括档案事业管理和档案资源管理两大基本职能。档案事业管理指对国家或地区档案事业实行有组织、有计划的监督、指导,并协调其内部关系和外部关系的工作,即从宏观上对档案事业进行统筹规划、组织协调、统一监督和指导,使之与社会各部门密切合作,使它的各个组成部分协调发展,为社会政治、经济、军事、文化和科学技术进步服务,在国家建设事业中发挥整体功能。档案资源管理,即档案室直接对档案实体和档案信息进行管理并提供服务,具体包括档案的收集、整理、保管、鉴定、统计和提供利用等活动,这其中的每项工作都必不可少,且相互关联、相互制约,形成一个有机的整体,即档案管理系统。

一、档案及相关术语

(一) 档案

根据《中华人民共和国档案法》规定,档案是指过去和现在的国家机构、社会组织以及个人从事政治、军事、经济、科学、技术、文化、宗教等活动直接形成的对国家和社会有保存价值的各种文字、图表、声像等不同形式的历史记录。据国家档案局颁布的《档案工作基本术语》(DA/T1-92)的表述:档案是国家机关、社会组织、个人在社会活动中直接形成的有价值的各种历史文献。综合上述两个定义,简言之,档案是对已经发生了的社会活动的原始记录。对于国家和社会来说,档案的保存价值是于将来有用,它主要体现在两个方面,一是档案记载的内容真实可靠,是历史的凭证;二是档案储备的信息和反映的内容可供将来工作借鉴、参考。在一定时间和范围之内,产生档案的主体有国家机构、社会组织、个人,随着社会的发展进步,其形成过程、记录方式、载体等也在不断演变。

(二) 档案种类

档案是档案管理的对象,当今社会的档案载体,形式多种多样,不同档案的管理方法与标准会有所不同。要根据不同的分类标准划分档案种类,选择适当的保管方法。总体上来说,从档案的来源可分为公共档案与私人档案,从档案涉及的范围可分为机关档案、部门档案、企业单位档案、事业单位档案等。

社会组织机关档案室通常将一个组织机构的全部档案划分为以下几类:一类是文书档案,即反映党务、行政管理等活动的档案;二类是科学技术档案,即反映科学技术研究、生产、基本建设等活动的档案;三类是专业档案,即反映专门领域活动的档案;四类是声像档案,即记录声音或影像,包括照片、影片、录音带、录像带等。除此之外,还有会计档案、实物档案、电子档案、图书资料等门类。

(三)档案工作相关术语

档案工作是一项专业性、服务性、机要性工作,长期以来,档案工作形成了自身的理论体系、业务标准、工作规范。以下介绍档案工作的几个常用术语。

全宗,指一个国家机构、社会组织或个人形成的具有有机联系的档案整体。

立档单位,是由全宗衍生出来的,档案全宗的国家机构、社会组织或个人即为一个立档单位。

案卷,是由互有联系的若干文件组合成的档案保管单位。

(四)档案管理机构

1. 档案室

档案室是国家机构、企事业单位或其他社会组织内部设置的集中管理本单位档案的专门机构。在我国各社会组织管理机构中,档案室是本组织文秘部门的重要组成部分。各机关、团体、企事业单位和其他组织的档案机构或者档案工作人员负责保管本单位的档案,并对所属机构的档案工作实行监督和指导。

2. 文件中心

文件中心是介于文件形成机构和档案馆之间的中间性或过渡性文件管理机构,集中保管并提供利用机关、事业单位处理完毕的文件。文件由文件中心管理的单位原则上不再设置档案室。

3. 档案馆

档案馆是集中管理特定范围档案的专门机构。中央和县级以上地方各级各类档案馆是集中管理档案的文化事业机构,负责接收、整理、保管和提供利用各分管范围内的档案。同一行政区域内的档案室、文件中心与档案馆,具有依法移交与接收档案的关系。

4. 档案局

档案局是国家和各省、市、县人民政府的档案行政管理部门,是《档案法》的执行主体。国家档案局主管全国档案事业,对全国的档案事业进行统筹规划、组织协调、统一监督和指导。各级档案局对本行政区域内的档案馆、档案室、文件中心进行归口管理、执法监督和业务指导,对下级档案行政管理部门有执法监督和业务指导的职责。

二、档案管理工作的要求

档案管理是国家建设事业的组成部分,档案管理工作要遵循国家相关法律制度的相关规定。《中华人民共和国档案法》第五条规定:档案工作实行统一领导、分级管理的原则,维护档案完整与安全,便于社会各方面的利用。

(一)统一领导,分级管理

统一领导是要求对我国档案事业统筹规划,制定统一的制度,各级档案行政管理部门对本地区的机关、团体、企事业单位和其他组织的档案工作实行监督和领导。分级管理是要求各级机关都要建立档案管理制度,成立相应的档案管理机构,配备专职或兼职的档案管理人员。机关内各部门对国家规定应当立卷归档的文件材料,必须定期向本机关档案机构或档案工作人员移交,集中管理,个人不得私存档案。

(二）维护档案完整与安全

维护档案的完整与安全是对档案管理最基本的要求。要做到档案的完整,首先要保证档案数量上的齐全,其次是保证档案质量,要反映出一个组织单位的历史活动轨迹,不能人为分散、零乱堆砌、割裂其历史联系。档案的安全包括档案的物质安全和政治安全,物质安全是指档案本身不能遭受损害,尽可能地采用先进的保管技术延长档案的使用寿命;政治安全是指档案不得随意堆放,不失密、不泄密、不任意涂改,免遭人为破坏,维护档案内容的安全。

（三）便于社会各方面的利用

便于社会各方面的利用体现了档案工作的目的。档案管理工作的最终目的是为社会各方面提供档案服务,它是档案工作的出发点与落脚点。要做好档案的利用必须管理好档案,编制好档案目录,做好档案的开发利用工作。如果档案不提供利用,只是为收集而收集、为保管而保管,就无法体现档案工作的价值。

三、档案管理实务

档案管理实务是以档案为管理对象的一种专门性业务工作,具体业务可分为收集、整理、鉴定、保管、统计、利用、移交七个程序。社会组织机构的档案室,负责管理本组织在职能活动中形成的全部档案。在文秘或业务部门立卷的基础上,完成收集、整理、保管、移交等系列工作。

（一）档案收集与整理

1. 档案收集

档案收集是档案馆、档案室接收及征集档案和其他有关文献的活动。通常档案是由文秘部门及相关业务部门整理成案卷之后移交给档案室或档案馆保管。这对文秘部门来说是归档,对档案管理部门来说是档案收集。这既是文书处理的终点,也是档案管理的起点。档案收集工作和归档文件整理工作是相衔接的,档案室工作人员要根据档案管理原则,经常指导文书管理人员进行归档文件材料的整理,这样整理的案卷才符合档案的要求,收集起来的档案才能保证质量。

档案收集手段主要有接收、征集和寄存三种形式。接收是指档案馆和档案室按照法定的原则、程序和规定的制度移交和接收档案,其基本内容包括两个方面:一是各级国家机关和各种社会组织的档案室,按照规定接收本机关业务部门和文书处理部门办理完毕移交归档的文件;二是各级各类档案馆依据国家法律和有关规定接收现行机关档案和撤销某些机关档案。征集是指流散在各机关、各部门、个人与国外的有价值的各种历史档案和相关资料,由档案馆利用非强制性的和强制性的手段进行收集。寄存一般是指档案的单位或个人通过协议的形式将档案存放到档案馆,寄存档案的单位或个人对档案永远拥有决定权。

2. 档案整理

档案整理是按照一定的原则对档案实体进行系统分类、组合、排列、编号和编目,使之有序化的过程。就是按照保持文件之间的历史联系、便于保管和利用的原则,对档案进行科学分类组合和系统排列。

档案室的整理工作,通常有以下三种情形,一是系统排列与编目。在正常条件下,档案室接收文书部门和业务部门按照归档要求立好的案卷,档案馆接收各机关按照入馆要求整理移交的案卷。档案馆和档案室的整理任务主要是检查案卷质量,制订档案馆或档案室内分类排列方案,进行案卷和全宗的系统排列以及案卷目录的加工。二是局部调整。对已接收但不完全符合整理要求的案卷,进行必要的加工整理;对由于遭受损失、销毁与移出等各种原因致使整理体系发生重大变化的档案,进行新的系统化调整。三是全过程整理。对必须接收和征集的零散档案,进行包括整理工作全部内容的系统化和编目。

档案整理一般是在原有案卷或件的基础上进行,主要内容是档案分类排列、编制案卷目录、填写档号。档案整理实际上还涉及拟制案卷标题、档案排架与编目等问题,具体方法可参考《档案管理学》,在这里仅对档案分类排列、编制案卷目录和填写档号加以说明。

(1) 分类排列。一个机关档案室内的所有档案实际上为一个全宗。档案分类就是把全宗内的档案根据立档单位的来源、时间、内容或形式的异同,按照一定的体系分门别类,系统地区分和整理,常用分类方法有年度分类法、保管期限分类法、问题分类法等。在实际操作中,往往不单独使用某一种分类法,而是将多种方法结合起来形成复合分类法,如年度—问题—保管期限或保管期限—年度—问题分类法,再按复合分类法进行档案分类排列。例如,采用保管期限—年度—问题方法分类排列,第一步,按保管期限将档案实体按永久、30年、10年三个不同的保管期限分开排列;第二步,按年度将档案实体按其形成年份或处理的年度分开排列,即将同一年度、同一保管期限的档案排列在一起;第三步,按问题将档案实体按其内容反映的问题分开排列。同一全宗应保持分类方法的稳定。

(2) 编制案卷目录。案卷排列好以后就要编卷号,以固定案卷顺序和位置。案卷号是一本目录内案卷编排的顺序号,用阿拉伯数字以流水号形式编出。

编好顺序号以后就要编制案卷目录。案卷目录是固定全宗内档案的分类体系和案卷排列顺序的一种清册。案卷目录把档案室所有档案都分类记录在册,只要一查看案卷目录,对档案室的档案便有个大概的了解。

案卷目录主要包括封面、说明、卷内文件目录和备考表。其中卷内文件目录表是最重要的部分。

封面是指案卷目录的封面,主要包括全宗号、案卷目录号、目录名称(即档案的类别)、编制单位和形成档案的时间。

说明就是案卷目录的序言,它是对本档案室档案的分类方法、立卷方式、存在问题等做一个总的简要说明。

卷内目录表是案卷目录的核心。其项目主要有案卷号、题名(即案卷标题)、起止日期、页数、件数、保管期限、备注等。案卷号是统一编排的,不能重复;案卷标题要与案卷封皮上的标题一致,不能随意更改或简化;起止日期指的是案卷内文件所属年度及起止日期,与案卷封皮的标示要一致;页数就是案卷内文件的总页数;件数是案卷内文件的总件数;保管期限一般在立卷时就已明确,并在案卷封皮有注明。案卷目录一定要逐项认真地填写,根据案卷封皮上的内容来抄录。

以上工作完成以后把它们按顺序装订好,就成为一本案卷目录。案卷目录一般要多备几份,一份存档,其他的备用。有的档案室案卷目录有好几册,这就需要对案卷目录册编号,以流水号的方式,一册编一个号,这个号码就是案卷目录号码。

(3) 填写档号。档号是以字符形式赋予档案实体的用以固定和反映档案排列顺序的一组代码,是档案存放地址的代号,是档案排架存取不可缺少的条件。档号由全宗号、案卷目录号、案卷号组成。机关档案室的全部档案是一个全宗,所有档案是一个全宗号,可以根据档案馆给定的全宗号来填写,也可以暂时不填。案卷目录号是指本案卷所在案卷目录的号码;案卷号是本案卷在该本目录中的顺序号,前面已有说明。档号不能空号或重号。这些号码编好以后就要在案卷封皮上填写清楚,这就是填写档号工作。

案卷经过分类编目以后,整理工作也就完成了。

(二) 档案鉴定与销毁

档案鉴定是判断档案的价值、据以确定档案的保管期限,并对不需要继续保存的档案材料予以销毁的一项工作。鉴定工作是针对已到了保存期的档案而言的,此处所言的保存期是指立卷部门确定的保管期限。

1. 档案鉴定

档案鉴定要准确地判定档案的保存价值,以保证档案的齐全、完整,便于本机关和国家各项工作的使用。档案鉴定工作的主要任务是立卷部门确定保管期限和对已到了保存期的档案进行鉴定,判定档案的使用价值以确定档案的保存期限。对档案使用价值的理解是鉴定工作的难点。

机关档案室鉴定工作,在把握国家有关档案管理的相关规定的前提下,对不同类型档案的鉴定,一般可以根据档案的内容、作者、真实度、文种等来确定档案的价值和保存期限。不同种类的档案,保管期限有差异。据现行规定,文书档案的保管期限为分永久、30年、10年,科技档案的保管期限一般为30年,会计档案的保管期限分为15年、5年等,在一个全宗内的各种档案档案室要给出统一的保存期限。档案室针对文书部门及相关业务部门确定的保管期限,鉴定其不符合档案保管期限规定的,要进行调整。

由于社会的不断发展变化,档案的使用价值可能也会发生变化。对已经到期的档案,销毁之前应判定是否还具有使用价值。如有使用价值,应鉴定保管期限,否则,进入销毁环节。

2. 档案销毁

中共中央办公厅和国务院办公厅颁布的《机关档案工作条例》中明确规定:鉴定工作结束后……对确无保存价值的档案进行登记造册,经机关领导人批准后销毁。同时还规定:机关销毁档案,应指定两人负责监销,防止档案遗失和泄密。监销人要在销毁清册上签字。

需要销毁的档案必须造册登记清楚,登记销毁档案要以鉴定报告为依据。登记造册后要送有关领导审批后方可销毁。销毁档案前一定要根据销毁清册点清档案的份数,看清档案的标题,检查无误后方可销毁。销毁要有两名监销人监督。销毁档案一定要干净彻底,不能马虎了事,遗下残卷。销毁以后监销人要在销毁清册上签名并注明销毁日期。

档案销毁以后,要在案卷目录的备注栏中注明"已销毁"字样。

(三) 档案保管、移交与统计

1. 档案保管

档案保管就是运用适当的设备和手段保存和保护档案,避免人为因素和自然因素对档案造成损害,维护档案的完整和安全,延长档案的使用寿命。档案保管是一项日常管理工作,也是一项细致的工作,档案的政治安全和物质安全完全在于保管。

机关档案室里总有些声像档案,这些档案要经常检查,防止因霉变而失去声音或图像,要定期翻录。声像档案不是很多,往往容易遗忘。

随着计算机技术的发展和普及,机关档案室也朝着数字化方向发展。给档案室所有档案工作编出程序,把档案内容输入计算机,这可以节省库房的硬件设施,也可以减少人员配备,保险系数也大,这是档案保管的先进手段。

2. 档案移交

《档案法》第十一条规定:机关、团体、企事业单位和其他组织必须按照国家规定,定期向档案馆移交档案。所谓档案移交就是档案室把保存期满的档案,连同归档文件目录或案卷目录(一式三份)和有关检索工具、参考资料一并向有关档案馆移交。一个机关的全部档案是不可分割的整体,应当统一向同一个档案馆移交。

永久保存的档案和定期保存的档案在机关档案室的保存期限,地市以下机关一般是10年。保存期满便应当向档案馆移交,移交时一定要把案卷目录、检索工具、参考材料等一并移送。

向档案馆移交档案的手续与立卷单位向档案室移交档案的手续基本一致。对于单份档案来说,移交工作结束,档案室对它的管理工作也随之结束。

3. 档案统计

档案统计就是用表册和数字揭示档案工作的情况,是国家档案系统工作的一个重要环节。《机关档案工作条例》中规定:机关档案部门应当建立档案的统计制度,对档案的收进、移出、保管、利用等情况进行统计,并按照规定向档案业务管理机关报送档案工作基本情况统计表。

机关档案室一般分年度来统计,主要统计项目有档案数目与现状,包括档案的整理状况、鉴定状况和总量;档案变化与利用情况,包括移交情况、销毁情况、损坏情况以及社会各方面对各种档案的利用率;有的档案室把硬件建设也列入档案统计范围,这可以比较历年来本机关对档案室投入的增长率,找出档案室建设存在的问题。

(四) 档案检索与利用

1. 档案检索

档案检索主要是根据需要提供档案查找服务,即通过运用有关检索手段,查出并提供档案信息。检索通常按下列几个步骤进行。首先,分析利用要求。其次,选定检索工具,确定检索途径和方法,如按分类途径、按主题途径,或按全宗构成者、责任者、年代以及其他途径检索。再次,按照选定的检索途径及其检索标志,如分类号、主题词等查取档案。最后,还可以通过一些其他方式将档案材料或编成的目录提供给利用者。

档案室在提供档案检索服务前,要将所藏档案材料的概况编制成各种检索工具,建立档案检索系统,并通过它们查找所需的档案,方便使用。为了方便查找利用,需要从各个不同的角度编制档案检索工具,按体例可分为以下三类。

(1)档案目录是由揭示档案特征的条目汇集而成,并按照一定次序编排的档案检索工具,是档案室检索体系的主要组成部分,常用的有分类目录、专题目录、全宗文件目录、案卷目录等。

(2)索引是指明档案或目录的某种特征,以一定次序编排并注明相应出处的档案检索工具,如人名索引、地名索引、文号索引。

(3)指南是以文字叙述的方法综合介绍档案情况的一种书本形式的工具,如档案馆指南、全宗指南、专题档案指南等。这些档案检索工具结合现代化电子通讯技术,建立数据化的档案检索系统,为存储档案材料和查找利用提供了新的线索与途径。

2. 档案利用

档案利用就是通过一定的方式发挥档案的作用,它是档案工作的最终目的。机关档案室保存的档案,都是现行档案,它仅供本机关和上级主管机关使用,不对社会开放。机关档案室提供的有档案查阅、暂时外借、档案证明、档案复制等。

(1)档案查阅是档案利用最重要的方式,在机关档案服务工作中也最普遍。档案室辟有专门的阅档室,备有借阅登记簿,阅档者借档案前要提供有效证明,并在借阅登记簿上登记姓名、单位、档号、案卷标题等,归还后档案工作人员要检查案卷,看是否有撕毁、涂改、抽换等现象,如果完好便可归还其证件,在借阅登记簿上注明"已还"字样,并及时归架。

(2)暂时外借是机关内有特殊情况、需要提供原始材料以证明某件事情时,经过外借审批手续,把档案短期借出档案室的一种服务方式。外借档案要制定严格的制度,只有在必须使用原始材料的情况下才可出借,借档前要有单位证明,经主管领导批准,由档案室领导签字才行。外借档案要规定归还期限,并保证档案完整无缺,没有拆散、偷换、散失、涂改等现象。一般机关档案室外借档案的情况很少,外借档案是一件很严肃的事情,一定要按管理规定办理借阅手续。

(3)档案证明是档案室根据利用者的申请,为了证明档案内有无记载和如何记载而摘抄的书面证明材料。档案证明一定要有申请,档案室出具证明一定要根据档案里的正本或可靠材料来编写,证明材料要注明材料的出处,包括案卷号、案卷标题、档案内文件的发文号、文件标题、成文日期等。如果需要摘录文件内容,措辞一定要准确,不能改变文件的原意。档案证明上要有出证人签名,并加盖档案室公章。

(4)档案复制是机关档案室为本机关工作需要提供档案复制本的一种服务方式。档案复制最简便的方式就是复印。在复印档案时,不能损坏档案,更不能开拆档案。

第六节　电子文档处理

为适应电子信息技术发展的需要,我国先后颁布了《电子文件归档与管理规范》(GB/

T18894—2002)、《电子公文归档管理暂行办法》、《中华人民共和国电子签名法》等一系列法规性文件,解决了电子文档管理从技术标准到法律保障等各方面的问题。国家档案馆从2003年开始实施电子化归档,目前国内各级机关及企事业单位基本实现了办公自动化管理,电子文档的管理日渐成为机关文书工作的重要组成部分。

一、电子文件及归档电子文件

(一) 电子文件

根据2002年12月4日发布的《电子文件归档与管理规范》(GB/T 18894—2002)的规定,电子文件是指在数字设备及环境中生成,以数码形式存储于磁带、磁盘、光盘等载体,依赖计算机等数字设备阅读、处理,并可在通信网络上传送的文件。

(二) 归档电子文件

归档电子文件指具有参考和利用价值并作为档案保存的电子文件,包括电子文件的内容、背景信息、元数据。所谓背景信息是指描述生成电子文件的职能活动和电子文件的作用、办理过程、结果、上下文关系以及产生的影响。元数据是指描述电子文件数据属性的数据,包括文件的格式、编排结构、硬件和软件环境、文件处理软件、文字处理和图形工具软件、字符集等数据。

二、电子文件归档处理程序和方法

(一) 电子文件的收集与积累

为保证归档电子文件的真实性,电子文件的收集与积累工作必须从文件形成阶段开始,作为一项经常性的工作贯穿于文书处理工作的整个过程。收集积累范围与方法应按国家有关规定执行。

1. 收集

收集,指记录了重要文件的主要修改过程和办理情况,有查考价值的电子文件及其电子版本的定稿均应被保留,并与相应的纸质文件建立标志关系。对"无纸化"系统生成的重要电子文件,应在收集积累过程中制成硬拷贝或制成微缩品,以免系统发生意外时文件丢失,或非正常改动。

2. 存储

对不同信息类型的电子文件,由于其技术特性不同,存储载体和记录信息的标准、压缩方法也不同,因而应分别采取适合各类电子文件的存储格式,以保证电子文件的完整性。《电子文件归档与管理规范》要求电子文件的格式分别是:文字型电子文件以XML、RTF、TXT为通用格式,扫描型电子文件以JPEG、TIFF为通用格式,视频和多媒体电子文件以MPEG、AVI为通用格式,音频电子文件以WAV、MP3为通用格式等。

3. 登记

电子文件在计算机网络系统上进行收集积累,应用记录系统有自动记录的功能,记载电子文件的形成、修改、删除、责任者、入数据库时间等。每份电子文件均应在《电子文件登记表》中登记,电子文件登记表应与电子文件同时保存。用载体传递的电子文件,也要按规定进行登记、签署,更改处要填写更改单,按更改审批手续进行,并存有备份,防止出现差错。

(二) 电子文件的鉴定

电子文件的鉴定工作,包括对电子文件的真实性、完整性、有效性的鉴定及确定密级和归档范围、划定保管期限。

1. 确定归档电子文件的真实性、准确性、完整性

归档前应由文件形成单位按照规定的项目对电子文件的真实性、有效性进行检验,并由负责人签署审核意见,检验和审核结果填入《归档电子文件移交、接收检验登记表》。如果文件形成单位采用了某些技术方法保证电子文件的真实性、完整性和有效性,则应把其技术方法和相关软件一同移交给接收单位。

2. 划分归档电子文件的保管期限和密级

依照国家关于纸质文件材料密级和保管期限的有关规定执行,电子文件的背景信息和元数据的保管期限应当与内容信息的保管期限一致,并在电子文件的机读目录上逐件标注保管期限的标识。

归档前的鉴定是基础,电子档案管理过程中的鉴定是前一阶段鉴定的继续和补充。

(三) 归档电子文件的整理

整理是指按照一定的原则和方法,将收集积累的电子文件进行分类整理,为归档做准备。归档电子文件的整理同纸质文件一样,按国家档案局《归档文件整理规则》(DA/T22—2000)规定要求进行,归档电子文件以件为单位整理,同一全宗内的电子文件按照年度—保管期限—问题,或保管期限—年度—问题等分类方案进行整理。分类整理的归档电子文件,为了方便查找利用,要编制检索工具,即电子文件的机读目录。具体格式参见《中国档案机读目录格式》(GB/T 20163—2006)。

(四) 电子文件的归档

电子文件归档是指文件形成部门或信息管理部门应定期把经过鉴定符合归档条件的电子文件向档案部门移交,并按档案管理要求的格式将其存储到符合保管期限要求的脱机载体上。划定电子文件的归档范围,应参照国家关于纸质文件材料归档的有关规定,包括相应的背景信息和元数据。

1. 归档要求

电子归档要遵从归档电子文件的格式标准及配套的软件和硬件环境的要求。如文字型电子文件以 XML、RTF、TXT 为通用格式,具体参见《基于 XML 的电子文件封装规范》(DA/T48—2009)。电子公文的归档应在全国政府系统办公业务资源网电子邮件系统平台上进行,各电子公文形成单位的档案部门应配置足够容量和处理能力并且相对安全的设备。

2. 归档方式及检测

电子文件归档要求采取逻辑归档和物理归档两种方式。所谓逻辑归档指在计算机网络上进行,不改变原存储方式和位置就能实现的将电子文件的管理权限向档案部门移交的过程。物理归档指把电子文件集中下载到可脱机保存的载体上,向档案部门移交的过程。在进行电子文件归档工作时,应对归档电子文件的基本技术条件进行检测,检测内容包括硬件环境的有效性、软件环境的有效性及信息记录格式、有无病毒感染等。

3. 归档时间

一般在任务完成后,或一个工作阶段之后的一段时间内进行归档(称阶段归档)。因涉及电子文件的技术环境条件,存储介质的质量、寿命等问题,一般不超过 2～3 个月。

4. 归档份数

一般应拷贝二套,保存一套,借阅一套。即使在网络上进行,也要保存一套。必要时应保存两套,其中一套异地保存,以提高信息的安全性和可行性。将相应的电子文件机读目录、相关软件、其他说明等一同归档,并附《归档电子文件登记表》。

(五) 电子档案的保管

对电子档案的保管,档案管理部门应充分考虑环境、设备、技术、人员及电子档案的特点等综合条件。

1. 对电子档案物质载体保管

归档电子文件以脱机方式存储在磁、光介质上,保管环境要求较高,除应符合纸质档案的要求外,还应符合下列条件。一是归档载体应进行防写处理,避免擦、划、触摸记录涂层。二是单片载体应装盒,竖立存放,且避免挤压。三是存放时应远离强磁场、强热源,并与有害气体隔离。四是环境温度选定范围为 7°～20°;相对湿度选定范围为 35％～45％。归档电子文件在形成单位的保管也应具备上述条件。

2. 对电子档案内容进行有效保管

文档管理人员对保存的电子档案载体,必须进行定期检测和拷贝,以确保电子档案信息的可靠性。主要做到以下几点:一是归档电子文件在形成单位和档案保管部门每年均应对电子文件的读取、处理设备的更新情况进行一次检查登记;二是设备环境更新时应确认库存载体与新设备的兼容性,如不兼容,应进行归档电子文件的载体转换工作,原载体保留时间不少于 3 年,保留期满后可清除内容,然后重复使用,不可清除内容的载体应按保密要求进行处置;三是对磁性载体每满 2 年、光盘每满 4 年进行一次抽样机读检验,抽样率不低于 10％,如发现问题应及时采取恢复措施;四是对磁性载体上的归档电子文件,应每 4 年转存一次,原载体同时保留时间不少于 4 年;五是档案保管部门应定期将检验结果填入《归档电子文件管理登记表》;六是归档电子文件的封存载体不应外借,未经批准任何单位或个人不允许擅自复制电子文件。

(六) 电子档案的利用

对档案部门来说,电子档案的提供利用一般有三种方法。

1. 提供拷贝件

首先利用者应拥有规定范围之内的对归档电子文件的使用权限,可以提供拷贝服务,也可以向这些用户提供打印件或缩微品。

2. 网络提供

网络提供时应遵守保密规定,具有保密要求的归档电子文件采用联网的方式提供利用时,应遵守国家有关部门的保密规定,采取稳妥的安全保密措施。

3. 直接利用

直接利用是利用档案部门或另一检索机构的电脑,在档案部门的网络上直接查询的方法。其特点是可为利用者提供技术支援,同通信传输相比减少了大量的管理工作,可以使更多的读者同时利用同一份电子档案。

（七）归档电子文件的鉴定、销毁、统计

归档电子文件的鉴定、销毁，参照国家关于档案鉴定销毁的有关规定执行，且应在办理审批手续后实施。属于保密范围的归档电子文件，如存储在不可擦除载体上，应连同存储体一起销毁，并在网络中彻底清除。不属于保密范围的归档电子文件可进行逻辑删除。档案保管部门应及时按年度对电子文件的接收、保管、利用、鉴定、销毁情况进行统计。随着信息科学技术的飞速发展，电子文档管理系统的功能日益完善，电子文档的管理工作在整个机关文书与档案工作中的地位越来越重要。

复习与思考

1. 简述文书、公文、文件、档案的含义。
2. 简述现行党政机关公文的办理程序。
3. 试比较两种归档文件整理方法。
4. 简述以"件"为整理单位的归档文件整理步骤。
5. 电子文档的保管有什么要求？

实训与模拟

1. 以某公司办公室制发"职工代表大会会议通知"为例，模拟公文拟制、发文登记、打印校对、分发传递等操作程序。
2. 从所熟悉的周边环境中任选一个社会组织，如机关、学校、公司等，为该组织设计一个文书分类方案，并列出一份归档文件目录与不归档文件目录清单。
3. 建议参与某一个社会组织机构办公室的归档文件收集与整理工作，实训归档文件的装订、分类、排列、编目、装盒等程序操作。

案例分析

档案与文化到底有什么关系

借助当下的网络环境，档案机构得以真正解放，展现自我的夙愿得以实现。博物馆、图书馆、艺术画廊等文化机构依托网络创建了一个虚拟"文化艺术档案馆"，将自己的藏品留影存档并上传至网络，公众可以通过他们的主页或"谷歌图书"（用户在谷歌图书或谷歌主页上搜索感兴趣的图书，了解如何选购或借阅它们，搜索结果中图书内容的主要来源为出版商和图书馆）等网站在线浏览他们的藏品。事实上，许多"文化艺术档案馆"只存在于网络中，因此，人们在现实生活中是不可能看到如此排列组合的展品陈列展的。

档案、数据和元数据构成了英格兰艺术委员会提出的创意媒体政策的重要基础，这项政策旨在创建一个数字化公共空间，在这个公共空间，公共资助的艺术和文化作品可以被数字化、编目、归档，并彼此建立联系，让用户欣赏。在档案馆获得、享受乐趣在传统上意义上似乎并不现实，它类似于"历史别针"（"历史别针"由英国一家名为"从我做起、改变世界"的非盈利公司和谷歌公司联合开发。不同年龄、不同文化背景和不同地区的人都可以

在这个平台分享对历史的记忆,无论是人们放在阁楼中发黄的相片,或者是保存在世界各地档案馆中的代代留传下来的档案,这一个个历史记忆的小片段构成了丰富多样的人类历史。通过在"历史别针"上分享这些内容,每个人都有机会看到、了解、评论、添加、使用历史档案资料,并以此来完善对世界的理解和认知)。"你的画作"(Your Paintings)和"空间"(The Space)等网站将趣味性元素注入查档体验中,打破了研究和休闲、说历史和讲故事、专业机构和公众之间的隔阂和壁垒。

资料来源:(英国)艾玛·杰尔,《档案与文化到底有什么关系?》

阅读案例,回答下列问题:
1. 结合案例谈谈网络时代如何发挥档案工作的作用?
2. 档案与文化有什么关系?

第六章　会议组织与服务

组织与安排会议是秘书及办公室的一项经常性、综合性的工作,通常简称"办会"。本章将阐释现代会议要素与类型、大型会议地点选择、会议食宿安排、会场布置、会议记录等问题。

第一节　会议概述

会议是当今社会开展政治、经济、文化及其他活动的一种重要方式。在社会组织管理中,会议作为一种管理手段与协调方法,发挥商讨决策、沟通信息、协调关系等多方面的作用。

一、会议及其要素

通常"开会"即召开会议。会议指集合至少三人相与议事,并遵循一定的程序进行的集会。此外,会议也作为一种经常商讨并处理重要事务的常设机构或组织的名称,如中国人民政治协商会议。这里所讨论的"会议"与"开会"同义。一次会议成功与否,关键在于会议的组织与安排。因为组织与安排不周或与会者准备不足,会议往往会缺乏生产力,白白浪费与会者的时间。

组织一次成功的会议,通常需要考虑以下几个要素。

(一)会议人员

对召开会议起着关键作用的会议人员有：
(1) 与会者,即参加会议的人员；
(2) 会议组织者,即筹划会议的人或组织；
(3) 会议主席、主席团；
(4) 会议主持人,即掌握会议流程、把握会场氛围、推动会议进程的人。

(二)会议室

会议室即会议场所,指配备有相应的会议设施的工作空间。一般社会组织机构中,通常利用现有办公条件,根据会议的目标、人数、规模等因素,配备有多种规格的会议室。常用的召开会议的场所有以下三种。

1. 个人办公室

一般临时性会议、面对面的办公会议,与会人数少(通常5~6个人或更少),通常可利用上司的办公室或其他具备会议条件的个人办公室。这通常需要有一定的空间及一些简单的设备,如茶几、小圆桌、沙发、座椅等。小型会议桌的形式如图6-1所示。

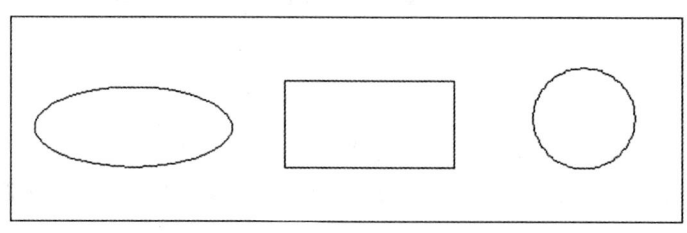

图6-1 小型会议桌形式

2. 小型会议室

当与会人数超过6人时,一般需要在专门会议室召开。小型会议室通常配有能容纳20人左右的中心会议桌,以及舒适的座椅和一些辅助性会议设备,如扩音设备、电子白板、投影仪等,以保证每个与会者均能听到或看到会议内容。一般社会组织及部门都配有一这类型的专门会议室。

3. 大型会议室

与会者人数超过20人,对会议场所的设备、空间大小就有了特定的要求。召开人数超出20人以上的会议,除了组织内部所拥有的大型会议室之外,通常可以选择会议中心或宾馆、酒店等公共场所的专门会议场所。一般大型会议需要一个更大的会议空间,以便所有的与会者能够集中起来,同时还需要多个相对独立的小会议室,以便组织同时进行小型会议或分组讨论会。除此之外,还有一些召开非现场会议的场所,它们往往是一个开放的空间,这样便于与会者之间的交流。

大型会议室或会议中心在空间布局上往往具有一定的灵活性,有长方形、半圆形、扇形等(如图6-2所示)。还有一些为影剧院风格,地板为斜坡状。但总体上是在一个较大规模的空间里,布置有主席台及成排的座椅,配有演讲台、麦克风及其他音频及视频设备,大多数宾馆、酒店的会议中心还设有活动墙或屏风、轻便的椅子,以适应不同的需要。

(三) 会议议程

不论与会人数多少,任何一次会议都有议程。议程就是将在会议上进行或讨论的事项开列一份清单,告知与会者会议目标及进行步骤。一个会议议程包括以下内容:

(1) 会议开始时间;

(2) 会议结束时间;

(3) 会议地点;

(4) 会议主题及议题;

(5) 会议每个议题的进行方式;

(6) 每一个议题持续的时间;

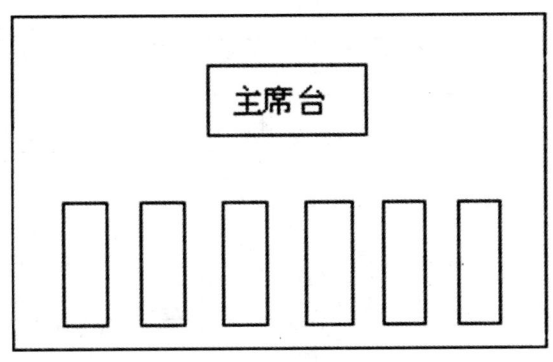

图 6—2 大型会议室

(7) 每一个特定议题的主持人。

通常一些小型会议、临时性会议,议程只由会议主持人掌握,不需要书面发布。大型会议书面议程一般需要提前分发给与会人员,以便与会人员对会议所讨论的事项有所准备。通常与会议通知同时发送,如果预先未能及时发送,应在会议开始时分发给与会人员。此外,还可以额外复印一些会议议程,到时再发给会议期间忘记携带议程的与会者。书面议程通常可采用表格式或条款式拟制,如表 6—1 所示。

编制会议议程,合理安排时间非常关键。拟定会议计划时,不仅要准确估计完成会议目标所需的总体时间,而且应尽可能缩短每一次会议的单位时间。因为每一个与会者都要忙于自己正在从事的工作,如果会议时间持续太长,与会者就会焦躁不安。因此,会议进行到一定时间要安排中间休息。如果一次会议需要进行整个上午或下午,那么中间时段要休息 15 分钟,并备好茶水、咖啡等。

表 6—1 会议议程

会议主办者	会议届次	日期	开始时间
地点	备选地点		结束时间
会议主题及范围			
时间	议题		负责人
9:30~9:35	欢迎与会者、审查议程		
9:35~9:55			
9:55~10:15			

续 表

10:15~10:35		
10:35~10:40	休息	
10:40~11:00		
11:00~11:20		
11:20~11:40		
11:40~11:55		
11:55~12:00	休会	
会议主持人	时间记录人	会议记录人
与会人员		

某公司销售团队会议议程表(样式二)

公司销售团队会议将在×月×日(周一)上午×点在公司总部第一会议室举行。

1. 宣布议程
2. 说明有关人员的缺席情况
3. 宣读并通过上次会议记录
4. 通信联系情况
5. 对东部地区销售活动进行总结
6. 讨论并解决销售团队内部沟通问题
7. 商讨并制定公司销售人员招聘和重组方案
8. 公布销售部经理的人选
9. 制定下季度销售目标

二、组织会议

(一) 会议类型

任何一次会议都具备上述三个基本要素,但因规模、规格、范围不同,会议组织与安排工作往往有较大的差异,所需设备和条件也有所不同。为了有效组织与安排会议,通常将会议分以下几个类型。

(1) 按会议性质分,有代表会议、协商会议、咨询会议、工作会议、外事会议、综合性会议、动员会、纪念会等。

(2) 按会议组织形式分,有会议室会议、现场会、广播会、电话会、视频会、座谈会等。

（3）按会议召开的时间周期来分,有定期会议或例行性会议,如例会、年会,不定期会议或临时性会议等。

（4）按会议规模分,有小型会议、中型会议、大型会议和特大型会议等。

（5）按会议来宾的范围分,有国际会议、全国会议、省市级会议、县乡级会议等。

（6）按会议场所分,有非正式的办公室会议、会议室会议、大型会议中心会议等。

（二）组织会议

会议的组织既繁杂又细致,尤其是大型会议。会议的组织与安排通常分三个阶段进行：第一,会前准备,包括拟订会议方案、组织参与人员、布置会场、安排食宿、准备文字材料和会议设备、用品保障等方面的工作；第二,会议期间的接待与服务；第三,会议结束,完成会议文件、物品清理及其他收尾工作。这些会议组织工作往往因会议规模不同存在较大的差异。

1. 办公室会议

组织与安排办公室会议,通常直接由秘书或助理负责。会议地点可选择上司办公室,通过电话或电子邮件通知与会人员。但是如果上司需要在一个特定的时间内,临时联系几个相关人员开一次短会,秘书或助理组织与安排这一类型的会议时,需要注意以下事项。

首先,确定会议的时间与地点。在联系与会者之前,首先审查主管的日程表,拟定几个适合会议召开的时间；再与主管进行讨论,确认会议召开的具体时间。同时还需要考虑到与会者时间上的可能性,利用办公室共享时间表,确认与会者的时间,尽可能选择一个所有与会者都能够出席的时间。如果所有与会者的工作时间安排都未能体现在共享时间表里,可通过电话或群发电子邮件,对所有与会者的工作进展情况进行了解,确认他们是否能够出席,这样才能确保上司或主管以及重要与会者能够全部参加。然后确定会议召开的地点,如果与会人数不多,可以利用主管或上司的办公室进行,否则就需要安排专门的会议室。

其次,确定会议核心成员。组织非正式小型会议,要求会议核心成员一定要参加。如果会议的核心成员不能出席,主要议程就不能完成,也就不能达到召开会议的预期目标,召开会议就是白白浪费时间。因此,安排会议时,一定要明确谁是本次会议的核心成员。

再次,预估会期,合理安排时间。会议时间在一定程度上会影响到会议的讨论与结果。如果时间比较宽松,容易引起会议讨论拖延。为保证会议用时短而且讨论集中,可以把会议安排在就餐前的那段时间里进行。

最后,注意在开会的前一天,秘书或助理应提醒上司会议安排,核实会议复印材料等。在会议开始时提醒与会者要遵守会议的基本礼仪与规范,如在会议上不使用手机,要求与会者关闭手机或设置为会议状态,不在会议期间发短信或电子邮件等。这样可以保证会议时间不会被拖延,不耽搁会议进程,讨论集中。

2. 会议室会议

会议室会议指利用专门会议室召开一般部门会议或其他小型会议。这类会议一般为正式会议,由于规模较小,限于某一个工作部门之内,组织和安排工作与在个人办公室召开的非正式会议工作程序基本相似,不同之处是召开这类会议需要一些必要的会前准备工作。一是布置会议室，专门会议室一般能容纳20人左右，配备有一个大长方形或椭圆形的中心会议桌。会前应根据会议类型与要求进行相应的布置与设计。二是检查设备，现代化技术设备支持下的专门会议室，配备有记录板、幻灯片放映机、投影仪、计算机显示器、电子白板、活动挂图以及音频和视频设备，如麦克风（有线、无线）、多媒体音响等。针对某一次会议确实需要的设备，会前应进行检测与调试。除此以外，召开这类会议还应提前准备茶水。开会时，往往在会议室门上挂上用泡沫或硬纸板制作的印有"会议进行中"等字样的标牌，以提醒其他成员会议正在进行中，避免不必要的干扰。

3. 大型会议

大型会议或重要会议，由于规模大、规格高，往往在大型会议室或会议中心召开，这类会议的组织与安排需要一个完善的会议计划，以便统筹繁杂的会务工作。

第二节 会议前期准备

一、会议组织机构

大型会议由于规模较大、参会人员多，会议组织者要对会议的全部工作做出安排，具体包括会议前期准备、会议期间的工作与会议后续服务工作等。在实际工作中，往往会针对某一次会议成立一个临时性的专门会议组织机构，负责一次会议的全部会务管理与组织安排。如会议组织机构名称一般为"××××大会秘书处"，设秘书长一人、副秘书长若干人，下设机构一般为"四组一室"，即秘书组、组织组、宣传组、会务组及总值班室。它们的基本职责与分工如下：

（1）秘书组，负责会议文字材料的起草、打印、复制、分发等准备工作；

（2）组织组，负责会议签到、人数清点、入场引导、选举、计票等相关工作；

（3）宣传组，负责安排、协调新闻记者的采访活动，承办会议期间宣传报道方面的工作、会议期间的文体活动等；

（4）会务组，负责接待、住宿餐饮、会场布置、会议组织、物资保障、交通安保等；

（5）值班室，负责会议的值班、联络、来访和来信工作。

这种组建会议组织机构的模式并非整齐划一，每一次会议应根据自身的具体要求进行取舍与变化。

二、拟订会议方案

在实际工作中，无论筹划小型会议或还是拟订大型会议计划，几乎都没有充分的准备时间，为了提高拟订会议方案的效率，秘书在日常工作中要做一些基础性工作，具体可从以下几个方面入手。第一，平时注意从相关文件、信息材料或网站上收集本组织的会议政策及工作标准，作为拟订会议计划的依据。第二，制作一个基础性会议方案，以电子文档的形式保存于电脑中,以备安排会议时使用。为了适应各类会议的需要,一份基础性会议方案的内容要求覆盖能够确认的每一个细节,预计会议安排中可能出现的失误及解决办法。第三,掌握会议场所及相关会议设备信息,如使用登记册了解会议室及设备的使用情况,在电脑中保存会议室使用的计划表、已完成会议的情况等,并以CD、DVD或其他形式备份,以防丢失或其他变故。一旦需要安排会议,在做出明确决定之前,先查阅组织会议的相关政策,提出上司需要注意的问题;再利用预先制作的基础性会议方案,以及所掌握的会议场所及相关会议设备信息,拟订新的会议方案。这样既简便易行,又能保证效率。

拟订一次大型会议方案时,要综合考虑以下几个方面的因素。

(一) 会议基本要素

(1) 会议目的,预期结果。

(2) 召开时间。在会议召开之前核实重要出席人是否适合。

(3) 召开地点。会议场所由与会者人数、需要的设备、会期、会议预算经费决定。

(4) 与会者人数及与会者性质。

(5) 会议期限,一个小时、几个小时、一天或几天。

(6) 会议开始时间和结束时间。

(7) 会议经费预算。

(8) 下一次议题。

(9) 会议评价。

(二) 会务安排

(1) 会议期间要求多少次会议,是否有同时进行的会议,需要多少间会议室。

(2) 是否提供饮食服务,如果提供,经费预算中必须列出,并且明确是正餐还是小吃。

(3) 是否为会议发言者提供水壶或茶具,是否为其他与会者提供。

(4) 会议现场是否需要设备,如果需要,准备好幻灯片放映机、计算机等。确定有哪些项目需要设备、设备怎样领取,安排好设备操作人员。

(5) 是否需要声频与视频记录设备。

(6) 是否有展示或展览。

(7) 是否有外埠与会者,是否为他们预订旅馆。他们的交通费是否包含在经费预算中。

(8) 是否把回执送给与会者。

当上述要素都考虑周全之后,接下来形成书面的会议方案。同时也可利用网络或计算机软件系统提供的有关会议方案的模板进行。

××股份有限公司第三次股东代表大会会议预案

一、会议目的(略)

二、会议时间

20××年×月8～10日,会期3天。

三、会议地点及主会场

××市××宾馆一楼大会议室。

四、参加人员和人数

预计到会人数共150人。

(1) 股东代表共130人(其中外埠代表55人)。

(2) 公司总经理、副总经理、总会计师、总工程师、各部门经理共20人。

五、大会主持人:公司董事长。

六、会务工作负责人:总经理办公室主任。

七、议题和议程

大会主要议题有两项:

(1) 公司总经理做公司一年来经营情况的报告。

(2) 讨论决定本年度分红配股方案。

具体议程见附件《会议日程表》。

八、其他活动

(1) 组织股东代表参观本公司主体企业××厂和××商城(9日下午)。

(2) 举行卡拉OK歌舞晚会一场(9日晚)。

(3) 游览本市市容和新辟海滨风景区(10日下午)。

九、后勤服务安排

(1) 食宿地点:东方宾馆。

(2) 住宿标准:双人客房,每人每天×××元(本埠代表不安排住宿,每人每天××元交通费)。

(3) 伙食标准:每人每天×××元;10日晚酒会每桌×××元,计××桌。

(4) 交通:7日下午和11日上午公司自备汽车到车站、机场接送外埠代表。参观、游览租用旅游大轿车。

(5) 纪念品:每人发公文包一只(价值××元),不发其他纪念品。

十、经费预算

预计会议开支××××元。其中会场及外埠代表住宿费×××元,外埠代表往返旅费×××元,伙食(含酒宴)费××××元,交通费××××元,游览娱乐费××××元,纪念品×××元,会议办公费×××元。

附件:会议日程表

20××年3月10日

如果会议不是在本组织内部的办公室或会议室举行,往往还需要会议方案中提供相关网站的信息以及现场管理信息。

(三) 会议日程

会议日程是对会议议程和会议期间其他各项活动所做的时间安排,会议日程安排通常以表格的形式标明各项活动的地点、时间(如表6—2所示),安排应紧凑、具体。日程表应作为拟订会议方案的附件一起送领导审阅,确定后再发给与会者,使他们了解会议的具体进程。

表6—2 ××公司第三次股东代表大会日程表

日	时间		地点	活动内容	负责人
7日	全天		××宾馆一楼	外埠代表报到	×秘书
	晚	8:00	代表住所客房	公司领导看望外埠代表	办公室主任
8日	上午	8:00～9:00 9:20 9:40	××宾馆一楼 大会议室	本埠代表报到 大会开始，董事长致词 公司一年经营状况的报告	×秘书 董事长 总经理
	下午	2:00～5:00	二、三、四、五楼小会议室	分组讨论，审议总经理报告	各组长
	晚	8:00	二楼小会议室	股东代表组长会议	董事长
9日	上午	8:30～9:30 9:40	一楼大会议室 各小会议室	关于本年度分红配股方案的说明 分组讨论	财务总监 各组长
	下午	2:00～5:00	宾馆主楼前乘车(2点发车)	参观视察主体企业××厂和××商城	副总经理
	晚	7:30	宾馆酒楼舞厅	歌舞联欢晚会	副董事长
10日	上午	8:30～10:30 10:30 11:00 11:30	一楼大会议室 宾馆大宴会厅	大会发言，公司领导答股东问 通过总经理报告 通过分红配股方案 董事长致闭会词 酒会	董事长
	下午	2:00～5:00	宾馆主楼前乘车(2点发车)	游览市容和海滨风景区	公关经理

知识链接

会议成本预算

会议成本是指召开一次会议所需的全部费用，包括显性成本和隐性成本两部分。

显性成本是指通过账面反映出来的会议实际费用支出，包括会场租赁费、材料费、交通费、食宿费等。隐性成本是指所有参会人员在等量的会议活动时间里所能创造的价值总量的损耗。换言之，出席会议的人员可以用等量的会议活动时间去从事他们本来所从事的工作，事实上，他们在这段时间里创造的价值总量，却因开会引起常规性工作的停顿而损失掉了，比如，不能及时处理一些重要的事情，可能会因为错过时机而失去成功的机会等，这些就构成了会议的隐性成本。这种在等量的会议活动时间里所创造的价值总量的损耗是可以计算出来的，这一点往往被忽略。

会议成本计算公式是：会议成本＝2J×N×T＋X。其中2表示管理人员因参加会议所引起的常规性工作停顿而造成的价值损失；J表示参会人员每日平均工资的3倍（单位：元/小时/人）；N表示参会总人数（包括会议工作人员）；T表示参会人员消耗在会议活动期间的平均时间数（单位：小时）；X为汉语拼音"Xian（显）"的第一个字母，表示会议的显性成本，即会议实际经费开支。

如某企业1000名职工开会4个小时，每位职工月平均工资为2500元，会议其他费用500元。

会议成本＝2×3×[2500÷25（工作日）÷8（每天工作时间）]×1000（人）×4（小时）＋500（元）＝300500（元）

不算不知道，一算吓一跳！召开一次时间为4个小时的小型会议，竟然蕴藏30多万元的隐性成本。

资料来源：杨树森，《秘书实务》

二、准备会议文件

（一）准备文件材料

会议文件泛指召开会议所使用的全部书面文字材料。一次大型会议需要的各种会议文字材料由会议主办者提前布置任务，分别由不同的会议责任人来完成。通常由会议主办方提前准备的文件有会议主题报告，会议需要审议通过的决议、决定，会议的开幕词、闭幕词等。此外，根据不同会议议程，需要准备的其他文字材料有典型经验材料、个人发言稿、学术论文、需提交给与会人员参考的各种材料、候选人的情况介绍等。重大会议、学术会议的文字材料准备时间相对较长，需要提前通知，一般提前半年或更长时间。

为了提高会议效率，确保文件材料的质量，大会主办方要掌握各种文字材料的主体内容，秘书应在会前对组织起草和报送的会议文件进行审核，然后向上司提出所报送的文件能否提交会议发布或讨论。学术论文一般应提前收集、编辑、打印。

（二）分发文件材料

需要分发的文件材料，首先是会议通知。重大会议及大型会议的会议通知，通常采用书面公文或公函发送。通常包括两种情况，具有隶属关系的单位之间召开会议使用公文式通知，非隶属关系单位之间召开会议，常使用"函""邀请函"等形式的通知。无论公文还是公函式通知，基本内容都是说明何单位、何地召开什么会议，会议目的和主要内容、会议期限和议程、与会人员应做哪些准备、报到日期和地点、主办单位、联系人姓名及电话等，但行文礼仪应有所不同。一般会议通知还需附上回执，请参加人填写姓名、性别、职务、职称、抵达时间、预订返程车票或机票等，寄回主办单位，以便安排接待。除此之外，还要注意明确发送对象，确保及时送达与会者手中，并按时与会；与会者对会址不熟悉的，需要寄送交通路线图等。

分发其他会议文件可使用不同的方式。一是会前递送，凡需与会者了解或需要充分准备的文件，通常与会议通知一起发出。二是报到或入场时分发，比如一些会议安排表、会议须知、领导讲话讨论稿等，将这类文件提前分装在会议资料袋中，在报到或入场时发给与会者。三是会前按座位分发，即在会议开始前将文件送到与会者座位上，这种方式仅适合于人数少、每人座位固定的会议。

三、选择会议地点

大型会议和重要会议通常可以在宾馆、旅馆、饭店、私人俱乐部、度假胜地、国际性会议中心、公司或单位内部会议场所召开。如果社会组织机构自身拥有专门的会议场所与设施,选择会议地点时应优先考虑。一般来说,选择会议场所需要着重考虑以下几个方面。

(一) 会议地点

(1) 是否适用,即所选择的会议场所及设施是否适应某一次会议的需要。

(2) 价格因素。会场及所有设备的使用费用都应在价格预算内。

(3) 交通是否便利。是否靠近主要交通路线、高速公路,或者主要车站、机场等,具体以绝大多数与会者所使用的交通工具为依据。

(4) 设施是否适合全部人群,包括残障人士。

(5) 如果会议在宾馆召开,宾馆的房价是否适合住宿者需要。

(6) 是否有停车场,停车场的费用是多少。

(7) 会议场所的员工是否令人愉快,他们的服务是否有效率,对自己的工作是否有兴趣。

(8) 现场是否干净、整洁而具有吸引力。

(9) 是否有大厅或注册区域可用。

(10) 如有展示会或展览,是否有足够的可利用空间。

(二) 会议室

(1) 是否有充足的空间及多个小会议室。

(2) 是否能容纳预期的与会者人数。

(3) 会议室的椅子是否舒适,桌子是否适合需要。

(4) 会议室的温度是否可控,室内太冷或太热都会影响会议的进展。

(5) 是否有充足的光源。

(6) 是否有窗帘或帷幔等遮阳物品。

(7) 会议室邻近是否有分散注意力的声音,如电梯铃声等。

(8) 会议室是否与厨房邻近,是否会听到碗碟的碰撞声等。

(9) 会议室窗口是否邻近街道,是否有噪声分散注意力。

(10) 会议室能否保证 24 小时可供使用。

(11) 有哪些安全保障措施能保证设备及其他重要项目的使用。

(三) 视听及其他设备

(1) 如果需要会议室提供相关设备,如计算机投影单元、高射投影机,设备的使用费一天是多少。

(2) 是否有宽带连接因特网。

(3) 如需要卫星连接,是否适用。

(4) 声音系统是否适用,是否有手持、衣领风格、无线麦克风,或是放置在讲台上的各种形式的麦克风。

（5）是否有足够的电源插座。

（6）设备出现问题时，是否有技术人员。

（7）保证饮食的供应标准。

（8）如果有大型会展，是否有装货码头及其他便利条件。

在实际工作中，所有这些选择会议室的要素，并不是都与某一次会议有关。针对某一次大型会议而选择会议场所时，首先需要删除一些不必要的设施和条件，比如，若没有大型会展就不用考虑装货码头。其次还应意识到在实际的办公条件下，不会有十全十美的会议地点与设施。为了达到会议的预期目标，会议组织者在综合考虑各项要素之后，确定最重要的条件，并以此作为选择会议场所的主要依据，然后进行会场选择评估，会场评估样表如表6-3所示。

表6-3　会场评估样表

```
                      会场评估表
    会议日期＿＿＿＿＿＿＿＿＿＿＿＿＿＿＿
    场地设施＿＿＿＿＿＿＿＿＿＿＿＿＿＿＿
    地址＿＿＿＿＿＿＿＿＿＿＿＿＿＿＿＿＿
    城市＿＿＿＿＿省、(自治州、直辖市)＿＿＿＿＿邮政编码＿＿＿＿
    电话号码＿＿＿＿＿＿＿＿＿＿＿＿＿
    电子邮件(E-mail)＿＿＿＿＿＿＿＿＿传真(Fax)＿＿＿＿＿＿
    联系人＿＿＿＿＿＿＿＿＿＿职位＿＿＿＿＿＿＿＿
    场地可用日期＿＿＿＿＿＿＿＿＿＿
    场地的整体外观＿＿＿＿＿＿＿＿＿＿
    场地的气氛＿＿＿＿＿＿＿＿＿＿＿＿
    会议室的描述＿＿＿＿＿＿＿＿＿＿＿
    会议室数量＿＿＿＿＿＿＿＿费用(天)＿＿＿＿＿＿
    住宿房间数量＿＿＿＿＿＿＿费用(天)＿＿＿＿＿＿
    餐饮质量标准＿＿＿＿＿＿＿费用(人)＿＿＿＿＿＿
    特殊设备及服务(讲台、视听设备等)＿＿＿＿＿＿＿＿＿
    是否有残障设施＿＿＿＿＿＿＿＿＿＿
    补充意见＿＿＿＿＿＿＿＿＿＿＿＿＿
```

选定会议地点后，有关会议室及相关设备的使用，通常需要签订租赁合同。签订合同之前秘书应仔细阅读合同内容，有关会议安排的所有项目都应写在合同中，任何项目都不能忽略，例如会议接待桌、茶水供应等，甚至包括会议期间宾馆或酒店的联系人换班时间，新上班工作人员的服务效率等都应有书面或口头的承诺。

四、餐饮与住宿

（一）餐饮服务

一般根据会议时间的长短来决定是否提供餐饮服务。如果需要提供，餐饮服务应包括早餐、中餐、晚餐以及会议前、会议后或会议中间的休息时间提供小吃、茶水、咖啡等，但自带的一些食品，如酒水、饮料、甜点、坚果等则不包含在内。在确定会议地点时，会议组织者应考虑待选会议地点的餐饮服务质量和费用。按照国际惯例，一旦由会议场所提供全面的餐饮服务，会议室的费用可能减少甚至免费。不过，如果提供免费的会议室，可能会要求餐饮服务费用达到一定数额。会议餐饮费用预算，通常应以个人消费为基准，大多数正餐都有个人最低消费要求。

提供餐饮服务，会议组织者要先选择食品及菜单，仔细审查餐饮场所推荐的菜单样本及每一份菜的价格，同时注意选择菜单不能受个人偏好的影响，所选食物要适合每一个与会人员，甚至包括一些特殊的要求，如低钠、低脂肪、低糖、素食等，尽可能要求餐饮场所提供一些素食及与会者要求的特殊饮食。再确定餐饮服务的时间，包括早餐、中餐、晚餐的时间，会议前、会议后或会议中休息时提供小吃、茶水、咖啡的时间等，这些都是会议餐饮服务中非常重要的环节，也是选择会议饮食服务必须考虑的重要因素。

（二）住宿服务

如果会议时间较长，要为与会者提供住宿服务。通常分两种情况。第一，如果只有少数人需要住宿，只需给他们推荐旅馆或酒店。根据与会者的需要，了解并掌握会议所在地点及附近宾馆、酒店的服务质量及费用，并予以推荐。第二，如果绝大多数与会者需要住宿，会议所在宾馆、酒店为最优选择，可提前为与会者批量预订房间，宾馆或酒店也会给予一定的优惠折扣。

如果由会议主办者批量预订酒店，还要考虑到以下几种不同的情形。其一，如果由会务主办方支付住宿费用，住宿的宾馆或酒店应由会议主办方来选择及预订。在这种情况下，与会者仍需要承担个人的其他消费，如客房特别服务或长途电话费用等。其二，如果是与会者自付住宿费用，一般要保留绝大多数与会者的意见，预订他们喜欢的酒店，将预订酒店的联系方式、费用折扣告知与会者，由入住预订酒店或宾馆的与会者直接联系酒店，通常酒店会分配一个特殊的促销代码，用于接收与会者的预订费用。其三，如果按会务方的意愿批量预订酒店，但由与会者支付酒店住宿费用，那么，酒店应提供报销的账单（通常指发票）。

五、其他会务安排

（一）会议贵宾

如果有贵宾参加会议，要给他们特别的待遇。会议贵宾可能包括政府或公司的高级官员、荣誉嘉宾、特邀发言人等。秘书需要与上司或主管确认哪些人是贵宾，需要 VIP（Very Important People）待遇。

会议 VIP 处理：

（1）谁是 VIP；

（2）是否到机场或车站接待，由谁接待；

（3）是否需要在酒店房间准备水果、鲜花或蛋糕；

（4）是否需要为 VIP 配备车和驾驶员；

（5）告知酒店领班及会议服务经理，谁是 VIP 或 VIP 的房间号；

（6）收集 VIP 在生活及工作中喜欢与不喜欢的信息。

（二）满足所有与会者的需要

如果与会人员中有听力受损、行动不便或视力弱等残障人士，那么要求会议地点提供的设施能够满足他们的需求，会议设备要符合残障人士使用标准，如提供口译人员、手语人员、轮椅、助听器等。为了找到提供特殊服务的人员，应与一些能够提供这些服务的专门机构保持联系，如特殊教育学校及残障人士服务机构等。

（三）国际会议的来宾

许多跨国公司、教育机构、非营利性代理机构以及国家政府机关都是在全球范围内开展工作，只要举办大型会议，就会有来自国外的与会者。由于他们对会议所在地的语言、习俗不熟悉，需要会务方安排口译人员或特别的助理人员，并为他们提供一份会议期间的生活手册，其中包含与会者国家大使馆地址与电话号码、安全出行注意事项、会议期间使用的信用卡以及出入境的相关信息。此外还要注意到，与来自外国的商务伙伴会见时，赠送礼物要符合对方的文化和习俗。

（四）识别标志（名字标签或名字徽章）

为了记住与会者的名字和结识新的业务伙伴，在参加会议时，与会者通常佩带有自己姓名的标签或徽章。姓名标签有两种常用的形式。一种为粘贴式，用塑料夹或粘贴剂将标签背面直接贴在衣服上；一种为悬挂式，用带子将标签卡挂在脖子上，但注意带子的长度，以免影响识读。会议中使用的姓名标签包括会议名称、与会者姓名、与会者的单位或公司名称、会议标志等要素。

为了容易识读，打印姓名标签时，字形与字体的大小要合适，如中文姓名要求姓和名字的字体大小一致。所有预先注册的会议人员姓名标签应提前准备，额外为临时到来的与会者准备一些空白标签，临时用钢笔填写。一些大型商业会展常使用电子化姓名标签，即一个包含与会者信息的电子带。

姓名标签不仅仅在大型会议上使用，只要有互不相识的与会者都可以使用。男性一般喜欢将标签戴在外套上部左边口袋的上端。商业会展上的电子化姓名标签，经扫描可以上传到数据库，然后将有关产品信息发给感兴趣的与会者。

（五）会议临时网站

为协助与会者更加方便地了解会议信息，可创建临时会议网站或在相关网站上增加会议信息网页，并允许与会者免费上网浏览相关信息。网站或网页上包含会议的一些详细情况，如酒店位置、会议议程、背景资料、机票价格、出租公司等，还可提供与会者在线登记或注册等。会议网站或网页上还应有会议所在城市及酒店所在地地图，及会议组织机构的联系方式。一旦会议开始，还可随时发布会议期间的重大信息与会议成果。

(六) 会议氛围

营造会议氛围直接体现在会议标志和会场装饰两个方面。为了彰显会议的主题气氛,往往根据会议主体内涵或组织标志,以生动的识别字与识别符号相结合设计会议标志,如果会议主题与组织标志没有联系,可创造具有当地特色的、时间性的主题(如春季、秋季)。会议标志被印刷在各种会议材料、会议网页及宣传旗帜上,并用来设计主席台背景和会议标语、装饰会场等。营造会议氛围能够提高会议效率,增强会议的吸引力,否则,整个会议就会显得非常单调。

(七) 会议评价工具

大型会议结束时要求与会者评价会议,具体做法为:由会议主办者针对会议目标是否实现、会议前期准备工作是否充分、会议效果如何、会议决议是否落实、与会者是否满意等要素,设计一份会议评价表,在会议开始时发给与会者,在离开之前收回。

第三节 会议调度与服务

会议前期的组织与安排都将在会议期间与会后服务得到贯彻落实,会议期间与会后的各项协调与服务工作,能够体现会议组织与安排的质量与效率。从与会者报到开始,会前准备工作基本结束,会议期间服务工作开始运作。

一、会议期间的工作

(一) 会议开始前的安排

召开一次大型会议,所有会务工作在会议前期准备阶段都有具体安排。从与会人员报到开始,会务服务进入执行状态。会议召开当天,会议组织者应提前到达会议现场,对会议开始前的有关事项进行确认:

(1) 确认所有会议准备工作是否都已完成;

(2) 是否额外准备了一定数量的议程复印件、钢笔、会议资料袋、区域地图及其他对与会者有帮助的会议用品;

(3) 如果预订鲜花、水果,确认是否已根据事先的安排放置到位;

(4) 统计到会人数或安排签到。

会议开始,秘书要统计出席人数、列席人数、缺席人数,向大会主持人报告,并记入会议记录。对缺席的领导人,事后还要将会议内容向其通报。签到是统计到会人数的一种方式,根据会议性质与规模,一般签到方式有登记薄到、卡片式签到、电子签到等,一般只有那些需要法定人数的会议才采用现场签到。

(二) 会议期间的调度

会议开始后,会议组织者要尽量促使会议进程能够符合时间表的安排,及时处理会议进行中的一些问题。尤其是会议进程偏离计划时,可能给会议的后勤服务带来问题,如上午会议推迟会影响中餐,一般餐厅在中午1点以后,要求提供服务会有困难,因此,如果会议推迟,应即时与餐厅经理联系,及时调整就餐方案等。同时,也可以利用休息时间让服务人员整理会议室或提供茶点。除此之外,还需注意调度会议期间的其他保障服务,以确保会议顺畅进行。

(三) 会议记录与纪要

重要会议期间,往往需要用文字、图像及声音实录会议进程及内容。一般进行会议记录时用手写速记。如果用电脑记录,键盘录入的声音会分散与会者的注意力。重要会议可用录音设备辅助记录。重要会议结束时,如果会议讨论和决定的事项涉及多个部门或多个组织机构,为了便于决策的贯彻执行及将来有据可查,会议记录经过与会者审核,归纳出重要问题及执行项目形成会议纪要,以文件的形式及时下发,也可通过与会代表直接带回去。有些会议记录还要符合法律规程。会议纪要应在公司的会议记录簿中体现出来,如股东会议及董事长会议。

(四) 新闻报道与编发简报

大型会议及重要会议的新闻报道,对于提高会议的透明度,贯彻落实会议精神,扩大会议的影响,加快会议精神传播,具有重要作用。面向社会公众的会议新闻报道,在会前、会中和会后报道的形式与重点应各不相同。如果通过报刊、广播、电视和网络对外发布会议进程及一些重要事项,就需要撰写新闻稿或召开新闻发布会、媒体沟通会、记者招待会,接受新闻媒体采访与报道等;如果用宣传标语、横幅、展板、宣传册、宣传车等形式进行宣传报道,应预先做好相应的材料、设备及工作人员安排。

会议组织者要充分考虑各方面的因素,选择会前、会中和会后新闻报道方式,并做出恰当的安排,如设立专门的新闻报道中心,确定新闻发言人,成立会议宣传组等。如我国的人民代表大会、政协全体会议等公开的大型会议,通常有大众传媒自始至终跟踪报道。但是,大多数会议由于涉及业务秘密、宣传口径等方面的问题,一般不宜请记者直接参加,可由秘书部门或宣传部门撰写会议新闻稿进行报道。

编发会议简报,是专门报道、交流会议内容、进展情况,反映与会人员意见和建议的一种简短报道,属于会议内部新闻。大型会议和重要会议,除保密内容外,都要把会议上交流、讨论的基本情况、主要精神等,通过会议简报的形式向内部公众发布,以扩大会议决策的影响和效果;还可以将简报向新闻媒体报送,以取得新闻媒体的支持,形成有利于组织发展的舆论环境。

二、会议后续工作

当会议接近尾声时,秘书或助理就需要联系与会者,完成会议评价,和与会者交流谈话,准备会议总结报告,根据会议记录,编写会议纪要,发送各种文件及回收文件,组织相关会务人员整理会议场地、办理离会事宜等会议后续工作。

(一) 实施会议评价

一次有效率的会议,要求在会议期间实现全部议事日程安排。如果会议期间有些工作安排没有实施,相关问题未能解决或是结论尚未形成,那么这次会议就可能没有达到预期的目标。确定会议效率最方便的方法是会议尾声的评价,即由全体与会人员来评价会议的优点和不足,包含会议议题的兴趣度与激发性、会议程序、时间安排、会议领导、会议场所、会议氛围、议事日程的遵循情况、会议解决的问题等。每一次会议组织都会或多或少地存在一些问题,最好建立一个分析评价系统,能够正式分析会议的成功与否和存在的问题,为以后组织会议做好准备。

会议评价应选择合适的方法,否则得不到与会者的支持,一般在会议前分发打印好的调查问卷(如表6-4所示),会议尾声回收问卷,接受信息反馈。

表6-4 会议评价表(式样)

阅读每一项,然后选择适当的数字。
1.很差 2.差 3.一般 4.好 5.很好

1. 室内布置及舒适度
2. 会场内部装饰
3. 会议气氛
4. 兴趣度与激发性
5. 参与意识
6. 解决问题数
7. 会议程序的运用
8. 遵循议事日程情况
9. 开幕典礼和闭幕典礼

请回答以下问题:
1. 您怎样评定这次会议?
2. 会议的优点是什么?
3. 会议的缺点是什么?
4. 写出您的改进建议。

(二)整理会议场地

会议结束,与会人员退场后,整理会议场地。首先应当检查会场,按照会议材料与设备清单回收剩余的文件、资料、文具、礼品,收存会议期间使用的仪器、设备,检查与会人员有无遗失文件、物品,指定专人办理统一登记、保管,联系领取或寄送。其次,清除会场留存的各种会议指示标志、会标和其他辅助性会议用品,收拾整理放置在会议室的设备和其他物品。清理会议期间使用的所有资料必须严格遵守保密规定,确保组织机密的安全。最后,检查、归还临时借用的各种视听设备,将会议室整理恢复到备用状态,通知会议场地的提供方查验,并由主办部门办理移交登记手续。对使用完毕的其他物品及时整理并归还到相关部门,办理归还手续。

(三)安排与会人员返程

会议结束后,与会者准备返程,会务组应注意提醒与会者及时归还向主办方或会议驻地单位借用的各种物品;结算个人会议费用,开具发票,协调他们结清各种账目;协助与会人员检查、清退房间,避免遗忘各种物品。对带有大件物品的与会人员,协助其办理行李托运，必要时可以提前准备一些用来包装资料的材料和用品，为离会人员携带资料提供便利。

了解与会人员离会时间，编制与会者离开的时间表，按先远后近的次序，优先考虑远程代表的返程要求，安排车辆送至车站、码头或机场。但是，对于会议VIP，就要尊重他们的意愿，安排返程时间及交通工具，提前与民航、铁路、公路、港口等交通运输部门联系，或与票务代理机构、旅行社等合作，预订返程票，会议结束后，还需安排有关负责人送行，同时将他所乘的交通工具和班次信息及时通知其所在单位的有关部门，方便对方接站或安排工作。

（四）会议经费结算

会议结束后，需要对会议的收入和支出费用进行结算。收入结算是将会前与会中收取的与会人员向主办方支付的必要费用（如资料费、培训费、住宿费、餐饮费、参观和考察费等）统计、汇总，清点无误后移交财务部门入账，并由财务部门统一出具收据或发票，交付与会人员。支出结算是在会议结束时，结清会议中发生的会议室、其他场地、会议设备租赁费，主持人、嘉宾、工作人员劳务费，交通费、通信费、住宿费、餐饮费以及其他与会议有关的支出，提供收据或发票，对照会前经费预算，逐笔进行核点，将经费使用情况向上司报告。填写报销单据，请相关负责人签字后去财务部门办理报销手续。

会议经费结算的注意事项，一是了解财务工作流程，明确收费标准与费用支付方式（如现金、支票、信用卡等），避免重复劳动和出现差错。二是遵守单位关于零用现金及会议用品报销的各种财务制度，对超预算经费支出履行报批手续。三是使用正规票据，认真清对好每张发票，仔细核对发票数额，辨认真伪。将票据内容的开列方式与财务部门、会议代表协商，以利于双方的财务管理。四是细化财务交接程序，必要时可以使用会议费用接收清单的形式，由交接双方签字确认，以明确责任。

（五）会议文件归档

根据会议管理的要求，对会议期间发放的文件要及时清理并收集归档。会议秘书组在会议结束前，向会议主席团或主持人汇报发文情况，编制会议文书材料目录，提出清退文件建议，包括具有机密性不宜扩散的发言稿、与会议精神和决议不完全相符的草稿或参考性文件、会议的选举材料、会议证件等。待批准后，分别将清退文件目录提前发给与会者，督促其按发文登记和文件编号逐人逐组清退，限期退还给会议秘书组文书负责人。小型会议、内部会议文件材料的收集可由会议主持人在宣布会议结束时，请与会者将文件放在桌上，由秘书人员统一收集。

会议结束后，大会秘书组将会议方案、决议、纪要、报告、领导讲话、会议记录、会议照片、录音、录像带及其他需要归档的文件材料，遵循各组织机关文书档案分类方案与操作要求，依据其内在联系加以整理，然后按规定移交给档案部门存档，以便于日后查找利用。

三、会务工作总结

会务工作总结是在会议进行过程中或结束之后，会议主管机构利用座谈会、总结会议、书面总结等形式，针对会场布置、会议计划的实施情况、会议服务效率和会议后续工作等进行回顾、分析、评价。会务总结工作具体包括如下几个方面。一是全面检查会议组织机构各职能部门的分工执行与团结协作情况,客观评价会议组织机构的运行效率,以提高会议组织与管理水平。二是在分析与会者评价的基础上,客观、公正地检查会议的进行情况以及会议目标的实现情况,总结经验与教训。三是吸取与会者的评价与建议,总结会务工作经验与教训,不断提高会议的组织服务水平。

会议结束之后,在个人总结、小组评议、领导评价和与会人员调查评估等基础上,由秘书协助上司及时召集会务工作总结会议,写出书面的会务工作总结报告,交有关负责人审阅后,印发到相关部门或人员,然后作为大会的文件资料,连同会议记录、会议简报等文件,一并作为完整的卷宗归入档案。

知识链接

成功组织会议的建议

一、对会议主席及会议组织者的建议

(1) 会议不要安排在假期的前一天或星期五下午,因为这些时间大家容易急着离开。

(2) 预先分发议程,以保证助手及相关人员能看到并考虑议程涉及的事项。

(3) 预先决定等待迟到者多长时间。

(4) 会议开始说明会议目标或期望达到的结果。

(5) 意识到来自与会者的非语言交流信息。

(6) 意识到任何与会者之间的紧张情绪,不允许因此而改变会议的目标。

(7) 不允许与会者互相进行语言攻击,如有必要提示与会者语言攻击是非专业的或不被容忍。

(8) 不允许讨论中漫谈,终始坚持主题。

(9) 不允许转移议程。

(10) 用活动挂图组织会议,每一个主题用一张图显示,有助于与会者围绕主题开展讨论。

(11) 不能让某一个人垄断了发言,会议主席要注意提醒其他与会者发言,如"让我们听听其他的建议,×××,你的想法呢?"

(12) 通常预先总结前一个议程后,再转入下一个议程。

(13) 避免轻视个别人的意见。

(14) 如果某个人的发言超出了议程范围,注意进行提示,如"谢谢你的建议",并迅速转入下面的环节。

(15) 如果会议中产生了短时间无法解决的难题,最好及时运用一定的策略转入下一个主题。

(16) 如果有人想破坏会议进程,最好与他进行个别沟通,比如谈谈他的态度、行为及工作职责等。

二、对与会者的建议

(1) 做好会议准备,阅读与会议议程相关的背景材料。

(2) 按时出席会议,迟到显得很无礼,并且浪费他人的时间。

(3) 携带会议文件,如会议议程或相关会议报告,但不需过多携带其他背景材料。

（4）对所有的与会者保持礼貌。

（5）会议期间一定要记笔记。

（6）会议期间要结识新的业务伙伴，不能只跟已经熟悉的同事或朋友交往，会议是一个结识新业务伙伴的机会。

（7）不要私下与坐在旁边的人说话。

（8）新职员参加会议，要有一个等等看的态度。因为对会议讨论的项目及会议环境了解不多，不要着急跳出来说话，首先仔细聆听并观察其他人的发言，在参与讨论之前仔细观察会议氛围、语言表达方式等。

三、会议失败的原因

（1）会议主席跟与会者意见不一致。

（2）会议时间不充分，与会者还有其他工作要完成。

（3）与会者对会议主题没有兴趣。

（4）与会者认为举行会议的时机不合适。

资料来源：Susan H. Cooperman 著，徐丽君译，《professional office procedures》

第四节　会议记录

会议记录就是用文字、图像及声音对会议的基本情况、发言和决定等进行记录。大型会议及一些重要的会议，均有专人负责会议记录，不仅可以为会后进一步研究问题、总结工作提供重要的依据，而且可以为日后查考提供重要的凭证，也是事后撰写会议纪要和编写会议简报的基础，是传达、贯彻、执行会议精神的依据。会议记录要求内容完整，准确反映会议全貌，还要作为原始素材存档备查。

一、会议记录的结构

为了提高会议记录的效率，在实际工作中，文字记录采用统一配发的专用会议记录本，使用稳定的记录格式（如表 6—5 所示），由会议基本情况和会议主体内容两部分构成。会议的基本情况包括会议名称（连续性会议应具体写明届、次）、时间、地点、出席人数（人数较少时可直接记下出席人的姓名）、缺席人（注明缺席原因）、列席人、主持人及记录人等要素。大型会议还需注明应到人数、实到人数、缺席人数、列席人员名单、会议主持人的姓名和职务、会议记录人的姓名和职务等。会议主体内容指对会议内容的具体记录，包括会议的议题、讨论过程、会议发言或讲话的内容、传达的问题或会议结果（包括选举、表决结果，通过的决议、决定），以及遗留问题或保留意见等。

会议记录结束时，若无特殊规定，习惯上应另起一行写"散会""完""结束"等字样，以示会议结束。重要会议的记录必须由会议主持人审阅签字，还要有记录人签字。

表6-5 会议记录(式样一)

××(会议名称)会议记录

会议时间：

会议地点：

参加人员、人数：

缺席者：

会议主持人：　　　　审阅：　　　　签字：

记录人：

议题：

发言记录：

　　……

会议结束时间：

(本会议记录共×页)

××公司会议记录(式样二)

时间：2012年9月1日　　　　　　地点：公司会议室

出席人：公司各部门主任

主持人：××(公司副总经理)　　记录：×××(办公室主任)

记录内容：

一、主持人讲话

今天主要讨论的是"中国办公室软件"是否投入开发以及如何开展前期工作的问题。

二、发言记录

技术部朱总：类似的办公软件已经有不少，如微软公司的WORD，金山公司的WPS系列等。我认为首要的问题是确定选题目标，如果没有特点，千万不能动手。

资料部祁主任：应该看到的是，办公软件虽然很多，但从专业角度而言，大都不很规范。我指的是编辑方面的问题……

市场部唐主任：这是在众多航空母舰中间寻求突破，我认为有成功的希望，关键的问题就是必须操作方便，并且运行速度快……

三、会议结果

各部门都同意立项，初步的技术方案将在十天内完成，资料部预计需要三个月完成资料编辑工作……

二、会议记录的方法

会议记录人在会前应做好充分的准备,认真阅读会议文件,熟悉与会人员名单,记录时采用一定的方法与技术,集中全部精力,准确记录会议进程。会议记录的方法通常有以下两种。

(一)摘要记录

摘要记录是一般会议通用的记录方法,不需有言必录,只需记发言要点、结论和会议上讨论的问题、决议。摘要记录的关键在于要对发言内容迅速做出分析判断,哪些可记,哪些可不记,有所取舍,适当归纳,简明扼要地记下重点,但不可歪曲发言人的原意,不可遗漏发言者的主要观点。扼要,就是记下发言人的姓名及其主要观点和论据。重点,主要是指会议主持人和重要议题发言人的发言,也包括与会者的不同意见或有争议的问题,会议的决定或决议等。

(二)详细记录

多用于组织领导班子的重要会议,如党政机关的办公会议、企业董事会会议等。要求有言必录,不能只做提纲挈领式的摘要记录,也不能仅记录结论,要尽量记原话,一字一句地记录,不改变原词原句。详细记录时,记录速度非常重要,可采用二人记录的方式,会后及时对照补充,也可以借用录音设备。其中,记录速度不仅仅是书写速度的问题,也是关系记录员综合素质的问题,还要看记录人是否熟悉会议所涉及的内容。

无论详细记录还是摘要记录都需要进行记录整理。会议结束后,记录人要全面检查记录,对于某些字迹不清的地方和其他遗漏处要及时补写,对会议上没有弄清楚或发言者没有表达清楚的地方,要及时找有关人员核对。整理后的会议记录文面要整洁,字迹要清楚,语句要完整,标点符号要正确。发言内容较多时,记录的层次要清楚、分明,段落划分要恰当。整理后的会议记录,要使用碳素墨水书写,便于长期保存。

三、会议记录注意事项

(一)客观真实

会议记录是实录性的原始资料,记录时要绝对忠实于会议的原始状况,客观、真实、准确地记录发言人的意见和观点,尤其是记录不同意见或反对意见时,不得任意取舍增删、断章取义,不得添加记录者的观点。如果原话意思不完整,一般只作技术上的加工,但不能改变原意。数据、决定或决议一定要准确无误,保证精确、真实。另外,尽量保持发言人的语言风格,重要会议的细节也应写清楚,不可遗漏。

(二)注意保密

会议记录一般不宜公开,只供以后工作必要时查阅核实。会议结束后,要及时将记录送会议主持人审阅、签字。如果是保密的会议记录,必须遵守保密制度,不得泄露会议内容,并妥善、安全地保管好会议记录。

会议记录是拟写会议纪要的基础。会议纪要是用于记载、传达会议精神和议定事项的指导性公文。一些重要的决策性会议结束时,会议纪要由秘书处拟写、印发给与会单位或其他相关单位,要求它们遵守和执行。

复习与思考

1. 简述几种常见类型的会议中秘书工作的重点。
2. 一般的会议有哪些构成要素?
3. 简述会前准备工作的主要内容。
4. 秘书人员怎样协助领导筹备会议?

实训与模拟

1. 设某一次会议有180人参加,20人服务,开会5天共40个小时,与会人员平均每小时工资100元,请计算本次会议的隐性成本。
2. 自拟会议目的和主题,策划一次完整的会议。

(1) 撰写一份完整的会议方案,包括会议主题、名称、议程、时间、所需设备和用具、文件的范围、与会代表成员、经费预算、餐饮安排、筹备机构与人员分工。

(2) 根据会议策划方案,组建会议筹备机构,筹备机构下设几个小组,各组分工明确,相互协调。

案例分析

西安市委办公厅近年开展查找工作失误活动,发表在《秘书工作》2010年第3期和第4期的《办公厅工作失误20例》一文中,有3例与会务工作有关。

案例一:2008年11月12日,市委召开常委扩大会议,传达中央关于进一步扩大内需,促进经济平稳较快发展的措施和省委常委扩大会议精神,安排部署我市贯彻落实工作,市级有关部门和各区县党政主要负责同志列席了会议。

会后,我起草好会议纪要报领导审核。秘书长核改完纪要内容,前前后后仔细校对时发现,会议纪要发送范围只有市级部门,没有各区县党委和政府,随即在发送范围栏内填补上了区县党委和政府。

市委常委会议纪要直接关系到常委会议决定事项的贯彻落实。这次常务会议明确要求"各区县、各部门要把落实中央出台的十项措施作为当前工作的重中之重,密切配合,有力推进,绝不能贻误时机"。而我作为常委会的工作人员,却把落实会议精神的主体——区县党委和政府,在纪要发送范围中漏掉了。如果不是秘书长及时发现,会议纪要一旦发出,区县党委和政府将收不到文件,势必影响决定的贯彻落实,这样的后果不是我所能承担的。

案例二:2007年4月13日下午,市委召开常委会议。我根据会议内容并结合以往的经验,觉得第三个议题汇报和讨论的时间可能会比较长,就将第四个议题汇报人的到会时间安排得晚了一些。

第三个议题汇报完,会议开始讨论。作为常委会工作人员的我感到这个议题即将结束,就赶紧到待会室提醒第四个议题汇报人做准备。可推开待会室的门一看,哪有第四个议题汇报人的影子?这时,第三个议题汇报人已从会议室走了出来。分管秘书长在门口示意我安排下一议题汇报人进来。我马上给汇报人打电话,铃声似乎就在门外。我应声快步迎上前去,他边看表边对我说:"我没迟到吧?我是按会议通知的时间提前到的啊。"我忙不迭地小声说:"没有,没有,请进会场吧。"汇报开始了,我抬头看表,从第三个议题结束到第四个议题开始,已经过去了几分钟。

这一会儿,在外人看来似乎微不足道,但我却深感自责。由于我考虑不周,让常委会议出现冷场,实在不应该。

案例三:2008年10月13日,秘书长通知我,14日下午市委常委会议要听取一次活动的筹备情况汇报,让我联系分管副市长准备汇报议题。我与市政府办公厅联系,得知这位分管副市长在外地出差,无法赶回来开会。但考虑到该活动的筹备工作是由市政府一位分管秘书长协调的,我就按惯例在建议名单中将这位分管秘书长列为议题汇报人。

14日上午,我向市政府办公厅收集会议有关材料时,意外得知这位秘书长已经出访。我一下子懵了,会议通知已经发出,下午就要开会,如果议题汇报人不能到会,那该怎么办?没了主意的我只好立即向秘书长汇报。秘书长亲自协调有关方面,重新确定了议题汇报人,才保证了会议正常进行。

资料来源:《秘书工作》2010年第3期和第4期的《办公厅工作失误20例》

请阅读这些案例,回答下列问题:
1. 分析上述三则会议案例中产生这些失误的原因。
2. 分析上述三则会议案例,为了在实际工作中杜绝这些失误,请提出切实可行的建议。

第七章 信息与调研

信息工作是社会组织管理工作的基础。从秘书学角度来看,信息是领导科学决策的依据,是一个社会组织进行生产、经营的先导,是一切行政领导工作与秘书管理工作的基础。调研是获取信息的重要手段与方式。本章介绍秘书从事信息工作的要求、信息处理程序及方法,以及调研工作的类型和多种调查方法。

第一节 信息工作

一、信息及秘书信息工作

(一)信息的含义

当今社会,信息与能源、物质材料被视为是人类社会的三大资源。什么是信息?"信息是指存在于客观世界的一种事物形象,一般泛指消息、情报、指令、数据、信号等有关周围环境的知识"[①]。信息本身不是实体,只是消息、情报、指令、数据和信号中所包含的内容,它必须依附于语言、文字、声波和电磁波等物质形式的信息载体。作为客观世界存在的一种形态、方式或活动状况,信息具有客观性、与载体不可分割性、可变性、可传输性、可存储性、转换性、扩散性、共享性、无限性和时效性等区别于其他事物的本质特性。

信息作为一个重要的科学概念,最早出现于通信领域。20世纪20年代,美国人哈特莱探讨信息传输问题时,首次提出应区别信息和消息在概念上的差异,指出信息是包含在消息中的内容,消息是信息的载体。到40年代,美国应用数学家香农和维纳,分别从通讯和控制的角度提出了信息的概念。香农在1948年发表的《通讯的数学理论》一文中,以概率理论把信息定义为人们对事物了解的不定性的减少和消除或"两次不确定性之差"。维纳1950年在《人有人的用处》一书中,从控制、调节的角度,指出信息是控制系统进行调节活动时与外界相互作用而交换来的东西。此后,信息的概念从狭义发展为广义,广泛地应用于物理、化学、自动控制、计算机、人工智能、仿生学、经济、行政管理等领域,不仅研究通

---

① 李立萍,张明友:《信息论导引》,电子科技大学出版社,2008年版,第2页。

信工程中消息的传递,而且研究生物遗传信息、社会信息。在我国,自20世纪80年代以来,随着经济、文化与科学技术的发展,信息在社会生产与生活的各个方面得到广泛运用。

(二) 秘书信息工作

信息是领导科学决策的依据,是一个社会组织进行生产、经营及一切行政管理工作的基础。信息工作指收集、处理、传递、储存信息等一系列工作,具体包括对原始记录、情报、数据和资料的收集、处理、传递、储存等工作,信息工作是社会组织管理活动的基础。社会组织的信息工作是一个有机的工作系统,在实际工作中,秘书及其机构每天围绕上司及领导机关的管理活动,接收、加工、处理来自各方面的文件、信函、汇报、指令等,为上司及领导机关的管理活动提供全面、直接的信息服务,他们是组织信息工作系统的枢纽,也是上司及领导机关的重要信息渠道。

(三) 秘书信息工作的特点

相对社会组织其他机构的信息工作,秘书信息工作呈现以下几个方面的特点。

1. 辅政性

秘书及其机构的信息工作是为上司及领导机关管理活动提供信息服务。党政机关及企事业单位、其他社会组织的办公室是组织的信息枢纽,秘书是上司的信息员,一切信息工作都是以辅政为根本目的的。据《中共中央办公厅关于进一步加强信息工作的意见》的规定:信息工作是办公室工作的重要组成部分,主要职责是指根据领导与领导机关的工作需求,了解情况,掌握动态,发现问题,然后进行筛选处理,综合分析,提供信息。

2. 时效性

今天是一个信息爆炸的时代,信息一旦失去时效,也就没有使用价值,必须把"第一时间"的观念,贯穿到信息工作的每一个环节,在社会组织中建立健全的信息报送、刊物编发、信息调研、政务值班等工作制度,落实信息工作的时效性要求。

3. 综合性

无论行政管理还是企业管理,上司及领导机关对信息的需求不仅种类广泛而且具有很强的综合性。为满足这一需求,秘书及秘书机构应收集、加工来自组织内部和社会各个方面一切与组织管理活动及行为相关的信息、数据与情报,为组织领导者的科学决策及有效管理提供依据。

4. 针对性

尽管秘书信息工作内容具有很强的综合性,但在一定的时期与范围内,要围绕上司工作中的重点问题,有针对性地收集与处理专题性信息,为解决当前的工作重点提供及时的信息服务。

二、秘书信息工作的要求

上司与领导机关是秘书信息工作的信宿。为了满足上司及领导机关对信息的需求,秘书及其机构在信息处理过程中,要达到以下几个方面的要求。

第一,敏锐。秘书及秘书机构要有强烈的信息观念与信息意识,对来自各方面的信息要有高度的敏锐性,一是善于从小处入手,针对上司及领导机关的管理工作,准确把握其需求,切实贴近中心工作,掌握重大紧急情况,对各种日常工作和其他社会活动中的新情况、新问题高度敏感,能从纷繁复杂的事物中快速发现有价值的信息;二是以主动的服务和超前的服务意识,接收来自社会各个方面及不同领域与本组织管理工作及其他活动有关的信息,为上司及领导机关的决策做好充分的信息储备。

第二,及时。秘书及秘书机构信息工作必须迅速、敏捷地反映出工作的进程和动态,记录下已发生的情况和问题,及时对初始信息进行加工处理,形成有价值的信息,提供给上司及领导机关,使其成为决策、指挥和控制的依据。

第三,准确。只有准确的信息才能帮助决策者做出正确的判断,失真甚至错误的信息不但不能对管理工作起到指导作用,相反还会导致管理工作的失误。为保证信息的准确性,在信息处理时,一方面要认真核实原始材料,准确反映实际情况,力求原始信息真实可靠;另一方面必须运用科学的采集手段与加工方法,注意数据、计量单位相同,保持信息的统一性和唯一性,以免在信息使用时造成混乱。

第四,全面。科学决策需要全面而完整的信息,提供信息要全方位、多领域、多角度,防止以偏概全,顾此失彼,以一种倾向掩盖另一种倾向;要能够既反映现象,又反映本质,使材料和观点相统一;既反映初始,又反映终结,体现事物发展变化的全过程;既反映相关侧面,又反映它们之间的内在联系,揭示事物的整体情况;无论喜与忧,无论细节与关键,都不能遗漏,要辩证地反映事物的全貌。

第五,适用。秘书及其机构提供的信息一定要适用于上司及领导机关的中心工作,具体包括所在组织的工作进展情况和急需解决的问题,一定时期内的工作重点,新发生的带有重要动向性、导向性、苗头性、政策性、突发性的问题,领导者的管理思想与理念等。还必须注意研究不同层次的领导者和服务对象的不同要求,在信息的投向上有针对性,区别对待,注意适用对路,一条有价值的信息对于不同层次、不同部门的领导者,其参考价值并不相同。

第六,经济。虽然信息是一种无处不在的社会资源,但是要成为有价值的信息,需要经过收集、加工、传递、存储等系列活动,每一个信息处理环节都需要投入一定的人力与时间,还需资金与技术的支持,这些都是生产成本的一部分,需要考虑到投入与产出。目前,为了提高信息处理的能力和效率,社会组织机构在采用传统的信息采集、报送手段的同时,应充分利用计算机技术及现代通信手段,建立组织内电子信息网络,这有利于把信息触角延伸到每个方面、每个角落,拓展信息来源,降低信息加工利用成本。

第二节 信息处理与方法

人类社会生活中,信息无处不在。各种人类活动及自然现象都承载着信息,但要使信息成为人们可以利用的资源,必须经过收集、加工、转化、存储、传递等处理程序,并运用一定的科学方法与技术手段形成可以识别与利用的物质形式。所谓信息处理就是对信息的收集、加工、转化、存储、传递等。

一、信息收集

(一) 信息收集程序

信息收集指通过各种方式获取所需要的信息,即对信息的接收和汇集。信息需求是信息收集的动因,信息收集是信息工作的起点,贯穿信息处理过程的始终。秘书的信息收集工作,首先,要明确上司及领导机关的信息需求,根据领导管理的长远规划和近期目标,制定信息收集计划,增加信息收集的目的性和主动性,减少盲目性和被动性。其次,要划定收集范围,尤其注意信息收集的广度。即收集的信息既要有上级的,也要有下级的;既要有内部的,也要有外部的;既要有国内的,也要有国际的。再次,确定信息收集的途径和方法。收集信息的途径有文献、大众媒体、网络,方法有检索、摘要、记录、视听等。最后,运用多种途径与方式收集信息。收集信息要选择不同的信息源,注重其权威性、传播渠道的可靠性以及传播过程中的噪音影响。

(二) 信息收集范围

秘书及其机构主要是围绕上司及领导机关管理工作收集所需要的信息,一般的收集范围如下。

1. 组织外部

(1) 政策法规信息,指党和国家以及各级地方党政机关颁布的方针、政策、法规等,通常以文件的形式下达或在报刊、杂志、广播、电视上公开发表,属宏观性、指导性、法规性的信息。

(2) 指挥性信息,指通常以内部文件或公函形式下达,由本组织的直属上级机关或主管部门发布的与本组织有关的工作、生产指示、指令、通知、计划、批示等,以及地方政府主管部门的管理性、业务指导性的办法、细则等。

(3) 社会反馈信息,即社会公众对本组织工作或服务的反馈信息,如群众或客户的评价、意见、要求、建议等。

(4) 周边环境信息,主要是指与本组织单位所在地相关的业务信息。

(5) 其他社会信息。包括两个方面,一是国外的政治、经济、军事形势中直接或间接与本组织的工作、生产或经营活动相关的信息。二是同行业的信息,即国内外相同行业的新进展、新做法、新经验、新产品、新技术等,这些信息可与本单位的情况进行比较,具有重要的参考价值。

2. 组织内部

(1) 组织机构的职能活动信息,指来源于组织内部直接与本组织的生产、管理、经营活动有关的信息,具体包括本组织及各部门职能活动的基本情况、工作进展或经营情况、工作中存在的主要问题、典型经验和先进人物、管理层及员工个人情况等。

(2) 上司的业务及个人的有关信息,包括两个方面。一是对上司所负责的业务涉及的研发技术、知识产权及人、财、物等管理信息,所负责的部门的运营及管理情况,出席各种会议、活动的相关事项等。二是了解上司的一些个人活动、人际关系信息等。

(3) 历史信息,指围绕本组织创立、技术演进、历史发展等相关文字材料、数据、图像、语音材料、物件等,对本组织的战略发展规划有着重要参考价值的信息。

（4）未来信息，围绕本组织的发展和上司自身发展的需要，收集社会经济发展、科学技术发展的预测性信息。

（三）信息收集途径

1. 信息网络

信息网络指为收集、传递和加工信息而专门建立的信息工作机构，由信息中心、分中心和基层信息联系点构成一个信息工作网络系统。它作为信息源与信息需求者之间的媒介，是收集、传递和加工信息的重要渠道。如我国的党政信息网络，以各级党政办公厅为联系点，从中央办公厅延伸到各省、自治区、直辖市党委办公厅，有的省、自治区、直辖市可以延伸到地、州、市党委办公室，县（区）、市委办公室，甚至到基层信息报送单位。

2. 正式沟通渠道

利用组织内部的正式信息沟通渠道，通过每天接收文件、简报、报表、电话、传真和参加会议、处理信访、接待来宾等接收信息，或针对专门的管理活动，划定收集范围进行定向信息收集。

3. 大众传播渠道

利用大众传播渠道广泛收集信息，例如利用电视广播、报纸杂志、互联网、专业文献、行业年鉴、技术报告、政府出版物等各类公开传播媒介都可获得有用的信息，尤其是各类文献资料是秘书信息收集的重要来源。

4. 社会调查

社会调查是获得真实可靠的信息的重要手段，运用观察、询问等方法，直接从社会实践活动中了解情况，收集资料和数据，属于第一手资料。社会调查是获得战略性情报的重要途径，可以提供比一般行政信息更具战略性的信息，要求在利用社会调查收集信息时注意接近社会生活，收集的信息要真实可靠。

5. 非正式渠道

利用组织的非正式信息传递渠道，即人际关系网络收集信息，向组织内全体员工灌输信息收集意识、信息辨别常识，建立全员信息调查制度。

（四）信息收集方法

1. 阅读法

阅读法主要从报纸、杂志、文件、资料中收集信息。不同的材料要采用不同的阅读方法，大部分文件要精读，有的甚至要反复阅读，务必领会文件的实质，以提取重要信息。报刊资料则必须用速读法。秘书每天接触大量的文字材料，不可能一一精读，大多数报刊资料，都可用标题扫描和正文浏览的方法，发现有价值的信息再仔细阅读。总之，无论采用何种阅读方法，关键在于迅速抓取有价值的信息，因此，秘书要在工作实践中努力提高自己的阅读能力。

2. 观察法

观察法是直接依赖人体感官和辅助工具来认识客观事物的方法，在调查研究以及日常工作实践中，观察法是收集信息的主要方法之一。用观察法收集信息需要有敏锐的观察能力，观察事物要全面、细致、深入。同时，要善于当一个好的听众，要集中注意力，以防止曲解原意，并借助辅助性工具进行描述性记录，随时将声音信号转换成文字信号，以便进行深入比较、观察。

3. 视听法

视听法指接收视频、声频媒体信息的方法,通过电视、电影、广播电台、视频或声频会议等媒体传播信息,信息量大,快捷而新鲜,但不易保留。除了及时记忆和记录之外,也需借助相关的辅助工具,如采取录音或录像,以确保所收集信息的完整和真实。

4. 交流法

交流法指用收集到的或加工整理过的信息同其他地区、单位、部门进行交流。交流不仅可在一个信息系统内各分中心或信息点之间进行,也可以同信息系统外的某些单位建立经常的信息交流关系。交流信息要本着互利互惠的原则,处理好给与取的关系,同时,本着各自工作的侧重点,注意保密原则。

5. 索取购买法

当领导工作或秘书工作需要某一方面的信息资料时,可用文件、信函或电话向上级机关信息部门、下级机关或基层单位、不相隶属的有关单位,要求提供相关信息。除此之外,在必要的情况下,可以向商业性信息服务公司购买所需要的信息,或付给佣金委托收集某一方面的信息。

6. 网络查询法

借助网络搜索引擎查询所需的信息。网络查询法要求综合运用多种搜索引擎功能,掌握全文搜索引擎的常用语法规则,如逻辑检索、截词检索、位置检索、字段检索等方法,了解全文搜索引擎的常用术语,如域名、模糊搜索、精确搜索、网页快照的检索条件及与之匹配的信息量。

7. 专题调查法

专题调查既是信息收集的途径,也是收集信息的方法。

二、信息加工

通过各种渠道、利用各种方法收集来的信息必须经过加工整理才具有可用性。信息加工是对收集到的原始信息去粗取精、去伪存真、由此及彼、由表及里的整理过程,具体包括对原始信息进行鉴别、筛选、研究和编制,使之成为系统且具有实用价值的"成品"信息,以便于传输、利用和储存。

(一) 信息鉴别

对收集到的原始信息进行鉴别,指在信息传递或提供给有关部门、单位或个人之前,对收集到的原始信息材料进行分析研究,分清其性质,判断其真伪,估计其意义和价值,使之能真正地反映客观活动的变化和本质特征。这是保证信息质量极其关键的一步。

为了区分信息真伪,辨别数据、事例的真实性,需要运用多种方法与技术进行分析鉴定,常用的方法有下面几种。

1. 分析法

分析法即对原始信息中所表述的事实和叙述方法进行逻辑分析,发现其中的破绽和疑点,从而辨别其真伪。

2. 核对法

核对法即依据权威性的信息材料进行对照分析,发现和纠正原始信息中的某些差错。

3. 调查法

调查法即对原始信息中所反映的事物的实际进展情况或所面临的问题,通过现场的调查来验证它的真实性和准确性。

(二) 信息筛选

信息筛选是在对收集到的大量信息经过初步分析和鉴别的基础上,把有用的信息挑选出来。秘书及其机构筛信息的依据,一是重要性,选择与上司及领导机关的中心工作、重点工作密切相关的信息材料;二是适用度,选择满足上司及日常办公管理活动所需的信息材料;三是典型性,从大量的信息资料中挑选、发掘出能深刻揭示事物本质,可以反映事物规律,说明共性问题的材料;四是新颖度,指选择在实践中出现的新事实、新经验、新问题、新情况,或与众不同的信息材料。

信息筛选的常用方法有下面几种。

1. 查重法

查重法是筛选信息资料最简便的方法,通过各种检索工具,浏览分析,剔除重复资料,选出有用的信息资料。

2. 时序法

时序法是将经过初步鉴别的信息资料,在一定时间范围内,按时间顺序排列,针对同一时期或同一主题,选择时间上较新的,这样可以使信息资料在时效上更有价值。

3. 类比法

类比法是将信息资料按空间、地域、层次分类对比,将接近实质、具有使用价值的信息资料保留下来。

(三) 分类整理

1. 信息分类

信息分类指选择一定的分类方法,形成有秩序、有层次的分类体系,将所筛选出来的有用的信息归类。常用的分类方法有按对象分类、按主题分类、按形式分类、按来源分类、按内容分类、按字母顺序分类、按数字分类等。分类时可结合多个分类要素形成分类方案,然后进行分拣归类。

2. 信息整理

信息整理指把与某一主题需要的片面的、分散的、众多的信息资料进行综合归纳,从错综复杂的事物中找出相互之间的关系,综合事物发展全貌和全过程,获得新的认识与规律。信息整理的实际工作就是充实信息内容,分析研究信息内容的使用价值,形成初步的处理意见的过程。

常用信息整理方法有下面几种。

(1) 纵深法,即"打破沙锅问到底"的方法,按原始信息资料提供的某一主题层层逼近,或按某一活动的时间顺序,或按某一事件的历史进程生发开去,搞清问题的来龙去脉。

(2) 归纳法,是将反映某一主题的原始信息材料集中在一起,加以系统地综合、归纳,以完整、明晰地说明某一方面的工作状态。归纳法要求分类合理、线条清晰,防止信息在归纳中产生变异。

（四）信息编写

无论是输出信息还是存储信息，一般都采用书面信息材料。信息编写是指对经过鉴别、分析、研究的信息，通过改写、缩写、撰写等方式，转换成书面文字材料，即信息稿。为了提高信息传递与利用效率，在实际工作中信息稿编写常用下面几种形式。

1. 单条信息

单条信息是将每一条信息写成一篇信息稿，信息稿由标题和正文两部分组成，标题应准确概括信息的主要内容，正文要求篇幅短小，每条200～300字为宜，重要信息一般也不宜超过500字，内容应开门见山，简明扼要。

2. 信息综述

信息综述是将许多内容上有联系的零星分散的信息，加工编写成一篇综合性的信息材料。综述性信息材料能够反映事物的全貌和发展过程，大大减少信息的文字量，为信息接收者和使用者节约许多时间和精力，因而受到普遍欢迎。编写信息综述材料是一项复杂的信息加工工作，在行文表达上应注意以下方法的使用。第一，转换法，将原始信息资料中不易理解的数据转换成容易理解的数据。第二，对比法，为了突显出某一事物发展变化的特征，采用纵向对比和横向对比的方式，将某一事物自身的今昔变化、发展状况全面呈现出来。第三，图表法，如果原始的信息资料中的数据有一定的规律性，就可以将数据制成图表，使人一目了然，便于传达与利用。

三、信息存储与利用

（一）信息存储与检索

信息存储就是将有价值的信息（包括已输出的信息和暂未输出但将来可能有用的信息）用一定的方式加以保存，以备将来利用。信息的储存不是一个孤立的环节，而是贯穿于信息工作的全过程。例如，在收集和筛选信息时，要注意收集和保留那些暂时价值不大，但从长远看有潜在价值、值得保存的信息；在对信息进行加工时，也要考虑到便于储存这个因素，在输出信息的同时，要留下复本予以保存。

存储信息的目的是为了将来利用，对存储的所有信息，按信息分类方案进行分类、编号、登记等有序化处理之后，借助各种保管工具加以适当保存，编写检索目录，以便于将来查找。信息被储存之后转化为档案信息，后续管理方法与档案管理方法相同。

（二）信息输出与反馈

信息输出是指将加工整理后的信息传递给信息接收者。信息反馈是指信源输出的信息作用于被控制对象（信宿）所产生的结果又作为新的信息被输送回来。信息反馈的内容具有指令性，输出形式可以多样化。

1. 信息输出对象

信息输出就是将经过加工的信息传输给需要者。秘书部门的信息输出对象主要有下面几种。

（1）本级机关的领导。这是秘书部门的主要信息输出对象。

（2）本级机关职能部门。秘书部门收集的信息，如对某职能部门的工作有较大参考价值,应主动提供。职能部门如果工作中需要某一方面的信息,也可要求秘书部门提供。

(3) 上级领导机关的信息部门。上级领导机关的信息部门是信息网络的中心(或分中心),秘书部门作为信息网络的信息联系点(或分中心),有向信息中心输送信息的任务。

(4) 下级机关或所管辖单位的信息部门。凡对下级机关单位的工作有参考价值的信息,都应及时输送给下级或基层的信息部门。

(5) 新闻媒介。适宜向全社会公开的有关本单位的重要信息,可作为新闻线索向报社、电台、电视台、公共网站提供,也可直接写成新闻稿投寄。信息输出要注意合理分流,即根据输出对象的不同需要,输出不同的信息。

2. 信息输出的方式

(1) 口头传递。口头传递具有简单、快捷的优点,是秘书向领导或机关其他部门输出信息的常用方式。对于时效性很强的重要信息,秘书可随时采用这种方式向领导或职能部门及时输送。

(2) 书面传送。在目前,书面传送仍是信息传递的主要方式。经过加工的信息,一般已经形成书面材料,包括信息稿、信息综述、专题信息研究报告等,这些材料经过印刷处理,就可向不同方面输出。编印定期或不定期的信息简报,是向多方面输出信息的最好形式,目前各县级以上党政机关、较大的企事业单位办公部门大多编印这种信息简报(如图7-1所示)。书面信息材料可采用邮寄、专程送达、会议散发、定点交换等途径输送。

(3) 网络传递。借助现代化通信手段,可将语言信息和文字、图像信息以极快的速度传送到很远的地方。目前办公室常用的通信手段有电话、传真、互联网等。随着社会的发展,计算机和现代化通信设备已大量进入办公室和居民家庭,网络将会成为信息传递的主要手段。

四、信息开发与利用

秘书部门对信息开发与利用,其基本做法就是通过综合研究将大量原始的、初级的、微观的信息转变成领导的科学决策,成为有较高的参考价值或直接作为决策依据的高层次信息。所谓高层次信息,是指全面反映事物面貌、揭示事物本质和规律,并能预测事物发展趋势的信息。

相对于初步整理信息,高层次信息具备以下几个特点。第一,宏观性,主要反映社会上事关大局的问题。第二,导向性,反映热点、难点、疑点问题和人民群众迫切希望解决的重大问题,提出情况和建议,对领导决策往往有一种导向作用。第三,深刻性,通过筛选、分析、综合等深度开发之后,能够完整地反映某一事物发展现状和趋势,既符合客观实际,又有一定的看法与见解,以深刻的思想内蕴启示领导者的决策思路,拓宽领导者的视野。第四,前瞻性,注重反映新情况、新问题、新经验,预测事物的发展趋势和前景,即使所反映的是一些老问题,也务求选择新的视角,发挥预警作用。

高层次信息在内容上应具备三个要素,一是全面、典型、明确、简洁的情况概括,二是有理有据、细致深刻的因果分析,三是切实可行、富有创见的对策建议。这些内容对领导机关制定或调整政策、做出决策和指导工作有重要的参考价值。因此,编写高层次信息要对原始信息进行综合研究,通过对大量的信息进行分析、归纳、比较、综合,揭示事物的本

纪检监察信息

第×期

中共××市纪委办公室201×年×月×日

本 期 要 目

□××市加强监督检查确保中央"八项规定"有效落实

□××市地税局廉政风险防控走向制度化管理

□××市人口计生委落实"四项措施"参与干部监督

□××市财政局"四措"并举加强厉行勤俭节约工作

□短讯

签发：××× 编辑：×××、×××

图7-1 信息简报

质特征和内在联系,得出某些规律性的结论。在国家党政机关,提供高层次信息是政策研究室的主要工作内容之一。企事业单位的秘书及秘书部门也应该注意高层次信息的开发利用,以提高信息工作质量。

第三节　调研工作

调研,即调查研究,是一项有着悠久历史的社会研究方法。近代以来,随着资本主义与自然科学的发展,调查研究以哲学原理与统计学原理为理论依据,发展为一种系统的科学研究方法,并广泛应用于不同研究领域。在现代社会组织管理中,调查研究是领导及其他管理人员了解实情、掌握动向的最常用且最重要的工作方法。

一、调查研究的概念及类型

(一) 调查研究及相关概念

调查研究是社会科学中经常使用的方法。在一个典型的调查中,研究者们先选择调查样本,然后利用标准化的问卷进行调查,最后分析研究调查结果,从而形成对社会现象的描述、解释或探索。一次完整的调查研究活动由调查研究主持者、受访者、调查实施、调查结果构成。

从事调查研究首先要明了与调查研究课题相关的基本概念,包括个体、总体、样本、抽样单位、变量、参数值、抽样框、统计值、抽样误差等。具体阐述如下。

个体,是收集信息的单位,它提供分析研究的基础。在调查研究中,个体常常是某种类型的人。

总体,是在上述理论基础上明确定义的个体的集合体。调查总体是研究者从实际中抽取调查样本的个体的集合体。

在简单的、单层次样本中,抽样单位就是个体本身。然而在较为复杂的样本中则需要根据不同层次采用不同的抽样单位。

抽样范围,是研究者从中抽取样本的抽样单位名单。

观察单位,是研究者据以收集信息的个体或个体的集合体。

变量,是属性在逻辑上的归类,所谓属性即人和事物的特性。通常由一组互不包容的取值组成,如性别、年龄、就业状况等。调查的目的在于描述总体中某变量取值的分布。

参数值,是关于总体中某一变量的综合描述。

统计值,是关于调查样本中某一变量的综合描述。

抽样误差,在使用概率抽样方法时,样本统计方法与总体参数值不可能完全一致。概率论使我们能够对某一样本设计可能导致的误差做出估算。①

(二) 调查研究的类型

调查研究可用于描述性、解释性和探索性的社会调查研究。根据调查范围、时序、目的、性质等要素可以分为不同的类型。为了便于调查研究工作的开展,通常根据调查对象

---

① (美)艾尔巴比:《社会研究方法》,李银河编译,四川人民出版社,1987年版,第122～124页。

的范围,分为全面调查和非全面调查两大类,全面调查即普查,非全面调查则分为抽样调查和个案调查两类。

1. 普查

普查即普遍调查或全面调查的简称,是指对研究对象的全体进行无一例外的逐个调查。它是最全面、最准确的调查类型,其目的是把握某一时期一定范围内的社会现象的总体情况。普查一般适用于宏观调查,如国情国力调查,或某一行业、部门的全面调查,通过对所有相关对象逐个进行调查,为政府部门决策提供依据。

2. 抽样调查

抽样调查是从调查对象的总体中按照一定的方式选出一部分个体进行调查,并通过所选样本的情况来推论总体状况。现代社会调查中的各种抽样可以归为概率抽样与非概率抽样两大类。概率抽样运用简单随机抽样、系统抽样、分类抽样、整群段抽样、多段抽样、偶遇抽样等具体方法,非概率抽样运用判断抽样、定额抽样、滚雪球抽样等方法。由于客观条件的限制,普查不可能广泛应用,因此,抽样调查成为实际上最常用的、最能说明总体情况的调查类型。

3. 个案调查

个案调查是借助医学和心理学的个案研究技术,从研究对象中选取一个或几个个体,进行深入、细致的调查,形成社会调查研究中的个案调查类型。其目的不是描述大量样本的总体特征,而是针对具体调查对象的独特情况进行研究,以了解其全貌,亦称之为"解剖麻雀"。因此,个案调查适用于对事件、人物和个别问题的深入研究。

二、调查研究的一般程序

采用不同的调查研究方式,调查程序会有所不同。针对某一课题进行调查研究,大体上可分为准备、调查、研究、形成成果四个阶段。从调查研究选题着手,每一个阶段都要采取一定的科学方法,借助一定的测量工具,完成一些具体的实务性工作。

(一)准备阶段

1. 选择调查研究课题

调查研究课题决定了整个调查活动的方向与目标。选择调查研究的课题,是调查研究的第一步,也是整个活动的起点。秘书调查研究课题来源通常有两个方面,一是接受、执行上司及领导部门的调查研究课题任务。二是围绕上司及管理决策的需要,结合本组织主客观条件及实践的要求,从秘书日常工作中选择有社会价值、有现实意义、有可操作性的课题。如收集政策制定和决策执行情况的反馈信息,为解决工作中发现或遇到的问题而征集建议与意见等。无论上司选题还是自选课题,从效用角度出发,秘书都应关注与上司或领导工作直接相关的课题,并且在调查前向上司汇报,与其共同确定调查研究目的和方向。

选择课题时,要分析选题是否适合调查研究方法。调查方法可用描述性、解释和探究性的研究,通常以个体为研究单位;调查还是测量群众态度与倾向性的有效工具,如民意调查。秘书部门开展的调查研究,绝大多数情况下是为组织领导的决策和管理而了解情况、掌握可靠信息,具备以个体为研究单位的可能性。在确定调查课题之后,如果秘书部门是完成上司或管理机构的调研课题,在接受调查研究任务时应该把握领导意图,充分理解课题调查目的及所具备的主客观条件,进一步确定并完成相关后续工作;如果是由秘书提出的调查研究课题,则需要进行探索性研究,明确调查的目的、对象、范围、内容、方式,使之具体化,并提出研究概念、命题和假设,使之成为可测量的具体的社会指标。

2. 设计调查方案

设计调查方案是对整个调查研究进程及具体工作进行安排,也就是将已明确的调查目的、对象、范围、内容、指标、方式、方法、时间、组织与领导、人财物支持等,用书面形式记录下来,并形成总体的调查研究实施方案,具体包括以下内容:

(1)调查研究的课题、目的、基本观点;
(2)调查研究的各项具体内容;
(3)调查研究的对象、范围;
(4)调查研究的方式和方法;
(5)调查研究的步骤和时间安排;
(6)调查研究组织及人员安排;
(7)调查中可能遇到的问题和对策;
(8)调查研究经费预算及物质保证等。

调查研究方案是整个调查研究过程的行动指南,对保证调查研究工作的顺利进行具有重要的指导作用。因此,要尽量把方案拟订得完整、周密、细致,但是,如果在调查过程中发现原调查计划有不完备、不妥当之处,也可以随时予以修改和调整。

3. 准备调查工具与培训调查人员

(1)准备调查工具。根据不同的调查方法的需要,准备相关调查工具。如使用问卷法需要预先制作问卷,使用测量法要准备量表,使用访谈法需要准备标准记录纸与录音设备等。

(2)抽样,指从总体中按照一定方式选择或抽取样本的过程。抽样的基本工作程序为界定总体、决定抽样方法、设计抽样方案、制定抽样范围、实际抽取样本、样本评估。

(3)编制调查手册,培训调查人员。在实地调查中,调查手册是调查员的工作指南。为了指导调查员按照统一、标准的方式来完成调查,秘书人员要组织编写调查手册,通常包括以下具体内容:

① 项目的基本信息,如名称、目的、主持机构等;
② 调查员的职业守则;
③ 实施的流程和技术规范,即如何接触和甄选正确的样本单元,如何使用地址表、抽样表等工具,如何正确地进行访问,如何控制访问环境,如何核查问卷,如何记录访问过程等;
④ 问卷说明,包括问卷中主要概念的定义,容易引起歧义的问题的解释,疑难问题的解决办法,正确或错误的询问示例等;
⑤ 示卡与附录,示卡包括调查中需要向被访人单独出示的图片或某些特殊问题,附录则包括职业、行业代码表,农历和公历对照表,属相纪年对照表等。

（二）调查阶段

调查阶段是调查研究方案的执行阶段,主要是按照调查研究方案中所确立的调查计划、调查方式进行资料收集,贯彻调查设计中所确定的思路。不同的调查方法,调查过程会有所不同,调查结果也会因客观条件的多样性而有较大差异。因此,课题负责人应对调查质量及进程进行管理。调查前期主要是监控调查人员,调查负责人通过陪访、回访、审卷、再培训等手段发现并迅速解决调查员出现的问题。调查中后期的质量控制主要集中在对问卷质量和样本分布进行控制。调查负责人要逐日记录问卷的回收情况,对已有的调查问卷进行粗略的统计,与宏观数据或者以前相应的调查汇总数据进行比对,确保收集到的数据能够符合研究目的的要求。调查负责人要合理地安排调查员的工作量,控制调查进度。

调查运作和进程管理的另一目标是对经费支出的控制。调查实施的经费支出较大,通常调查负责人要每日统计完成率。

（三）分析阶段

分析阶段也称研究阶段,这一阶段是指在实地调查完成后,调查者对所收集的资料进行审核、整理、统计、分析的过程。社会调查所收集的资料只有经过必要的加工和处理,才能成为科学的结论。对所收集资料的处理,主要是对文字与数字资料进行去粗取精、去伪存真的审核,从而保证资料的有效性。之后要对资料进行汇总与分类,使之条理化、系统化,为分析研究做准备。对资料的分析,主要是运用统计学的原理和方法,解析社会现象中的数量关系,从而发现事物的本质和发展规律,对社会现象做出理论的分析与概括。

（四）总结阶段

总结阶段是社会调查的最后阶段,这一阶段的任务主要是总结调查工作、评估调查结果和撰写调查报告。总结调查工作,包括总结此次工作的优点、缺点及经验教训,为以后的工作提供正反两方面的指导。评估调查结果,不仅要从学术方面论述调查所提供的资料,分析使用的方法,并作出客观的评价,还应从社会价值方面,对调查结论的实际指导作用以及社会对调查结论的采用率、转引率作出客观的评估。

撰写调查报告是总结阶段的主要工作任务。调查报告是以文字、图表等形式系统、集中、规范地反映调查情况,体现调查研究的结果,即对社会领域中的某一理论问题或应用问题表明认识,答疑解惑,提出解决问题的方法。除了一些特大型的社会调查研究,一般的调查研究常常把总结工作和撰写调查报告合二为一。撰写调查报告,无论采取何种类型、格式都应遵循一般文书撰写的基本程序,即确立主题、选择素材、拟订提纲、起草初稿和修改定稿五个步骤。

（五）调研成果的转化

一般来说,总结是一次调查研究活动的最后一环,但如果一次调查研究取得了重要成果,那就有必要在调研活动结束后用适当的途径将调研成果转化为其他形态,以供给更多的人利用。调研成果转化主要有以下几种途径。一是通过制发文件将调研中发现的带有普遍意义的问题、经验、典型案例等向更多的地区和单位通报。二是通过调研成果报告会或现场经验介绍会等会议形式将调研成果推广到更大范围。三是写成通讯报道,通过媒体或内部信息简报让更多的对象享用调研取得的成果。四是将整理过的调查材料及数据信息用适当的方式储存到资料库中,以便领导、职能部门以及秘书部门今后利用。

三、秘书的调研工作

为了密切配合领导者的管理工作,秘书及其机构开展社会调查研究工作,主要包括两个方面:一是协助上司主持的调查研究活动,提供全方位的辅助性服务;二是独立主持调查研究,以备咨询或日常管理工作的需要。具体来说,秘书及其机构调查研究工作主要包括以下几个方面的内容。

(一)基础性调查研究

基础性调查研究,主要是为上司及领导机关了解本地区、本系统、本单位的基本情况,掌握全面而系统的数据资料而进行的调查研究。如全国人口普查、一所高校对本校师资状况的调查分析、一家公司对其下属企业所在地附近居民情况的调查了解等。通常可采用实地观察,个别访问,查阅书刊、文件、档案、统计报表等方式进行。

(二)专题性调查研究

专题性调查研究,这往往是上级机关交办的或本级领导指定的或配合中心工作进行的对某个专题进行调查。如对某一政策、法规、重要会议的反映进行的调查,或是对人力资源状况、居民住房状况、青少年教育及健康状况进行的调查,或是对企业产品质量、销售状况、市场供求状况进行的调查。专题性调查通常要求秘书在短时间内集中力量,掌握与专题有关的一般情况和特殊情况。专题性调查可采用召开座谈会、个别访谈、查阅资料、书面问卷等方法进行。

(三)经验性调查研究

经验性调查研究,指对某个单位、部门、班组、个人的工作或生产经验进行深入的调查、总结,以便宣传、推广。经验性调查要求选准调查对象,比如先进单位或先进个人,其经验比较成熟,具有一定的代表性。秘书部门进行经验性调查,可采访单位、部门负责人,听取介绍,召开群众座谈会听取意见等。

(四)突发事件调查研究

突发事件调查研究是指组织内部突然发生的事件,有政治性、经济性、生产性、技术性等;有发生于集体的,也有发生于个人的;有人为因素造成的,也有自然因素造成的。对突发事件的调查,要求秘书部门组织相关人员,迅速查明真相,查明原因及后果,分清责任,并尽可能提出处理的办法,以便为领导决策提供依据。这类调查需要特别认真、仔细,注意某些关键性环节,尤其是注重对相关信息材料的分析研究。突发事件调查,可采用察看现场、访问当事人和知情人、查阅技术资料和档案材料等方式进行。重大事件、事故往往由秘书人员配合保卫、公安部门共同进行。

总之,秘书部门进行调查研究工作是以领导为中心,尤其是对管理过程中出现的新现象、新问题进行调研,这对提高秘书及秘书部门的辅助能力,提升领导层的管理水平,发挥着重要的作用。

第四节　调查方法与问卷建构

一、调查方法

调查方法指为收集原始调查信息所采用的手段与方法，这里介绍常用的调查方法，包括自填式问卷调查、访问调查、电话网络调查等。

(一) 自填式问卷调查

自填式问卷调查，常用邮寄问卷的方法，即由研究者将问卷邮寄到受访人手中，填写后再邮寄回来。此外，还可把一群受访者召集到同一个地点同时填写，或直接将问卷送至受访者家中，由受访者当面填写或稍后取回。今天，通过互联网，可以利用电子邮件发送和回收问卷，或直接通过调查主页刊发和回收问卷，网络问卷调查日渐得到很多社会公众问题研究者的重视。

邮寄分送问卷时，除了寄送问卷外，随邮件还需附上一封说明信和贴上邮票的回收信封，以便受访者寄回。还可以精心设计一些其他方便的办法，如折叠式的信封等，以省却受访者封装信件的麻烦。监控邮件回收，当开始回收问卷时，要着手记录受访者回函的各项数据，制作回函图表，作为辅助工具，一方面显示每一天的回函数量——增加或减少；另一方面必须记载累计的数量和百分比。回函图表可以显示数据收集的实际进展、是否需要补寄问卷等情况。

当填写完的问卷被寄回时，每一份问卷都应该打开，稍微过目，并记上识别代码，这些识别代码要按一定的顺序排列。即使已经使用了其他识别代码（如 ID），还是应给每一份回收问卷一个代码。

为了统计回函率，如果需要补寄问卷，最好是对未回函者重寄一份调查问卷并附上一封催收的信函。补寄问卷要讲究时机，两次邮寄间距一般为两到三个星期，邮寄出去后同样需要进行追踪，回函时间拖延越长，回复的可能性越小。

最后，在邮寄问卷的调查研究中，还有一个需要关注的问题，就是**应答率或返还率**，即参与调查的人数与样本总数之比（百分比的形式），也就是返还问卷占所发出问卷的比例。回收率高，可能问卷接受的范围很广。但是，要分析和撰写报告，问卷回收率至少要在50%以上，达到60%的回收率才算比较高，而达到70%以上就非常高了。如何提高问卷的回收率，是运用这一方法进行资料收集的重要技术性难题。①

(二) 访谈调查

访谈调查是问卷收集资料的一种替代方法，这种方法不是让受访者亲自阅读并填写

---

① (美)艾尔·巴比：《社会研究方法》(第十一版)，邱泽奇译，华夏出版社，2009年版，第257~262页。

问卷,而是由研究者派遣访谈员口头提问,并记录受访者的回答。典型的访谈通常是以面对面的方式进行,也可通过电话进行。访谈包括问卷调查访谈和实地调查深度访谈。问卷调查访谈是结构式的,按问卷设计好的问题提问;而实地调查深度访谈是非结构式的,由访问者与受访者互动,访谈的基础是一组访谈的主题,而不是一组按特定的、必须使用的字眼和按顺序来询问的问题。

访问员是访谈调查中必需的。访谈员收集资料相比邮寄问卷来说,回收率会高得多,一般在85%以上。通常人们不会拒绝站在家门的访谈员,有了访谈员的指导,同时也减少了无用的表态,如"我不知道"或"没意见"等。在访谈过程中,访谈员不仅可以提问,还可以观察受访者,并将这些观察到的现象详细记录下来。但是,访谈的一切行为不应该影响到受访者的知觉及其意见,也就是访谈员应该只是问题与答案传递过程中的一个中立的媒介。中立的立场特别重要,假如都能做到这一点,不同的访谈员将能从同一受访者身上收集到完全一致的反应。

访谈调查一般要求谈员在外观上应该整齐清洁、衣着得体,在行为举止上应保持神情愉悦、态度友善,谈话方式令受访者感到舒服。访谈员应仔细研读问卷,熟悉调查问卷,逐条逐项地理解并朗读问卷,能够准确无误地对受访者逐字逐句地念出整份问卷,熟悉为问卷设计的说明书,知道整个说明书的内容和组织结构,以方便使用。谨遵问卷中的遣词造句,访谈员不能用自己的理解和措辞翻新问题。准确地记录答案,一旦问卷包含了需要受访者用自己的语言回答的开放式问题,那么,访谈员要逐字逐句、准确无误地记录受访者给予的答案,不要试图总结、解释或修改受访者粗糙的原话。有时受访者会给出一些不适合的回答,这种情况下需要追问,或者要求更详细地回答。追问时要保持中立的立场,还要预先设计一个或一个以上的追问方式,以保持多位访谈员追问方式一致。

协调与控制,大部分的调查访问需要几个访谈员的协助,在大型调查中,这些访问员都是雇用的,按工作量计酬,所以需要管理访谈员的培训和访问期间的督导。其中,访谈员的培训主要有三个步骤,一是依据调查问卷和调查手册讲解问卷,让调查员熟悉问卷的结构、概念、问题和解释口径,传授一些调查技巧。二是指导调查员进行模拟演练,通常由调查员访问督导员扮演的被访人,以及调查员之间互访。通过模拟演练,调查员可以进一步熟悉问卷,理解调查手册的正确使用方法。三是进行试调查,让调查员亲临现场访问一两位真实的被访人,以熟悉调查的操作过程。访问期间的督导主要是查阅问卷完成情况,这也是访谈调查中非常重要的环节。①

(三)电话访问与网络调查

电话访问是指调查者按照统一问卷,通过电话向被访者提问,笔录答案。这种调查方法在电话普及率很高的国家很常用。电话访谈有许多优点,首先体现在时间和金钱上,速度快,范围广,费用低;其次受访者受访谈员的影响小,没有顾虑,在电话中回答问题一般较坦率,回答率高,误差小,特别适用于不习惯面谈的人。但也有缺点,电话调查时间短,答案简单,难以深入,受电话设备的限制,且电话调查有很多假冒研究之名的各式推销活

---

① (美)艾尔·巴比:《社会研究方法》(第十一版),邱泽奇译,华夏出版社,2009年版,第264~267页。

动,这对电话调查带来一定的障碍。

网络调查,又称在线调查,是指通过互联网及其调查系统把传统的调查分析方法在线化、智能化。网络调查系统包括三个部分:客户、调查系统、参与人群。网络调查的适用范围很广,既适用于个案调查也适用于统计调查。其调查程序与传统调查程序基本相同,但由于其开放、直接、便捷、共享等优势,网络调查将从一股新生力量向主流力量发展,并将最终取代传统的入户调查和街头调查等调查方式。

二、调查问卷的建构

在调查研究中,研究者通常向受访者提问并以此作为收集资料的方式。问题有时候可以由访问者提出,也可以将问题写下来交由受访者完成,这样可以避免产生无用信息或者误导信息。调查包括对问卷的运用,问卷中包括了问题和其他类型的项目,是一种用以得到对调查研究有用的信息的工具。在设计结构化的问卷或开放式问卷的提问时,要遵循一些基本原则。

(一)提问原则

1. 选择适当的问题形式

问卷并不仅仅意味着是一组问题的汇总,典型的问卷中包含了陈述与问题。设计问卷一开始要选择问题的形式,包括使用问题还是陈述,选择开放式问题还是封闭式问题。陈述,即所谓量表式问题。研究者通常对受访者的态度或者观点的强烈程度进行观测时,如果可以通过简短的陈述来总结,那么就会用陈述提出,让受访者回答"同意"或者"不同意","赞成""十分赞成"或"不赞成",如李克特量表。问题,即提问。在提问时,研究者有两种可行性选择。一是开放式问题(opened-ended question),受访者被要求针对问题做出自己的回答。一般在提出问题之后,给出一个空格,让受访者自己填写(或者请受访者口头回答)。深度访谈和定性访谈就基本依赖于开放式的问题。针对开放式答案的多样性,在进行电脑分析之前,必须对开放式回答进行编码,也就是由研究者解释回答的意义。二是封闭式问题(closed-ended question),受访者被要求在研究者所提供的答案中选择一个答案。封闭式问题能够保证回答具有高度的一致性,并且比开放式问题容易操作。封闭问卷的结构应遵循以下两条要求。首先,答案的分类应穷尽所有的可能性,也就是说包含所有可能的回答;其次,答案的分类必须是互相排斥的,不能让受访者觉得好像可以选择多个答案[1],多项选择题会给资料处理带来麻烦。

2. 问题的意图要清楚

问卷中问题的意图必须清楚、明确。在调查中,受访者面对大量含糊、不清楚的问题,不知所云,很多问题对于研究者来说可能再清楚不过了,但是对受访者来说却并非如此。因为研究者对这些问题比较关注,而受访者则可能根本就没有留意过这些问题。如果研究者对相关主题只是肤浅的了解,也不能充分表达自己的意图,所以,问题必须清楚明白,让受访者准确地理解研究者的提问,尽量避免误解。

---

[1] (美)艾尔巴比:《社会研究方法》(第十一版),邱泽奇译,华夏出版社,2009年版,第246～247页。

除此上述两点之外,提问中还需要遵循以下原则:避免双重问题;受访者必须胜任回答;受访者必须愿意回答;问题应该中肯;问题越短越好,问题的设计最好能够让受访者迅速阅读、理解,并毫不困难地选择或提供一个答案;避免否定性问题,问卷中的否定容易引起误解或困扰;避免带倾向性的问题。①

(二) 问卷的建构

调查问卷又称调查表或询问表,是以问题的形式系统地记载调查内容的一种文字材料。研究者还可以通过简短的陈述来总结态度或观点,受访者回答他们同意或不同意,如李克特量表。在同一问卷中可以同时使用问题和陈述,既可以让项目设计更为灵活,也会使问卷更为吸引人。

调查问卷通常包括封面信、指导语、问题及答案、编码等部分。

1. 问卷的格式

问卷的格式和问题本身的措辞同等重要。提出问题以后,为了便于调查者回答,同时也便于整理和分析,需要按一定的逻辑顺序,根据类别、性质、难易程度、时间顺序排列问题。问题安排不合理可能会导致受访者遗漏一些重要的问题,混淆问题的本意,甚至导致受访者直接扔掉问卷。一般来说,问卷应该平展、整齐,将不同问题分行排列,同一行只搁置一个问题。如果同一行搁置多个问题,后面的问题可能会被受访者遗漏。一般回答的格式,通常采用盒式选择格式,也就是在选项前面留足空间如"[ ]",或设计为"□",除此之外,还可以在每个答案旁边给出数字,由受访者圈出相应的数字,但最好不打钩,打钩会给资料处理带来麻烦,因此需向受访者提供清楚明白的说明。②

2. 关联问题

关联问题指在问卷中通常会存在一些与部分受访者相关而与另一部分受访者不相关的问题。关联问题是否被回答和受访者对系列问题中的第一个问题的回答有关。对关联问题的恰当使用,能够方便受访者对问卷的回答。关联问题的提出有多种格式,最清楚最有效的格式是,首先,将关联问题独立于其他问题——被搁在边上并用方格框起来;其次,在关联问题与相关答案之间用箭头连接。

有些时候,一套关联问题长到足以跨越好几页。用方框进行搁置就难以办到,这时最简洁的办法是在每个回答之后用圆括号写上受访者回答或跳过的关联问题的提示。如:

你曾参加过选举的投票吗?

□ 有(继续回答问题 14~25)

□ 没有(请跳过问题 14~25 直接回答第 8 页的问题 26)

3. 矩阵问题

矩阵问题指将几个具有相同答案分类的问题,构建一个问题和答案排列的矩阵,由被调查者对比着进行回答。这种格式具有以下几个优点,首先,它有效利用了空间;其次,受

---

① (美)艾尔·巴比:《社会研究方法》(第十一版),邱泽奇译,华夏出版社,2009年版,第247~252页。

② (美)艾尔·巴比:《社会研究方法》(第十一版),邱泽奇译,华夏出版社,2009年版,第252~253页。

访者能够有效地迅速完成问题;最后,还能够提供回答之间的可比性。但这种格式可能将同样的答案用在一些不太适合的问题上,强化受访者的回答模式;用同一种模式来回答所有的问题,从而出现误解和回答错误。所以,注意将不同倾向的陈述交叉放置,且要求陈述尽量简单、清楚。如:

	非常迫切	比较迫切	不太迫切	不需要
①交通	□	□	□	□
②住房	□	□	□	□
③环保	□	□	□	□
④医疗	□	□	□	□
⑤治安	□	□	□	□
⑥教育	□	□	□	□

4. 问卷中的问题序列

一份科学的调查问卷中所提出的问题包含四个基本类型。第一,背景性问题,主要是被调查者的个人基本情况,是对问卷进行研究的重要依据。主要包括性别、年龄、民族、文化程度、婚姻情况、职业、行业、职务或职称、收入、宗教信仰、党派团体等。第二,客观性问题,是指已经发生和正在发生的与课题相关的各种事实和行为。第三,主观性问题,是指人们的思想、感情、态度、愿望,一切主观世界状况方面的问题。第四,检验性问题,是为检验回答是否真实、准确而设计的问题。它们一般安排在问卷的不同位置,通过互相检验来判断回答的真实性。问卷中的这些问题序列会影响到问题的回答,一个问题的出现也可能会影响到后面几个问题的回答。在自填式问卷中,通常是以最吸引人的问题开始,这样能使受访者在看到前几个问题之后就有兴趣回答。一般问卷开头的问题不能把人吓着了,也不能引起受访者的厌恶感,如人口学资料(如年龄、性别等)一般都放在问卷的末尾。

5. 问卷说明

不管是自填式问卷,还是由访谈者代填的问卷,都应在合适的地方附有一个清楚的说明和介绍。

封面信即一封致被调查者的短信,主要是向被调查者介绍和说明调查目的、调查主持单位或调查者的身份、调查内容、调查对象的选取方法和对结果保密的措施等。封面信的语言要简明、中肯,篇幅宜短不宜长,一般两三百字最好。例如:

尊敬的××:

您好:

我们这次在全省十三个地级市中的二十五个县(市)进行的"××省城市最低生活保障制度建设研究",是××省规划的社会科学重点科研项目之一。

这次调查的目的,是要切实了解全省城市最低生活保障制度建设方面的真实情况,特别是存在的问题,并在此基础上进行科学的分析研究,为政府制定城市最低生活保障制度建设方面的政策,提供科学的依据和合理化建议。

谢谢您的真诚合作!

××省社会科学院社会学所城市最低生活保障制度建设研究调查组

20××年12月

不管是自填问卷,还是由访谈者代填的问卷,填答的方法、要求、注意事项,都应在问卷合适的地方附一个清楚的说明和介绍。如果问卷的填答方法比较简单,通常只是在封面信中用一两句话说明即可;如果填答方法比较复杂,则需要在封面信之后标出填答说明。如果一份问卷分为多个部分,如政治态度、宗教态度、背景资料等,那么,每个部分的内容和目的都应该给出简短的陈述。针对某些特殊问题的填答,有些还需在问卷中作一些特定指示与说明,如"跳过 11~30 题,直接回答第 31 题"。下面是一份社会调查的填答说明:

(1) 请在每个问题后适合自己情况的答案序号上打钩。
(2) 问卷每页右边的数码及短横线用于计算机统计,不必理会。
(3) 如无特殊说明,每个问题只能选择一个答案。
(4) 请自主填答问卷,不要与他人商量。

无论研究者在设计问卷时多么仔细认真,还是有存在错误的可能性,如问题过于模糊、受访者无法回答、有些问题违背讨论原则等,避免这些错误的最有效办法就是对问卷的全部或部分进行预调查,预调查的对象无需具有代表性,与问题相关就行,通过让预调查对象完成问卷的阅读,查找错误。一旦问卷设计定下后,进行预编码,也就是对问题和答案进行分类。①

复习与思考

1. 简述秘书信息工作的内容及特点。
2. 简述秘书信息收集的范围与方法。
3. 简析信息稿与新闻稿的异同。
4. 简述调查研究的类型及方法。

实训与模拟

1. 假如你是某皮鞋贸易有限责任公司销售部办公室的秘书,请利用多种渠道收集本年度有关皮鞋产销方面国内外市场生产与需求的信息。
2. 为了解秘书就业市场的现状,掌握社会组织对秘书人员的要求,组织学生开展一次秘书职业情况的社会调查或企业招聘秘书人员的调查。

案例分析

河南网络问政吹来清新之风

今年以来,网友"黄河野人"在大河网发表的三篇博文《给力,网友留言=领导批示》《等号的欢呼》和《网民为党委、政府机关揭牌,新鲜!》,分别被全国各大网站转载,得到了众多网友的呼应。在"黄河野人"等一批网友的推动下,"网友留言=领导批示"正式成为

---

① (美)艾尔·巴比:《社会研究方法》(第十一版),邱泽奇译,华夏出版社,2009 年版,第 252~256 页。

河南网络问政的品牌。

8月18日,大河网邀请了省内外知名评论员齐聚一堂,共同研讨网络评论工作,与会的19位评论员认真交流,碰撞出不少精彩的火花。

一、网络是上情下达的桥梁,网评员就是运输工

在谈到网络评论工作时,网友"戈海"说,"网络评论工作一定要协调好政府和网民之间的关系,网络是上情下达的桥梁,网评员就是运输工,把这边的观点运送到桥的那头儿,然后再把那头的观点输送到桥的这头儿。而与道路运输相类似,它必然要遵守一定的交通规则,不能超速、超载。"

网友"白峰"表示,"网络评论要融入党委和政府的工作中心,体察民生,才能写出切合实际的文章;还要第一时间发声,重大新闻事件发生时,特别是谣言还没有传播开时,应该以最快的速度发出正确的、权威的声音。"

网友"肖勇"认为,网络评论首先要有"霸气",就是要有鲜明的观点。另外还要有"正气",要敢于伸张正义,为百姓利益呼吁。此外还要有"文气",注意改进文风,让网友喜欢看、喜欢听。

二、用"网力"助政,以"网力"为民,ZZIC成为网友的"金牌网友"

说起河南的网络问政,就不得不说郑州市的ZZIC。ZZIC是一个通过网络论坛公开受理网民诉求、收集社情民意的机构,自2010年7月成立以来,共受理网络媒体反映事项15408件,办结回复14864件,办结回复率96.4%,成为网友心中的"金牌网友"。

网友刘念国说,"用'网力'助政,以'网力'为民,毫无疑问是网络时代坚持群众路线、密切联系群众的渠道,更是坚持问政于民、问需于民、问计于民,畅通群众利益诉求和表达渠道的重要方式!"

资料来源:大河网 http://jdwt.dahe.cn/2011/08—25/100822413.html

阅读上述案例,回答下列问题:
1. 分析上述案例中,网络、网络评论、市政网络论坛在信息工作中所发挥的作用。
2. 网络问政给秘书信息工作带来哪些变化?

第八章　督查与信访

本章介绍的督查与信访工作,主要以国家党政机关督查与信访工作为考察对象。督查即督促检查,指对上司及领导机关重大工作部署落实情况进行控制与反馈。信访是指国家党政机关及其他社会组织对群众来信、来访的处理。在我国,信访工作是党政机关及其他企事业单位联系群众、接受群众监督的重要途径。

第一节　督查工作

一、督查与督查工作

(一) 督查及其基本要素

所谓督查,即督促检查,也称"督办检查""催办""查办",督查由上级领导机关对下级组织或下属部门施行自上而下的督促办理与落实。经典管理学认为,管理职能就是计划、组织、指挥、协调和控制。督查是管理者在实施决策过程中对计划落实、执行情况的控制活动,是管理职能活动中的一个重要环节。

督查活动由三个基本要素构成:一是督促检查行为的主体,即督促检查者,如督查组织机关、领导人、执行督查工作的人员;二是督促检查行为的客体,被督促检查者,即督查事项的承办单位;三是督促检查的指令和标准,即督促检查的依据,如被督查事项的原定计划、执行标准等。社会组织的各项管理活动中都包含多种督查活动,本节所阐释的督查是各级社会组织领导及领导机关在其职权范围内进行的督促检查活动,而非专门从事的监察活动,如监察、纪检、审计等督查活动。

(二) 督查工作

督查工作,是指社会组织对重大方针、政策、工作的贯彻落实情况进行督促检查,通常由办公室按照领导机关的意图和具体要求执行。据《国务院办公厅关于进一步加强督促检查切实抓好工作落实的意见》(国办发〔2008〕120号)的规定,政府系统督促检查工作的主要任务是,对政府重大决策和重要工作部署贯彻落实进行督促检查,对政府发布文件贯彻落实进行督促检查,对政府会议决定事项贯彻落实进行督促检查,对政府领导同志批示事项贯彻落实进行督促检查。

由于社会组织所处时期、区域、行业、层级不同,督查工作事项和重点也千差万别,总体上包括以下几个方面:

一是上级或本级组织的重大决策、决定,重要文件和重要工作部署,明确要求报告贯彻落实情况的事项;

二是上级组织或领导对本地区、本部门的批办事项,本级领导批示和交办的事项;

三是上级或本级组织重要会议精神的贯彻落实情况;

四是领导关切、媒体关注、群众关心的热点、难点和焦点问题,批评建议的答复与处理情况;

五是各级、各部门上报材料中反映或提出的重点问题的办理情况;

六是办公厅(室)在日常工作中发现和了解的、提议列入专项督查,并经批准的重要事项等。

(三)督查工作的作用

各级社会组织的督促检查最根本的目的是促进决策落实和组织管理目标的实现,具体来说,主要体现为以下几个方面。

第一,督查工作是推动各项决策顺利实现的重要保证。任何决策最终都要变成改造客观世界的实践活动,然而从计划到决策的实施需要一个过程,执行者对决策的理解不同,或是执行者只考虑自身某些局部利益的得失,都会造成决策执行过程中执行不力,偏离目标。通过督促检查,能及时发现决策在执行过程中的偏差,并及时纠正,排除故障,协调关系,从而保证决策顺利实施。

第二,督查工作是提高工作效率的有效手段。在组织的运转过程中,效率就是生命。然而在各类社会组织中,由于运行体制、机构设置、分工情况等人为原因,组织中就会出现职责不清、推诿扯皮,办事拖拉、敷衍塞责,议而不决、决而不行,办事效率低下等情况。检查督办就可以运用监督、催促、检查等手段,有效地克服上述弊端,促进组织运行效率的提高。

第三,督查工作在一定程度上能够克服官僚主义,促进社会组织关系的和谐与发展。督查工作出的发点和归宿是抓决策落实,这不仅能开拓决策者的思路,而且能促使他们形成一种制定与执行相结合的决策意识,从指示传达到监督执行都有严格的管理。改变过去那种只管布置、不管落实,只管传达、不问执行效果的被动状态。同时,还能把督促检查工作中收集到的信息进行整理、储存,更好地为各级领导的管理决策提供及时服务。

二、督查工作制度

(一)目标责任制度

各级社会组织的督查工作,首先要建立责权统一的目标责任制度,构筑自上而下抓落实的各层次目标责任体系。凡督促检查的事项,都要明确目标任务、工作内容、完成时限、执行单位和责任人。对组织管理的重大决策部署,各部门主要负责人要负全责,亲自抓好决策落实工作。

(二) 报告制度

根据《国务院办公厅关于进一步加强督促检查切实抓好工作落实的意见》(国办发〔2008〕120号)的规定,国务院发布重要文件、召开重要会议后,凡是明确要求报告时限的,要按时报告。国务院领导批示事项,凡是要求报告结果的,有时限要求的严格按时限要求办结并报告;没有时限要求的,一般应在30个工作日内办结并报告;特殊情况需要延长查办时间的,要及时报告原因和进展情况。

(三) 通报制度

督查机构以事实为依据,从工作实际出发,及时总结督查工作完成情况和存在的主要问题,并进行通报,以激励先进鞭策后进。国务院办公厅对各地区、各部门贯彻落实党中央、国务院重大决策部署的情况将及时进行通报,对落实工作抓得好的要表彰鼓励,对措施不得力、工作没落实的要督促整改。各地区、各部门也要建立督促检查情况通报制度。

(四) 工作联系制度

在全国范围内建立健全督促检查工作联系渠道,形成便捷、畅通、高效的督促检查工作网络。要加强督促检查工作经验交流、理论研究和宣传培训。

三、督查工作程序

1. 立项

凡需督促检查的事项,由秘书部门提出督查立项,其中涉及重大决策或重要工作部署的,以一个决策、一个部署为单位立项;专项督查事项应一事一立项。立项的依据是督查工作的职责和领导机关有关文件或领导人的重要批示。凡涉及全局或重大问题的立项,须经领导审定。立项要明确督查的内容、对象、要求及时限。凡有两个以上承办部门(单位)的督查事项,要确定主办或牵头部门。承办时限,除特殊情况即办即报外,一般为10~15天。立项时要进行编号登记,立项登记单格式如表8-1所示。

表8-1 督查立项登记单

督查立项登记单

编号：　　　　　　　　　　　　　　年　月　日

交办单位		交办日期	
交办内容			
领导批示			
承办单位		承办日期	
办理结果			
备注			

2. 交办

根据立项督查事项的内容、性质和领导要求,按照职责分工,转交负责督查的有关部门,核实情况,予以处理,并规定处理时限。交办督促检查工作任务,应努力做到任务量化、时限具体、责任明确,使之既具有权威性,又具有可操作性。原则上由督查部门在立项当天向有关部门发出督查通知;对突发事件或督查时限较紧的督查事项,要同时采取打电话或发传真的形式进行通知。督查通知的主要项目和格式如下。

表 8-2 督查通知单

```
                    督 查 通 知

     ××(单位):
         根据领导批示,现将关于×××的问题转去,请抓紧办理查处,
     并将结果于×月×日前报市政府办公室督查室。

                                       ××市政府办公室(章)
                                          年    月    日

     联 系 人:×××
     联系电话:12345678
     传    真:87654321
```

3. 承办

承办单位接到督查任务后要明确经办部门和人员,认真、及时予以办理。重大督查事项领导要亲自负责。在办理过程中,主办与协办单位、各部门之间要加强沟通、配合。承办单位无法解决的问题或不能按期完成的事项,要及时向上级交办单位报告,说明情况。严格按照督查要求,将办理情况以书面形式按时反馈给上级机关督查部门。

4. 催办

催办就是将督查事项通知有关部门办理后,及时了解督事项的运行和办理情况。在督查工作中,必须加强催办这一环节,它直接关系到督查工作的效果。对那些需要将督查结果汇报给上级机关的督查事件,要根据问题的轻重缓急,通过一定的方式去催促承办部门办理,直至得到解决。一般督查事项在一定时间内可以用电话或派人亲自上门催办,重要的督查事项应与承办部门(单位)始终保持联系,经常沟通,对催办中发现的重大问题要及时向办公室和有关领导报告。对逾期未结的督查件或处理件,要下达督查催办单,以示慎重。督查催办单如表 8-3 所示。

表 8—3　督查事项催办单

督查事项催办单
催文字（　）号

××（单位）： 　　关于×××问题的办理查处情况和结果，请务必于×月×日前报市政府办公室督查室。 　　　　　　　　　　　　　　　　　　　　　　　　　　××市政府办公室 　　　　　　　　　　　　　　　　　　　　　　　　　　　　年　月　日 联系人：×××　联系电话：12345678　传真：87654321
办理结果：   　　　　　　　　　　　　　　　　　　　　　　　　　　　主办单位负责人： 　　　　　　　　　　　　　　　　　　　　　　　　　　　　年　月　日
（阅办后连同附件退回）

5．反馈

督查反馈有两层含义。第一，承办单位将督查事项办理的结果，采取专题报告的形式，向上级交办单位反馈。反馈时要求一事一文，文中要注明原督查通知单的编号，重要督办事项应由承办单位负责人签字，作为正式文件处理，一般事项可由承办单位秘书部门负责人签字上报。这个意义上的反馈也称"结办"。第二，将领导批示的督查事项的办理情况采用督查事项专报、督办反馈专刊等形式及时向领导人报告督查事项的办理结果，同时做好汇总统计和归档工作。对于领导特别关注的事项，督查人员要随时向领导反馈。

6．归档

对办理过程中形成的有关资料，应办结一件整理一件，分类归档，按规定时限移交档案资料室保管。

四、督查方法

（一）文件督查

政府常务会议、专题会议、政府文件中的重要决策事项，要对牵头单位发出督查通知，实行定期督查，通报决策执行情况。一般情况下，市政府督查室应对市政府重要会议和重要文件的重大决策事项每季度督查一次，以《政务督查》通报情况，向市政府领导反馈执行的情况。

（二）会议督查

按照政府领导的要求，对涉及多个承办单位的政务督查事项召集会议，交办工作任务，提出工作要求，规定完成时限，责令有关部门各司其职，狠抓落实。

(三) 现场督查

对有进度要求的政务督查事项实行现场督查,掌握真实情况,确保督查效果。比如在一些重大事项的办理过程中,督查部门要坚持现场跟踪督查,掌握真实情况,对完成得好的予以肯定,对完成得差的予以批评,提出改进要求。

(四) 调研督查

围绕重大决策部署,深入决策落实过程,了解情况,检查进度,督查督办,推动决策落实。根据决策实施的进展情况,针对全局的热点问题、工作落实的难点问题和执行中出现的倾向性、苗头性问题开展调研,对重点问题进行解剖分析,写出有深度的专题督查调研报告,向领导提出建议,促进问题尽快解决。

(五) 专项督查

按照市政府领导的要求,对具体的、单一的政务督查事项进行专项督查,并将督查结果及时报告政府领导。如农村安全饮水工程、全市砖瓦窑场用工、第二次地方志编修工作等,专项督查通常能够取得较好的效果。在专项督查中,督查部门应该注重与相关业务职能部门、监察部门等,开展联合督查,以期在督查中及时了解情况,迅速打开局面,确保督查的真实性和准确性。

(六) 社会监督性督查

社会监督性督查主要是通过强化人大代表及政协委员视察机制、社会团体及各界人士参政机制、民主评议部门机制、新闻媒体舆论监督机制等社会监督性督查,作为督查方式的有益补充。事实证明,社会监督性督查对决策的完善和落实发挥着十分重要的作用,比如,在建议、提案的落实过程中,邀请与建议、提案相关的人员参加,可加速工作的进展。

第二节　信访工作

一、信访及信访工作

(一) 信访及其要素

信访是来信和访问的统称。广义上来说,它指是社会成员通过写信和访问的形式进行的社会交往活动,包括人与人之间、群众和社会组织及管理者之间、部门与部门之间、团体与团体之间的相互通信、访问。在这里,信访是一个专用名词,仅指社会公众为了反映他们个人或集体的愿望和请求,用通信和来访等形式,与社会组织或管理者之间进行的一种特殊的社会交往活动。据《信访条例》(2005年)规定,信访是指公民、法人或者其他组织采用书信、电子邮件、传真、电话、走访等形式,向政府机关或社会组织反映情况,提出建议、意见或者投诉请求,依法由有关行政机关处理的活动。

信访活动包含了以下几个基本要素。

(1) 信访人,提出信访事项的公民、法人或者其他组织。信访人既是信访活动的发起者,也是信访工作服务的对象。

(2)信访事项,指信访人针对国家机关或其他组织、人员的职务行为反映情况,提出建议、意见,或者不服其职务行为,向有关国家机关或其他组织提出投诉请求。

(3)信访受理者,是受理信访事项的机构,即信访工作机构或部门。

(4)信访渠道,即信访信息传递与接收渠道。信访工作机构面向社会公布的通信地址、电子信箱、投诉电话与信访接待、查询信访事项办理的进展及结果的方式等,以及在全国范围内建立的信访信息网络系统与国家投诉受理中心,都是较为便利的信访渠道。

(5)信访事项办理者,指对信访事项有权处理的行政机关。采取属地管理、分级负责,采取谁主管、谁负责的原则,对信访工作机构所交办的信访事项进行实质性处理的相关工作部门,通常是信访工作机构以外的各级政府机构及其他工作部门。

(6)信访结果,即信访工作机构及有权处理信访事项的相关政府工作机构或部门对信访事项的处理结论。

(二)信访工作及其机构

1. 信访工作

信访工作是指各级社会组织机构受理及办理的社会公众来信、来访活动,具体包括对社会公众来信、来访中反映的问题的受理以及按照政策和法律做出恰当处理的全部活动。据《信访条例》规定,各级人民政府、县级以上人民政府工作部门应做好信访工作,认真处理来信,接待来访,倾听人民群众的意见、建议和要求,接受人民群众的监督,努力为人民群众服务。我国信访工作是党和国家机关、企事业单位、社会团体与群众保持密切联系的重要途径,是了解群众意愿,帮助群众排忧解难,吸取群众智慧,接受群众监督的重要工作形式。随着我国社会政治、经济的发展,现行的信访制度在一定程度上可以作为法定途径以外的又一种辅助解决社会纠纷的途径。

2. 信访机构

信访机构即专门负责处理信访事项的组织机构或部门。据《信访条例》规定,县级以上政府应当设立信访工作机构;县级以下政府工作部门及乡、镇政府(街道办事处)应当按照有利于工作、方便信访人的原则,确定负责信访工作的机构或者人员,具体负责信访工作。目前,我国县级以上的各级政府机构都设有信访工作行政机构,负责本级政府的信访工作。除此之外,随着信访活动的发展,以切实维护人民群众的合法权益、及时反映社情民意、着力促进社会和谐为目标,各级党委机关、人大、政协、法院、检察院和各企事业单位以及工会、青年团、妇联等群众组织都设立了专门机构和专职、兼职人员负责处理来信来访工作。

各类信访工作机构大致分两类:一是专门负责信访工作的机构,如"信访局""信访办""信访处"等;二是由秘书机构兼管的信访工作部门,如"接待室""接待处"或"秘书处"等。这两类信访工作机构,从业务归属上看,都是各级党政机关及其他组织的秘书机构,即办公室工作的组成部分。其中,"信访局""信访办""信访处"作为各级党政机关的一个内设机构,由秘书机构,即办公室负责管理;"接待室""接待处"或"秘书处"这些信访部门,一般是各组织机关秘书部门的一个组成部分。

根据《信访条例》规定,无论专门还是兼管信访工作的信访机构,都应履行下列职责:

（1）受理、交办、转送信访人提出的信访事项；

（2）承办上级和本级人民政府交由处理的信访事项；

（3）组织协调重要信访事项；

（4）研究、分析信访情况，开展调查研究，及时向本级人民政府提出完善政策和改进工作的建议；

（5）对本级政府部门的其他工作部门和下级人民政府的信访进行业务指导。

总结上述工作职责，信访机构的主要任务是"接访（信）转办、联络协调、督促解决"，具体负责来访登记和受理、转送、协调、督办信访事项，并提出改进建议等。

二、信访工作的原则

从根本上来说，信访工作应坚持从全局出发，实事求是的原则，在维护人民群众的合法权益的基础上，解决社会矛盾与纠纷。按照我国现行的《信访条例》的要求，党和国家机关的信访机构在受理和办理信访事项时应遵循以下基本原则。

（一）按法规和政策办事的原则

信访工作必须依照法律、法规、规章和有关政策的规定，受理信访人提出的投诉请求，坚持依法办事，在法律面前人人平等。而且《信访条例》明确规定对于投诉事实清楚，符合法律、法规、规章和有关政策规定而且能够解决的信访事项，应依照相关法律政策，结合实际情况，在《信访条例》规定的时限内予以解决；对既缺乏事实依据又不合法的信访事项，要说明情况，讲清道理，并在规定的时限内给予回复。对法律、政策咨询，要尽可能将有关政策规定当面解答或及时答复；对无理取闹的信访人，要依法进行说服教育、劝阻、批评，说明其行为的后果。所有信访事项都必须"件件有着落、事事有回音"，依法按政策解决。

（二）属地管理、分级负责的原则

属地管理就是信访事项原则上由事发地政府解决，凡在本级能解决的问题，应就地解决，尽量将问题解决在基层；事发地政府解决不了的，也可以由其上一级政府解决，但下级政府不能简单地将矛盾直接推给上级政府。分级负责是指各级政府工作部门及其信访部门都要明确自己的职责。一般来说，上级机关的信访部门，只受理重要的信访事项或下级信访部门难以处理的问题，一般的信访问题可转下级信访部门办理，但必须加以督促检查。属地管理、分级负责，有利于分清各级政府之间对信访事项所担负的责任。

（三）谁主管、谁负责的原则

谁主管、谁负责是指信访部门应根据信访问题的性质和信者所在单位的隶属关系，明确信访事项归哪一级政府负责后，将信访问题转交主管此信访事项的政府部门办理，并加强督促检查；有权处理信访事项的职能部门，对信访部门转来的信访事项，必须在其职权范围内及时处理，不得互相踢皮球。

（四）坚持解决实际问题与疏导教育相结合的原则

信访工作对来信来访中的合理要求，能够解决的要尽可能予以解决；对于有道理但按现行政策规定暂时无法解决的，要耐心讲清情况，做好说服解释工作；对于一些不合理要求，应该耐心细致地做思想教育工作；对极个别坚持无理要求或借信访之名打击诬陷他人的，要进行法纪教育；对参与群体性事件的大多数群众要教育疏导，引导其知法、守法，依法信访,以理性、合法的方式表达利益诉求。总之,要坚持以解决群众实际问题为立足点,从根本上化解矛盾,发挥信访工作的作用。

三、信访事项的提出

(一)信访事项

信访事项由信访人提出。信访人针对国家机关或其他组织、人员的职务行为反映情况,提出建议、意见,或者不服其职务行为而向有关国家机关或其他组织提出投诉请求。据《信访条例》规定,信访人对下列组织、人员的职务行为反映情况,提出建议、意见,或者不服下列组织、人员的职务行为,可以向有关行政机关提出信访事项:

(1)行政机关及其工作人员;
(2)法律、法规授权的具有管理公共事务职能的组织及其工作人员;
(3)提供公共服务的企事业单位及其工作人员;
(4)社会团体或者其他企事业单位中由国家行政机关任命、派出的人员;
(5)村民委员会、居民委员会及其成员。

提出信访事项时,要判别其行为性质,对依法应当通过诉讼、仲裁、行政复议等法定途径解决的投诉请求,信访人应当依照有关法律、行政法规规定的程序向有关机关提出,而不能诉诸信访。同时,信访人提出信访事项,应当客观、真实,对所提供材料内容的真实性负责,不得捏造、歪曲事实,不得诬告、陷害他人。

(二)信访提出的方式

信访人提出信访事项的方式,根据《信访条例》规定,通常有以下三种。

1. 书面形式

书面形式,指信访人采用书信、电子邮件、传真等提出投诉请求的,应当写明信访人的姓名、住址、信访事项及信访理由。

2. 走访形式

信访人采用走访形式提出信访事项,应当向依法有权处理信访事项的本级或者上一级机关提出;信访事项已经受理或者正在办理的,信访人在规定期限内向受理、办理机关的上级机关再提出同一信访事项的,该上级机关不予受理。多人采用走访形式提出共同的信访事项的,应当推选代表,代表人数不得超过5人。

3. 电话形式

电话形式,指通过信访热线电话提出信访请求。

(三)违规信访行为

根据《信访条例》规定,信访人在信访过程中应当遵守法律、法规,不得损害国家、社会、集体的利益和其他公民的合法权利,自觉维护社会公共秩序和信访秩序,不得有下列行为:

(1)在国家机关办公场所周围、公共场所非法聚集,围堵、冲击国家机关,拦截公务车辆,或者堵塞、阻断交通的行为;
(2)携带危险物品、管制器具的行为;
(3)侮辱、殴打、威胁国家机关工作人员,或者非法限制他人人身自由的行为;

(4）在信访接待场所滞留、滋事，或者将生活不能自理的人弃留在信访接待场所的行为；

(5）煽动、串联、胁迫、以财物诱使、幕后操纵他人信访或者以信访为名借机敛财的行为；

(6）扰乱公共秩序、妨害国家和公共安全的其他行为。

四、信访的法律责任

（一）导致信访的法律责任

根据《信访条例》规定，行政机关及其工作人员，超越或者滥用职权，侵害信访人合法权益；行政机关应当作为而不作为，侵害信访人合法权益；错误使用法律、法规或者违反法定程序，侵害信访人合法权益；拒不执行有权处理的行政机关作出的支持信访请求意见，有上述四种行为之一，导致信访事项发生，造成严重后果的，对直接负责的主管人员和其他直接责任人员，依照有关法律、行政法规的规定给予行政处分，构成犯罪的，依法追究刑事责任。

（二）信访提出的法律责任

信访人提出信访事项应遵循《信访条例》第十八条、第二十条规定，如果违反，有关国家机关工作人员应当对信访人进行劝阻、批评或者教育。经劝阻、批评和教育无效的，由公安机关予以警告、训诫或者制止；违反集会游行示威的法律、行政法规，或者构成违反治安管理行为的，由公安机关依法采取必要的现场处置措施，给予治安管理处罚；构成犯罪的，依法追究刑事责任。

信访人歪曲事实、诬告他人，构成犯罪的，依法追究刑事责任；尚不构成犯罪的，由公安机关依法给予治安管理处罚。

（三）受理信访的法律责任

县级以上人民政府信访工作机构对收到的信访事项应当登记、转送、交办而未按规定登记、转送、交办的，或者应当履行督办职责而未履行的，由其上级行政机关责令改正；造成严重后果的，对直接负责的主管人员和其他直接责任人员依法给予行政处分。

负有受理信访事项职责的行政机关在受理信访事项过程中，对收到的信访事项不按规定登记的、对属于其法定职权范围的信访事项不予受理的、行政机关未在规定期限内书面告知信访人是否受理信访事项的，由其上级行政机关责令改正。造成严重后果的，对直接负责的主管人员和其他直接责任人员依法给予行政处分。

（四）办理信访的法律责任

对信访事项有权处理的行政机关在办理信访事项的过程中，推诿、敷衍、拖延信访事项的办理或者未在法定期限内办结信访事项的；对事实清楚，符合法律、法规、规章或者其他有关规定的投诉请求未予以支持的，由其上级行政机关责令改正。造成严重后果的，对直接负责的主管人员和其他直接责任人员依法给予行政处分。

行政机关工作人员将信访人的检举、揭发材料或者有关情况透露、转达给被检举、揭发的人员或者单位的；在处理信访事项过程中，作风粗暴，激化矛盾并造成严重后果的，依法给予行政处分。

行政机关及其工作人员违反《信访条例》第二十六条规定,对可能造成社会影响的重大、紧急信访事项和信访信息,隐瞒、谎报、缓报,或者授意他人隐瞒、谎报、缓报,造成严重后果的,对直接负责的主管人员和其他直接责任人员依法给予行政处分;构成犯罪的,依法追究刑事责任。

打击报复信访人,构成犯罪的,依法追究刑事责任;尚不构成犯罪的,依法给予行政处分或者纪律处分。

第三节 来信办理与来访接待

根据《信访条例》规定,信访机构及其他相关部门专门负责受理人民群众的来信、来访,并采取相应的办理方式,督促有权处理的机关依法给出合理的处理意见。目前,我国的信访工作经过长期的实践,对人民群众的来信办理与来访接待形成了相对规范与科学的处理程序与方法。

一、一般来信办理

来信办理,简称为办信,指党政机关和信访工作部门接受社会公众的来信后,按有关规定进行处理的过程。来信办理主要包括处理信件、电报、传真、电子邮件等。这是信访工作中一项大量的、经常性的重要事务性工作。要注重及时收集、汇总、筛选、上报和反馈信访信息,利用现有条件建立电子化信访数据库和信访信息库。依照《信访条例》规定,党政机关办公室或信访部门在收到社会公众的来信后,依次按照拆封、登记、转送、告知、办理、回复等各个程序进行处理,其一般操作步骤如下。

(一)收信

1. 拆封

收到信访人的来信,应当及时拆阅,尽量在当日,不能拖延。启封时应当保持来信材料的完整,有紧急事项的要及时妥善处理。拆阅前先检查来信是否属于本机关受理,初步筛选出不属本机关受理范围的私信、错投信和其他公函等,并转交相关人员和部门。再检查信封、邮票、邮戳是否完整,对被揭去邮票的信件要注明,对其中因被剪掉邮票而无法查清来信投寄地区和邮寄时间的来信,要查明情况,详细登记。拆封时要注意信封正反两面,不要剪坏邮票、邮戳和其他书写文字的地方,以保持信件完整。要对来信的页数与原信标明的页码进行核对,发现不符要注明。随信寄来的证件、现金、票证等,要与原信逐一核对,详细登记,妥善保存,切勿遗失。

2. 装订

对拆封后的来信,要按页码顺序进行装订,信纸与信封一并装订。信纸在前,信封在后,用订书针(曲别针、大头针)等订在左上角。上级机关和其他部门附转办单转来的信件、转办单和信封,要与原信一并装订,转办单在前,信封在后。装订后,要在信的右上方空白处盖收信日戳,即收信单位名称、收信日期,戳记印迹要端正、清晰,并避免覆盖原有戳记,如无收信日戳,也可另行注明收信单位和日期,然后编号,以方便查阅。

3. 阅信

对拆封后的来信,办信人员要认真仔细阅读,排除一切主客观干扰因素,了解信件的全部内容,抓住重点,理清头绪,做出正确的判断,恰当处理来信。其中需要注意两点:一是当日收到的来信要先浏览一遍,要信、急信要提前办理;二是当日来信处理不完时,应当把要信、急信处理完,防止积压而误事。

(二)受理

1. 登记

对来信进行登记是信访受理工作的重要环节之一,不仅可以保护来访信件,也便于统计、查找和催办。根据信访信息系统操作程序,办信人员应及时填写来访登记表,确保原信基本情况、基本数据完整、准确。

信访登记内容主要有以下几个方面:

(1)信访人的基本情况,包括姓名、住址、邮政编码、工作单位、联系方式等;

(2)信访事实,即信访人反映的主要情况,叙述事实应简明扼要;

(3)信访要求,即信访人提出信访事项的目的及希望解决的问题;

(4)信访理由和依据,如有随信寄来的傍证,要注明处理方式;

(5)信访事项的来源,即信访事项由信访人直接提出,或由上级信访工作机构转送、上级来函交办、领导批示的信件要记载交办的时间、函号、批示语,并写明承办情况;

(6)信访事项的处理方式,属于受理范围的事项应当受理,不属于受理范围的事项应当告知信访人向有关机关提出;

(7)信访事项受理、答复的规定期限等。

此外,还应注明收信时间;对同一信访人且内容相同的重复来信,要在原卡片或登记簿上注明;对同一人的重复来信,内容有变化的,要补充记载,一般不要重复建卡或登记。

2. 转送

按照《信访条例》规定,信访工作机构收到信访事项,应当予以登记,区分情况,在15日内采取不同方式及时办理。

(1)呈批,是指对依照法律规定属于本级人民政府或者其工作部门处理的信访事项,情况重大、紧急的,应当及时提出建议,报请本级人民政府处理。报送领导批阅的信访事项,可以采取原件上报、摘要上报、综合上报等形式。原件上报,是指将信访原件直接呈报主管领导。摘要上报(摘报)是指对反映问题突出或有建议价值的来信、来访内容摘要整理后,以《要信(访)请示》《要信(访)呈批》或《来信(来访、来电)摘要》等形式并附原件一并呈报主管领导。综合上报是指将信访人来信来访情况综合分析后,将综合分析材料以简报或专题报告的形式呈报领导,如《信访专报》《信访快报》《信访专题报告》等。信访摘报单如表8-4所示。

表8－4　信访摘报单

××单位信访呈批摘报单

信访者姓名		信访者单位及职务	
信访者住址		信访日期	年　月　日
信访事由			
信访内容摘要：			
附件			
拟办意见：　　　　　　　　　　　　　　　承办人：			
领导批示：			

××单位信访办公室（章）　年　　月　　日

（2）转送或转办，指上级信访机构收到信访事项后不立案，直接把问题转给有关部门或单位处理，有单转和统转两种方式。单转是指来一件转一件，即将单一信访材料附上转送函直接转送有关部门或单位处理。统转也称集中转办，是指将需要转办的材料，按部门或按反映的问题集中若干件后，统一或集中转送有关部门或单位处理，但只能用于非急件，且不得超过15日。无论单转还是统转，均要附转办函，即将需要转办的材料，提出要求或说明情况后附转办函转送有关部门办理。转办函的办理依照法定公文处理程序和方式。被转送的机关需要根据信访部门的要求，定期报告其转送信件的办理情况，按其提供的转办函答复或填报表格。信访事项转办函如表8－5所示。

表8－5　信访事项转办函

关于转送×××信访事项的函件

×××（主送机关或单位名称）：
　　×××（地方或单位名称）×××（信访人名称）来信（或来访），反映×××信访事项。现将该来信（或来访材料）随函转去，请按《信访条例》有关规定办理，并在60日内将处理意见答复信访人。

（盖×××单位公章）
××××年×月×日

抄送：×××（交办机关、下级信访工作机构名称）

（3）交办，是指上级已经受理该信访事项，立案交办给下级政府的信访机构。信访机构将信访案件交给有直接管理权限的部门处理时，重要信访事项用交办函交办，一般事项用转办函转办。交办函和转办函的办理依照法定公文处理程序和方式。信访部门应对交办的信访事项及时或定期上报。对上级交办需要报送办理的信访事项,应当按照交办函的要求进行办理,并在规定时限内以正式文件上报。对转办的反映一般性问题的信访事项,有关职权部门酌情处理之后,一般不用回复信访部门。信访事项交办函如表8-6所示。

表8-6 信访事项交办函

关于交办×××信访事项的函件

×××(主送机关或单位名称):
　　×××(地方或单位名称)×××(信访人名称)来信(或来访),反映×××信访事项。根据《信访条例》的有关规定,现将该来信(或来访材料)随函转去,请按有关规定处理,并答复信访人。办理结果请于×××年×月×日前反馈×××(交办机关或单位名称),并注明是否答复信访人。
　　特此告知
　　(署名并盖×××单位公章)

　　　　　　　　　　　　　　　　　　　　　　　　　　　××××年×月×日

抄送:×××(交办机关、下级信访工作机构名称)

3. 告知

在信访受理过程中,据《信访条例》规定,信访机构收到信访事项后,将信访事项转送或交办有权处理的机关,并在自收到转送、交办的信访事项之日起15日内,依据现有法律、法规的规定,判断信访事项是否应该受理,从而作出是否受理的决定,以书面形式告知信访人。如果受理信访事项,填写《信访事项转送告知书》,告知信访人;如果不予受理,则用《信访事项不予受理告知书》(如表8-7所示)通知信访人,并解释相关法律政策的规定,按要求通报信访工作机构。

表8-7 信访事项不予受理告知书

信访事项不予受理告知书

×××(信访人名称):
　　×××年×月×日,你(或你们)提出的×××信访事项,依法应当通过诉讼(或仲裁、行政复议等)途径解决,根据《信访条例》的有关规定,本机关不予受理。
　　特此告知。
　　(盖×××单位信访专用章)

　　　　　　　　　　　　　　　　　　　　　　　　　　　××××年×月×日

抄送:×××(需告知机关或单位、交办机关、同级信访工作机构名称)。

(三)办理

1. 处理

处理信访事项指有权处理信访事项的机关,收到转办或交办的信访事项之后,有权处理信访事项的机构应针对信访人的诉求,查明事实,分清责任,提出处理意见。根据《信访条例》规定,由对信访事项有权处理的行政机关,针对所办理的信访事项进行调查,听取信访人陈述事实和理由,调查、取证、核实有关情况。对于比较复杂的信访事项,制作调查报告。除上述调查途径之外,对重大、复杂、疑难的信访事项,可以举行听证。

经过深入调查,凡投诉请求事实清楚,符合法律、法规、规章及其他有关规定的,予以支持;投诉请求合理但缺乏法律依据的,应当对信访人做好解释工作;投诉请求缺乏事实根据或者不符合法律、法规、规章及其他有关规定的,不予支持,并做好说服教育工作。

2. 答复

答复信访事项指信访事项的办理机关将处理意见以书面《信访事项处理意见答复书》(如表8-8所示)的形式回复信访人。据《信访条例》规定,信访事项一般应当在60日内办结;情况复杂的,经承办部门或单位负责人批准,可适当延长办理期限,但延长期限不得超过30日。凡具备回复条件的群众来信,应予以回复。信访事项办理意见也要及时回复信访人。回复通常可采用邮寄的方式寄给信访人或有关执行机关,也可以采用直接送达、公告送达等方式。来信办理过程基本结束后,如果信访人对办理结果不服,可提出复查与复核。

表8-8 信访事项处理答复意见书

信访事项处理答复意见书

×××(信访人名称):

×××年×月×日,本机关(或单位)依法受理了你(或你们)提出的×××信访事项,经调查核实,现作出处理意见如下:

一、信访人主要诉求(略)

二、调查核实的情况(略)

三、处理意见(略)

如对本机关(或单位)作出的处理意见不服,可以自收到本答复意见书之日起30日内,向本机关(或单位)的上一级机关请求复查。

特此告知。

(盖×××机关(或单位)信访专用章或公章)

××××年×月×日

抄送:×××(上一级或下一级主管机关(或单位)、交办机关、同级或上级信访工作机构名称)

(四)复查与复核

复查与复核是信访人对信访事项办理意见不服时提出的进一步申诉。《信访条例》规定,信访人对行政机关作出的信访事项处理意见不服的,可以自收到书面答复之日起30日内请求原办理行政机关的上一级行政机关复查。信访人对复查意见不服的,可以自收到书面答复之日起30日内向复查机关的上一级行政机关请求复核。

信访人提出申请,由信访事项的原办理机关的上级机关受理并审查,在30日内给出处理意见。同一信访事件,按照法定程序,实行办理、复查、复核"三级终结制",即经三级行政机关依次做出办理意见、复查意见、复核意见后,有权处理的行政机关终止受理该信访事项,该信访事项处理终结。

(五)督办

督办指在信访事项办理过程中,信访机构对有权办理的行政机构,根据《信访条例》规定进行督促与建议。信访督办常采用电话督办、书面督办、实地督办、会议督办、联合督办等方式。各种督办方式不是相互孤立和排斥的,有时需要同时运用多种督办方式。信访督办单如表8-9所示。

表8-9 信访督办单

```
                    信访督查催办单
                            ×信督催字〔××××〕×号:
      _____:
         我局      〔××××〕×号函交办的信访问题,请按《信访条例》的规定,抓紧办理
      (督办),并将结果于×月×日前报我局。

                                        ××市委市政府信访局
                                              年  月  日


      抄  送:××县(市、区)信访局
```

二、电话及邮件来访办理

(一)电话来访

电话来访,指通过电话或传真等形式反映问题的信访活动。为适应电话来访的需要,各级社会组织机构都要有面向社会公示的信访专线电话,如政府机构的市长热线电话以及其他职能部门的信访专线电话,且有专门的工作人员负责管理。电话来访要求有专人负责,认真接听,准确记录,及时办理。对于电话来访,能答复的及时予以答复,不能答复的告知来电人责任归属单位及联系方式。需要协调或直接回复的重要来电,要翔实记录,经登记后按来信处理的流程快速办理。重要来电处理完毕后,来电记录及处理结果应及时归档。

(二)电子邮件

电子邮件,指通过信访专用电子邮箱反映信访事项,并对外公示,定人、定时受理。通常由专人负责管理电子邮箱,定期收阅邮件。收阅时间可依据实际情况而定,一般来说,每个工作日不得少于两次。办理电子邮件来访,与电话来访类似,针对反映的问题,对能

答复的事项应马上答复;不能及时答复、需转办的邮件应打印,并及时进行登记、摘要,然后按照一般来信流程尽快办理。电子邮箱管理者一旦接到有关部门的答复或批复后,必须即时反馈给来信人。

三、异常来信办理

异常来信通常是指联名来信、重信、危机来信等信访形式。

(一) 联名来信

联名来信,是指三人或三人以上共同签署姓名反映同一问题的来信。来信署名的有三五人、数十人甚至几百人,反映署名人共同关心或与他们切身利益密切相关的问题。尤以反映社会生产、生活中比较重大的问题和困难,请求帮助解决的更为集中和突出,联名写信人一般都要求急迫,言辞激烈,渴望尽快给予答复和解决,联名来信往往是集体来访的信号,处理不及时或不恰当,往往会引起集体上访。

联名来信的基本办理程序与一般来信相同,都要仔细阅读,认真登记、受理或转办,但联名来信往往牵涉多人,因此,在处理联名来信时,一般都要口头或书面向领导报告,说明初步核实情况,并提出处理意见。情况紧急的联名来信,要及时与有关地区和单位沟通情况,初步进行核实,有的还应做实地调查或考察,做好相关工作,防止事态扩大。

(二) 重信

重信是指同一来信人反映同一问题两次或两次以上的来信。重信的一般特点是,来信人要求解决问题的心情急迫,有的言词激烈,有的情绪偏激;有的重复来信人又是重复上访户,甚至是上访老户,处理的难度较大。

办理重信,一是对已经立案的重信,已有处理结果,要认真研究,如处理欠妥要重新调查处理;如来信人要求过高或有无理要求,要有针对性地做好思想工作;如尚未结案,应抓紧调查处理,并告知来信人等候处理。二是对没有立案的重复来信,如确有处理的必要,应立案交办;如确无处理价值,要和有关部门或单位沟通情况。三是对询问政策的重信,要给予明确的答复;对查问前信下落的,要告知转递去向。

(三) 危机来信

危机来信,主要是指在来信中流露危险情绪和反映紧急情况的来信。这种来信反映的问题重大,时间性很强,如不及时处理会产生严重的后果。

第一,对危急来信,必须高度重视,增强紧迫感,毫不拖延地抓紧处理,把问题解决在萌芽阶段。第二,信访部门收到危急来信后,要立即向领导报告,如果领导不在,或来不及向领导报告,办理人有权先处理。要立即用电话、传真将紧急情况通知有关地区或单位,提出具体要求,并随时沟通,做好详细记录。对一些特别的危机情况,必要时与公安部门联系,请他们协助做好防范工作,防止事态发展。第三,承办单位收到危急来信或接到上级通知后,要立即找写信人,详细了解情况,有针对性地做好工作,宣传政策,进行法制、人生、理想教育,稳定来信人的情绪,等待组织的处理。同时要及时向上级汇报处理情况,处理完毕后要向上级写出详细报告。

四、来访接待

来访接待,指对走访的信访人的接待。按《信访条例》的规定,信访人采用走访形式提出信访事项的,应当到有关机关设立或者指定的接待场所提出。因此,为了方便信访人,各级信访机构设置信访接待时间与地点,并向社会公布。来访接待要求热情、认真地听取来访人所反映的问题,按照法律及政策规定做出实事求是的处理。

(一)来访接待程序

来访接待工作通过接待来访人与办理信访事项来完成。来访接待的一般程序与方法如下。

1. 接待

接待指对走访的信访人的接待。这类接待是信访人与信访工作人员面对面的直接沟通。接待人员对来访群众态度要热情和蔼,切忌简单急躁,生硬粗暴,训斥责骂,敷衍应付,推脱了事。以礼貌与文明的方式,确认来访人的身份,多人来访(5人以上)的,要查清人数。要取得来访人的信任,协助来访者填写《来访人员登记表》(如表8—10所示),把来访人的基本情况和反映的主要问题,包括时间、任务、地址(单位)简要记录。

表8—10 来访人员登记表

某市信访局　　　　　　　　　　　　　　[201×]访 NO:×号

来访人姓名		性别		年龄		职业	
来访日期	年 月 日	何时来访过		年 月 日			
		何时走访过何部门					
来访人单位或地址		身份证号					
		联系电话					
反映内容摘要							
处理意见							

2. 接谈

接谈是信访人向信访工作部门正式提出信访事项的过程。信访接谈人要耐心听取信访人的申诉,把握信访接谈要点,认真记录信访人提出的信访事项;要适当提问,弄清问题的实质和信访人的基本要求;听后要把主要问题和要求向信访人复述一遍,然后交代处理原则、方法和程序,尽可能使其满意。对于重复来访,一般只需登记,不再接谈。在接谈过程中,根据信访工作的要求,接谈人员对信访人的基本情况及诉求要明确以下内容:

(1)信访人的姓名、性别、年龄、民族、政治面貌、职业、单位、户籍、住址、联系方式等基本情况;

(2)多人来访的人数、代表的姓名和联系电话;

(3)信访人反映的问题和依据;

(4)信访人是否已走访某部门反映问题;

(5) 信访人反映的问题是否已经受理或在办理期限内等;

(6) 信访人反映的信访事项是否经过处理、复查、复核三级办理,是否经过诉讼、仲裁或行政复议等法定途径,有无相关的文字结论或法律文书;

(7) 信访人是否了解国务院《信访条例》等有关规范信访工作和行为的政策及法律、法规。

3. 办理

信访部门在接待来访之后,对信访人所提出的信访事项,依据有关法律、法规和政策,提出切实可行的解决方案,做出相应的处理。按照《信访条例》的规定,对来访反映的问题单一、事实清晰、政策界线清楚、当面能够处理的问题,应当面解答或电话交办;对诉求合理、确实需要解决的信访事项,上级机关交办及领导批示的信访事项,重大、紧急的信访事项,其他需要交办的信访事项,由信访事项部门向有权处理的本级单位发函交办,并在15日内书面告知来访人;对属于各级人民代表大会及县级以上人民代表大会常务委员会、人民法院、人民检察院职权范围内的信访事项,要介绍到有关机关,并说明接待地点;对不予受理或不再受理的信访,要对信访人讲清情况,出具《信访事项不予受理告知书》或《信访事项不再受理告知书》。一旦受理来访事项,基本办理程序和方法与来信办理相同。信访机构应对信访事项的办理进行检查落实,通过催办、督办工作,使承办单位及时给出处理结论,如期办结。

4. 回访

回访是接待群众来访工作中不可缺少的一环。信访工作人员应主动到上访人单位或家里拜访,把案件调查情况和处理意见直接与当事人沟通,征求意见,并做好思想工作,顺利结案;或了解结案后还有什么问题或要求,做好稳定工作,巩固成果。回访的重点应放在问题已得到恰当处理而思想不通的来访者身上。

(二) 特殊情况下的来访接待

特殊情况的信访复杂多变,常见的有集体上访(5人以上)、上访老户上访以及其他特殊情况信访人上访。特殊情况下的信访接待,应区别情况,恰当处理。接待集体上访(5人以上),要稳定来访者的情绪,控制局面,弄清来访者的情况,组织来访者推举接谈代表。对涉及紧急、重大事项的集体信访,应及时起草《信访情况报告》向有关领导报告。

上访老户指为同一问题两次或两次以上来访的信访人。上访老户实际上属重复上访的一部分,所反映的信访事项有关部门已经依照法定程序、法律规定进行处理,解决手段已经穷尽,却不服处理结果,仍以同一事实和理由长期重复到上级或越级的有关部门来访。对上访老户,接待人员一定要耐心倾听他们的诉求,快速处理,真心实意地帮助他们解决实际困难,从根源上化解上访案件再次发生,不能简单粗暴、推诿塞责。

接待一些特殊来访者,注意区别来访者的情况,做出恰当的处理。如来访者系传染病人、疑似传染病人或精神病人,要耐心听取他们的陈述,做出准确的判断,并与有能力处理的部门联系,采取积极的应对措施;对违法上访,要耐心进行疏导、劝解,同时注重收集违法上访证据,会同法制部门建立规范违法上访档案,在重大紧急情况下,及时启动信访处置预案,化解矛盾。

三、信访研究与利用

根据领导部门对信访工作的要求,信访工作机构不能仅仅帮助人民群众解决一些实际问题,还需对各种信访信息进行综合分析与研究,向领导机关和相关部门反映情况,及时向本级组织机构提出完善政策和改进工作的建议,促进科学决策,从信访源头上解决信访问题。

信访信息主要包括两个方面,一方面是对信访内容的综合研究,不是就事论事,而是了解不同时期、不同地区的信访动态,发现带有普遍性、倾向性的问题,把握政治、经济和社会的发展趋势。这是一种重要的信息反馈,可以起到让上层领导真正体察民情、把握社会脉搏的作用,有利于制订新政策或修订决策。另一方面是对信访工作本身的综合研究,这有利于不断完善信访工作制度,不断提高信访工作的水平与效率。

信访信息利用,指信访工作机构及时把信访信息综合研究的成果用书面或口头形式提供给领导者。一般采用信息公文报告重要信访问题及信访工作的情况,传递信访信息。常用的有信访简报、要信摘报、信访专题报告、信访情况分析和信访调研报告等五种形式。

信访专题报告是向领导报告一定阶段重大信访情况及典型案例或某一方面重大信访情况及典型案例的公文。编写信访专题报告要求忠于信访人的原意;抓住信访诉求要点,文字简练,力求用最少的文字说清问题;篇幅较长的一般应有导语,导语应交代清楚信访人的基本情况及受理、办理单位(部门)等,提示来信内容;对问题要有研究分析,做到有事实、有分析、有建议。

信访调研报告是信访工作机构向领导报告较长时段和较大范围的信访宏观情况和总体趋势的公文。要求把群众来信来访中反映的各种分散的、零碎的、不系统的问题,通过全面分析和研究,加以综合整理,定期或不定期地向领导反映。根据《信访条例》规定,县级以上政府信访工作机构应当就以下事项向本级政府定期或不定期提交信访情况综合分析报告:一是受理信访事项的数据统计、信访事项涉及领域以及被投诉机关的分布特点;二是转送、交办、督办情况以及各部门采纳改进建议的情况;三是提出的政策性建议及被采纳的情况;四是下一步工作的重点及应对措施。

复习与思考

1. 简述督查工作的内容。
2. 简述信访活动的基本要素。
3. 简述信访工作机构的基本任务和职责及它们与有权处理信访事项部门的联系与区别。
4. 信访工作必须遵循哪些原则?这些原则对秘书人员提出了哪些要求?

实训与模拟

根据信访工作的一般程序及要求,通过计算机网络或书籍对应查阅各个程序,按照要求使用的信访文书种类、名称、体式,拟写各个阶段的文书、制作并填写表格。

案例分析

湖南永州：人大听证"票决"信访案件

2009年2月，湖南省永州市人大约访了一件在当地颇有影响的案件。

此前，永州市零陵区居民唐某上访称，2005年10月，他11岁的女儿被社会人员轮奸后又被强迫卖淫，唐某向公安机关报案后，零陵区公安局侦查不力，致使犯罪嫌疑人没有得到及时惩处。永州市人大派人调查后发现，唐某在其女儿从学校失踪后曾向派出所报案，但未引起重视。

该案后来转给零陵区公安分局治安大队的一个负责人。调查发现，当事民警在接到唐某报案发现唐某的女儿被强迫卖淫时，仅请求110出警解救，致使犯罪嫌疑人逃离现场，现场证据未能保存。唐某据此不满零陵区纪委仅给渎职民警纪律处分，要求追究其刑事责任。

永州市人大信访科科长严兴朝说，该案引起了市人大领导的高度关注。2009年2月27日，永州市人大常委会主任李良轶主持召开了今年第一次约访主任会议，市人大领导班子成员和相关处室负责人、政法委副书记、信访局副局长以及部分人大代表和市民列席。

约访会议采取听证方式进行，先由当事人讲述信访诉求和事实依据，其亲友或代理人补充说明。永州市公安局局长刘建宽、市检察院检察长王蓟零与会，并就信访人的诉求进行了答复说明，参会的人大代表和律师等进行提问。

之后，参会代表和人大常委会主任对信访人提出的两项诉求进行了无记名投票表决。结果，17名投票人中有11人对有关单位追究办案人员渎职等情况的处理不满意。人大随即要求检察机关在两个月内查清办案民警的渎职责任，市公安局查清是否有个别民警嫖宿幼女、是否有干警包庇犯罪，并将结果直接向人大主任会议汇报。刘建宽承诺对少数干警的不作为行为问责，并尽快破案，抓获犯罪嫌疑人。

资料来源：国家信访局 www.gjxfj.gov.cn

阅读案例，从经济社会、行政执法、信访人和信访工作等方面，阐述出现这种现象的原因及应对措施。

第九章 公务旅行管理

公务旅行管理是指秘书人员为上司出差旅行做出相关的辅助工作。它是秘书工作的一项传统业务,具体包括为上司公务旅行制订旅行计划、编制旅行日程表、随从服务、办理旅行中及返回后相关事务等方面的工作。

第一节 公务旅行管理

一、公务旅行管理与服务

(一) 公务旅行

公务旅行,指根据工作的需要,离开日常的工作环境去其他地方办理公事或负担临时任务,即通常所谓的出差。公务旅行活动具体包括旅行者、旅行事由、旅行地点、旅行时间与期限、交通工具、旅行食宿等要素。作为公务活动的一部分,每一个相关的工作人员都有义务承担自己在此活动中的工作职责。但根据工作的需要,社会组织领导者及相关事务的主管人是公务旅行工作职责的主要承担者,无论到所领导的地区或下级单位调查研究、布置任务、检查工作、处理问题,还是出公差到外地出席会议、商务谈判、接洽业务、观摩考察,都属于公务旅行活动。

(二) 公务旅行管理与服务

各社会组织通常由秘书机构或综合事务部门负责公务旅行管理,根据劳动保障要求,制定公务旅行管理制度,保证公务旅行者的正常工作与生活。

秘书是公务旅行活动的管理者,需要制定旅行计划、安排住宿地点等,有时还要提供随从服务。秘书的公务旅行管理与服务,一方面可以提高上司公务旅行活动的效率。因为秘书不但可以替上司办理旅行活动中的相关事务,直接减少其工作负担,而且可以为其创造良好的工作和生活条件,避免陌生环境所带来的工作上的不便。另一方面,有利于树立组织的良好公关形象。上司公务旅行期间,无论是汇报工作、视察调研,还是商务接洽,都会直接与上级领导、社会公众、商务伙伴等广泛交往,秘书的随行服务可以使上司在各种社会交往活动中保持最佳的精神状态与公关形象。

二、上司公务旅行管理

秘书对上司公务旅行事务的管理，往往因事务主题、旅行地点、时间长短不同而有所不同，但其工作内容大致相同，如出发前的旅程安排、旅费准备、落实交通住宿服务等。

（一）差旅准备阶段

当上司确定出差计划后，秘书要在出发前做好充分的准备工作，包括了解差旅活动的要素、差旅活动的组织与安排、资料和物质等方面的准备工作。其中，差旅活动的要素主要包括此次活动的意图和目标、内容和重点、邀请单位和对象、参与的有关人员、大致的日程安排、希望对方单位做哪些准备工作等。差旅活动的组织与安排具体包括根据上司的指示拟订旅行方案，通知有关部门确定随从人员名单，对随从人员进行编组和分工，组织旅行活动预备会，听取上司关于预备工作的指示，学习有关文件，布置具体任务，印发出访方案和日程安排，与对方单位联系使其有所准备。差旅活动的资料准备包括对方单位的历史沿革、领导班子、当前工作的相关资料，同出访工作相关的上级指示与政策、法规性文件，与出访事由相关的理论和典型经验方面的资料，与出访地区有关的地理、气候、交通情况以及风土人情方面的资料。差旅活动的物质准备包括办公用具、常用药物、差旅费以及服装、照相机、收录机等工作、生活及文化用品等。针对一次出差旅行的准备工作，秘书要开列待办事项清单，并按计划办理。

（二）出差旅行期间

上司出差旅行期间秘书的服务应分情况执行。上司出差，如秘书留守办公室，则秘书需按部就班处理好日常工作，但要与上司保持密切联系，保证信息畅通。如秘书随从，一是要做好出差旅行期间的组织与安排工作。如领导出访察看生产现场、召开座谈会或个别访问等，秘书要为之安排好时间、地点和有关人员，并随时做好现场记录，以便事后分析研究。同时将所见所闻及时、准确地向上司汇报，一旦发现问题主动向上司提出处理建议。二是处理好出差旅行期间的日常事务，遇到人事、时间、地点等方面的矛盾，要主动协调，尽量提高工作效率。除此之外，还要尽可能安排好上司的生活和休息，使之身心健康、精力充沛地投入工作。

（三）差旅结束阶段

差旅结束阶段的工作是指出差旅行活动的善后工作，这个阶段秘书主要办理的事务有以下几个方面。第一，做好返程安排。联系安排好返程的交通工具，预定好车票、船票、机票，安排好途中食宿，确保上司的安全。第二，整理调查资料。出差旅行回来后，要把出访中发现的问题整理归纳，提出改进工作、解决问题的建议，抓紧时间处理在出差期间上司要求办理的事务，通知、督促有关部门及时落实，做到言而有信，件件有着落，事事有回音。第三，报销差旅费。秘书要协助上司结算开支、报销差旅费、偿还预借款。第四，如果秘书随从出差，还需要对自己在出访期间的工作进行回顾总结。

三、随行服务工作

在上司公务旅行期间，随行秘书要为上司公务旅行活动提供全面服务，除了做好即时现场记录，起草各种临时文件，拟订上司的演讲提纲以及为上司提供各种所需的信息资料之外,还应当做好下列服务工作。

(一) 时间管理与服务

秘书要根据旅行日程表,帮助上司管理好旅行时间,具体包括旅行出发时间、旅行期间时间安排、返程时间等。安排出发时间要考虑到交通状况,如从市区到机场,如果不发生交通阻塞,一个小时车程足够,但是应考虑到途中路况不好或交通意外会影响车速,因此,要提醒上司提前两个小时驱车前往,以防因交通意外耽误了航班。到达出差目的地,要考虑行程安排,选择合适的交通工具,如预先租车或预约接送,绝不能因为交通误时而耽搁大事。秘书对整个旅行期间的时间安排要把握到位,及时提醒上司旅行中各项活动的安排,并做好相应的准备。返程时间要及时通知本机关的办公室,如有必要可请他们安排接车。

(二) 接待来访客人

上司公务旅行期间,可能在下榻的宾馆接待来访客人。无论是公务性来访,如接见反映情况的人民群众、礼节性前来拜访的商业伙伴,还是私人性见面,如上司的老同学、老战友、老同事等私人朋友来访,随行秘书都要热情接待,尽可能安排一些具体交流活动,如给上司与来访者的会见留影纪念等。

(三) 保持通信联系

随行秘书旅行过程中要与本机关办公室保持良好的通信联系。到达目的地后应及时告知"安全抵达";随时与组织有关主管人员沟通,通报公务旅行活动的进展情况,了解上司岗位职责工作在旅行期间的进展情况及需要解决的事宜。秘书与本机关办公室通电话时,也要主动询问机关的情况,以便及时向上司汇报。

(四) 注意上司的安全和健康

旅行在外存在一个安全问题。在交通工具上,细心的秘书会提醒上司注意安全,不让司机违反交通规则,不让上司坐在副驾驶座位,等等。在火车上秘书要照看好行李。在宾馆内,晚上关好房门以防失窃。公务旅行期间如参加宴会,在酒席上,秘书要注意保护上司,提醒上司不要过量饮酒,必要时给上司解围。旅行期间,提醒上司注意饮食卫生、劳逸结合,采取必要措施杜绝各种骚扰。

(五) 整理公务旅行资料

公务出差返程后,秘书要及时请示上司对这次公务旅行活动的结果进行处理。有时可能要写比较正规的书面报告,例如考察报告、会议传达提纲等,秘书要抓紧时间整理旅行过程中形成的有关材料。为上司草拟汇报提纲,或将公务旅行的结果形成文件等工作,都主要由陪同旅行的秘书来完成。

(六) 结算旅行费用

秘书对公务旅行过程中的每一笔开支都应有详细的记录,并留下正规的报销凭证。旅行结束后,秘书应及时收集和整理公务旅行期间的各种差旅费票据,到财务部门报销。如果公务旅行前预借了款项,报销后就应归还。随行秘书在报销差旅费时要严格区分公务开支和私人开支,个人购物或旅游的开支一般不能报销。

四、随行服务工作要求

陪同上司外出调查研究、参加谈判等,秘书要按照各项工作的具体要求提供服务,这是不言而喻的。这里主要从差旅服务的角度提几点特殊要求。

(一) 考虑周到,反应灵敏

考虑周到体现在差旅服务工作的各个方面。例如,在外查找资料比较困难,而且也不可能随身携带过多的纸质材料,因此,手提电脑内要多拷贝一些可能会用到的资料;出差目的地如果有上司或自己的同学、朋友等熟人,出发前要将他们的电话号码核实清楚并写在随身携带的卡片或笔记本上;出席宴请如果上司比较贪杯,秘书不仅要在酒宴上适当提醒和保护上司,还要随身带几颗醒酒药,以备不时之需,等等。

出差在外可能会遇到一些难以预料的情况,这就要求秘书反应灵敏,随机应变,在不影响上司完成主要公务的前提下变通处理。如某秘书陪同上司自驾车去外地参加重要谈判,路遇严重交通堵塞,秘书可向交警了解情况,若得知恢复通行需要 2~3 个小时,必然会因迟到而违约,秘书应采取应急措施,以免耽误公务。

(二) 服务主动,办事细心

差旅服务需要秘书具备主动服务的意识。在接到服务上司出差旅行的任务后,秘书要主动与上司沟通,了解出差旅行意图、目标和日程,对后续各项出差旅行服务工作做到心里有数。在整个出差旅行期间,秘书绝不能什么事都要等上司吩咐,叫做什么才做什么。从安排上司出差旅行期间的公务活动,到旅途中增减衣服等生活细节,秘书都要主动提供服务。

陪同上司外出工作时还必须做到办事细心、一丝不苟,从上司的出差地点、时间、人员安排到接送用车、飞机班次、火车车次等,都不能有半点差错。陪同上司外出工作的秘书,素质要求较高,如综合协调能力、交际沟通能力、随机应变能力、具体办事能力、快速撰文能力等。秘书在整个随从外出期间要时刻注意维护领导的威信,执行政策,遵守纪律,谦虚谨慎,平易近人,为领导也为秘书自身树立良好的形象。否则,如果秘书旅行途中丢三落四,不但不能为上司提供服务,反而要上司时常提醒自己,那就不仅会影响出差任务的完成,而且会给上司留下较深的负面印象。

(三) 言语谨慎,举止文雅

旅行期间,无论是正式商谈、宴请,还是休闲娱乐活动,秘书说话都要谨慎,不要轻易向外人透露上司对某些问题的看法和意图,以免造成工作被动。秘书在酒宴等场合,也要注意举止文雅,不说粗俗不堪的笑话,不猜拳行令、贪杯赌酒,以免醉酒失态,给人留下不好的印象。交流聚会中,有些政界和商界人士喜欢通过秘书打探消息,疏通关节,千方百计投秘书所好。因此,秘书出差旅行还要特别约束自己的行为,尤其是陪同上司参加重要公务活动时,秘书不能随便收受他人赠送的礼物,即使别人主动安排,也不能涉足黄、赌、毒等不良场所。秘书不但要约束自己的行为,必要时还应委婉提醒上司抵御不正之风。

第二节 出差旅行办理

一、出差旅行计划

在接受服务上司公务旅行的工作任务后,为尽可能使上司旅行过程中及返回后的工作能和日常工作一样有秩序地进行,秘书应主动向上司详细了解旅行工作的相关内容,制订一份旅行计划。

(一)出差旅行目的和工作任务

上司旅行目的和工作任务会因时、因事而有所不同,通常有调查研究、汇报情况、检查工作、观摩学习、出席会议、处理问题、商洽业务、看望慰问等,秘书提供的出差旅行服务的内容和要求也会有一些差别。因此,秘书有必要了解上司每一次公务旅行的目的及工作内容,以便快捷地做好安排与准备。如果是要参加会议,要了解会议是什么性质、上司是否需要发言、准备携带哪些材料等;如果是洽谈业务,要了解对方的背景、谈判的项目等。有时,出差旅行的主要任务之外还有其他事情需要顺便完成,例如趁去北京参加会议之机,抽空去看望正在北京进修的公司专业技术人员等,对这些情况,拟订出差旅行计划之前也应了解清楚。

(二)出差时间和地点

在充分了解上司出差的目的和工作内容的基础上,为上司制订一份出差日程表,这就需要秘书对上司的出差时间及地点进行详细了解。其中出差旅行时间包括出发时间、路途所用时间、抵达时间、返程时间、各项活动的具体时间等;出差旅行地点包括旅行目的地、途经地或中转地、业务接洽的不同单位或公司及上司可能去的其他地方,秘书一定要了解清楚每一个目的地的具体地址,越详细、准确越好。

(三)了解随行人员

上司出差旅行有时是单独一人,有时是同其他几位上司或同事一起。根据出差旅行的任务,有时还要组成调查组、谈判组、慰问团,或要求有相关业务人员(如销售部经理、法律顾问等)随行。这些人的年龄、性别、专长、生活习惯会不尽相同,出差旅行期间需要提供的服务可能也会有所不同。因此,更多地了解随行人员的工作和生活细节,有助于服务到位。例如,如果都是年轻人,可以把日程安排得紧凑一些;如果有年长体弱的上司参加,在活动安排上就要多留一些余地,或安排他少参加几项活动。曾有位秘书介绍经验说,多人外出旅行时,他还要了解随行人员睡觉是否打呼噜,然后把睡觉打呼噜的安排住一起(或单独住),避免休息时形成干扰。

(四)其他事项安排

上司出差旅行中可能会出现秘书没有考虑到的需求及不可预知的情况,需要与各方保持经常性联系。秘书应该准备一份通讯录,内容包括出差旅行人员的姓名、办公室电话号码、旅行人员家庭电话号码、出发及返程日期及时间等,这也有利于秘书随时与旅行在外的上司保持良好沟通。

(五) 出差旅行日程表

出差旅行日程表对旅行中的上司与留在办公室的秘书都非常有帮助,它清晰地体现了出差旅行期间的各项活动内容及时间安排,能及时解决可能出现的一些临时性问题,如上司忘记了约见的时间或地点等。秘书在制订日程表之前,最好与上司进行协商,记录本次出差期间的所有行程,拟订草稿送上司过目审核,以便修订可能要改变或遗忘的项目。定稿后复印四份,一份交给上司,一份留在办公室,一份送给上司家属,一份秘书自己随身携带。

一份出差旅行日程表,通常包括出差旅行目的地,出差多长时间,出发、到达、返程日期及具体时间(几日几时),交通工具及路线,预订的住宿地点,到达后的活动日程安排,需携带的资料、会议记录工具或其他相关材料等方面的信息。某人某次商务旅行的日程表如表9-1所示。

表 9-1 ×××旅行日程表

日期	时 间	交通工具	地点/单位	事 项	备 注
9日	8:40~10:10	CA201航班	南京—北京	飞抵北京国际机场	2日前订往返机票
	12:00	对方接机	香格里拉	下榻、午餐	客房已订
	15:00			与销售商联系明天谈判的时间、地点	电话联系
	16:00	出租车	清华大学	看望本公司的工程技术人员	联系人×× 138001032××
	18:00		中关村	宴请慰问	
10日	9:00	对方汽车	宏达公司	代理销售谈判	谈判资料
	12:00			午 餐	对方宴请
	下午			谈 判	谈判资料
	晚上			机动(会友)	
11日	上午		图书大厦 王府井	购书、购物	11点用午餐
	11:30	出租车	宾馆—机场	出发去 北京国际机场	从宾馆出发
	14:20~16:50	CA102航班	北京—南京	抵达禄口机场	2日前订返程票
	17:00~18:00	汽车02号	机场—公司	返 回	司机×× 130331442××

二、国内旅行办理

（一）落实交通工具和宾馆

在确定了上司旅行出发和返回的时间后，就要落实交通工具并安排住宿。秘书一方面要了解本单位的出差旅行制度，另一方面要了解本单位或公司与航空公司、出租汽车公司、宾馆连锁店是否签有优惠待遇协议，如果有，要充分利用这些方便，迅速预订飞机票、火车票，与出租汽车公司取得联系。

1. 机票预订

国内公共交通相对发达，汽车、火车、飞机等各类交通方式日渐完善。一般远程旅行，航空运输为首选，机票预订可以通过旅行社、旅行网站、电话、手机完成，目前国内乃至全世界来往我国各航空公司的机票都可以随时预订。机票总价格应是机票价格、机场建设费、燃油税三部分的总计费用。按票价折扣划分，机舱座位分为头等舱（F舱）、公务舱（C舱）、经济舱（Y舱），不同舱位价格不同，头等舱价位最高。在机票预订之前，可以实时对所需要的航班进行查询，了解航班出发的时间、机型、飞行线路、机票报价及相关税费、附加费等，再预订满意的航班。如果返程时间已经确定，最好选择预订往返票，这样在价格上有一定的优惠，同时也可以提高办事效率。

目前许多航空公司机票预订提供电子客票，有时也叫无纸化客票。选择电子客票，旅客的购买记录会保留在航空公司的订座系统内，旅客不会收到纸质客票。为了证明旅客的订座和票价，旅客应该保留一张电脑生成的行程单。行程单为电子客票成功出票后的纸质凭证，可作为财务报销，不作为登机凭证，旅客应记下确认号码作为订座证明。

2. 火车与汽车票预订

火车、汽车仍为国内大多数人出差旅行的主要交通工具。目前我国的火车运输相当发达，根据火车运行速度及服务档次，可供选择的类型非常多，票价、舒适度、效率各有特色。如果选择火车出行，可以当天或提前1～20天，通过12306订票官网、电话95105105/96020088专线、火车站或代理机构预购火车票，以便能准点出发与到达目的地，以免误了行程。上司出发时，最好能提供一份列车时刻表，这样旅途中会比较方便。同时，在我国，火车出行应考虑一些实际情况，每逢国内重大节假日时要慎重考虑，以免耽搁旅行行程。

在出差旅行中，汽车往往是火车与飞机的连接工具。乘坐火车或飞机到达目的地后，可利用出租汽车公司。为节约时间，通常可提前利用出租汽车公司的预订电话进行预约，也可直接上出租汽车公司的网站直接预订。预订方式与酒店预订方式一样，需要提供信用卡担保。如需要在出租汽车公司预订，应事先收集出差目的城市的出租汽车公司信息，如服务项目、服务时间、价格及收费、车辆类型等信息，再结合上司的工作需求进行安排。如果需要选择汽车用于长途旅行，可到汽车站购票上车，也可提前预订，尤其是节假日。汽车在各类交通工具中最为便捷，也是出差旅行中必不可少的交通工具。

3. 宾馆预订

宾馆预订也可以通过旅行社、电话或互联网进行。宾馆规格和客房标准要参照本单位的出差旅行制度及优惠协议，并照顾到上司的生活习惯。对宾馆的房间情况要有具体了解,如标准间、单人间的设施与房价,房间的通风、周围景观、安全措施等。预订时要具体说明上司的姓名、单位地址、电话号码、房间类型(单人间、标准间等),并附上秘书的姓名和电话。有些宾馆在机场有短程返回轿车或小型巴士,如果需要可以提前预订,要求提供准确无误的到达日期及时刻。在预订之后,应将预订信息通过电子邮件或传真发给宾馆预订联系人。

宾馆房间预订后,按行业惯例会保留到最后截止时限,一般为当日下午 6:00 以前。如需要保留预订超出最后时限规定,需要预付押金,这样必须提供给宾馆预订联系人一个信用卡号。一旦提供了信用卡,宾馆肯定会保留预订的房间,但是不管入住与否,必须付住宿费。大多数宾馆允许撤销没有预付费的预订,但必须在到达当天下午 6:00 以前。

除此之外,宾馆预订还可以利用旅行社或旅游公司提供的宾馆预订服务。大规模的旅行社经常提供一些酒店及宾馆的房间的预定信息。去一个陌生城市出差旅行或出席会议,而如果不了解酒店的详细情况,秘书可以利用互联网、当地城市的商会、当地新闻机构等预先进行调查,也可以直接与会议联络处联系,他们可以提供大量非常有价值的信息。如果是连锁快捷酒店,就可以直接联系连锁预订中心或去网页查询那个城市的酒店预订信息,直接与预订中心预订。

(二) 旅费

一般情况下上司公务旅行应由秘书到财务部门预支差旅费。差旅费一定要准备充足,但是最好不要随身携带过多的现金。公司或单位信用卡是最为便捷的支付工具,应充分运用信用卡的支付额度支付旅行期间的经费,同时也可在信用卡上多存一些现金,以便随时取用。如果需要大额经费,最好选择旅行支票。

(三) 公务活动的材料

有些出差旅行活动需要携带各种信息材料。如果是谈判活动,秘书应准备谈判所需要的信息资料,如谈判计划书、对方的资料、本公司或单位的资料等。同时还要考虑到在外执行公务不能随时查资料、文件、档案,大量纸质文档不便携带,也不便保管与保密等,因此,对所有需要准备的资料应以便于携带的方式保存。可以在电脑上储备信息资料。公务旅行时带上手提电脑,以便随时调阅所需资料。

(四) 旅行用品

旅行用品包括身份证、通讯录(常用电话号码)、手机备用电池及充电器、照相机或摄像机、列车时刻表、旅游地图、换洗衣物、洗漱用品、常用药品(特别注意带晕车药)等。

三、出国旅行办理

随着世界经济一体化的发展,现代社会组织的国际化交往日趋普遍。无论企业还是党政机关的领导,出国考察、访问、洽谈已成为其工作的一个重要组成部分。出国出境通常由秘书部门来办理相关事务,秘书必须熟悉相关出国出境事务。

(一)出国手续办理

1. 撰写出国申请

因公出国人员应向有关管理机构提交出国申请,一般包括出国事由、出国团组的人数、出国路线、外国机构所在国名称、出国日程安排(出国时间、在国外的活动时间和地点、回国时间)等。申请文书后面要附出国人员名单(写清姓名、年龄、性别、职务、职称)以及外国机构所发的邀请函(副单)。只有在获得批准之后,才能办理其他出国手续。

2. 领取护照

护照是各主权国家发给本国公民出入国境和在国外居留的身份证件。任何国家都不允许没有护照的人进入国境。凡出国人员均应持有护照,以便在有关机构检验时出示。各国护照的检验都比较严格,防止持有过期、失效甚至伪造护照的人进入该国国境。

我国公民持有的护照分为外交护照、公务护照和普通护照三种。普通护照又可分为因公普通护照和因私普通护照。外交护照主要发给具有特定职务的人员和具有外交官身份的驻外人员,公务护照和因公普通护照主要发给因公出国工作、访问、学习的人员,因私普通护照发给我国侨民、留学生和办理私人事情的出国人员。因公出国人员的护照,由外交部或外交部授权的机关办理。因私出国人员的护照,由公安部授权的机关办理(一般直接向户籍所在地的公安机关提出申请)。拿到护照后,应该检查姓名、出生年月、地点是否填写正确,并在签名格上签名。出国前要凭护照办理目标国家和中途经停国家的签证,购买国际航班机票和车票、船票等;在国外要凭护照办理入境居留手续、入住旅馆等。

3. 体检

不少国家对患有某些疾病的外国人明文规定不准入境。根据我国《国境卫生检疫法》规定,我出国人员(包括自费出国留学人员等),须到出入境检验检疫机构指定的省(市)卫生机构进行健康体检,并办理《国际旅行健康检查证明书》。

4. 办理签证

护照办好后,还应申请目标国家和中途经停国家的签证。签证是一个主权国家官方机构对本国和外国公民出入国境或在本国停留、居住的许可证明。签证许可一般做在护照上,也有的做在其他身份证件上,如未建交国往往另做纸签证,与护照同时使用。签证由目标国家驻中国的大使馆或领事馆办理,各国办理手续有所不同,一般需要收取签证费,提交相应的申请材料。申请签证之前,可直接咨询目标国的大使馆或去其网站查询办理该国签证的相关事宜。

入出国境的签证分为入境、入出境、出入境、过境签证,另外还有居留签证。有些国家还有礼遇签证、非移民签证。按照国际惯例,一般是持何种护照发给何种签证。但有的国家规定可以发给高于或低于护照种类的签证。不论何种签证,都有一定的格式和内容,主要包括签证有效期、有效次数、停留期、入出境口岸和偕行人数。如途经一国的过境签证有效期为半年,居留期限为一个月,入出境一次;超过一个月,需向有关机构申请再办理延长签证的手续。去任何国家都要注意签证问题,否则会带来很多麻烦。

5. "黄皮书"的办理

"黄皮书"即《国际旅行预防接种证书》。为防止国际间某些传染病的流行,各国都对外国人进入本国国境规定了必须进行的预防接种,主要有种牛痘、防霍乱和防黄热病的接种等。这些预防接种的有效期限分别是：牛痘自初种后 8 日起，复种后当日起 3 年有效；预防霍乱自接种后 6 日起，6 个月内有效；预防黄热病自接种后 10 日起，10 年内有效。

根据不同时期、不同地区和不同疫情的分布情况，各国对预防接种的要求也有所不同。如天花，目前在世界范围内已基本得到控制，因此很多国家已开始不要求必须接种牛痘了。有时某一地区发现霍乱，凡出入该地区的人都必须注射霍乱疫苗。根据我国《国境卫生检疫法》规定，出国人员（包括自费出国留学人员等）须到指定的省（市）出入境检验检疫机构办理接种手续，并领取"黄皮书"。出国人员办理接种手续前，应对目标国家的检疫要求做必要的了解。

6. 置办服装

公务出国旅行之前，按国家或各单位的规定发给出国人员一定数额的服装补助费，以便在国外穿着大方、整洁，不失国家尊严。置办服装要了解目标国家的气候及公务社交活动的需要，按规定置办适宜的服装，不要随意使用服装补助费。

7. 购买机票（车票、船票）

购买出国机票与预订国内旅行机票方式基本相同，但是出国人员在国内购买国际航班机票时需提供护照号。拿到机票后，首先应检查所乘坐航班的班次、日期、途经城市、到达城市是否正确，然后在机票所属航空公司网站选择所乘坐航班座位，得到确认后，就可以搭乘飞机。如果不能及时在网站上确认座位，登机之前也可到机场自助值机或人工柜台确认，机票上都注有姓名，不可转让。

（二）随行物品准备

出国旅行所需携带的物品比国内旅行要求更为完备与齐全。

1. 收集旅行信息

秘书可以通过互联网、旅行社、驻外使馆、其他驻外机构，及时掌握出差旅行目的地的地理条件、气候、人口、产业、交通等信息，全面而详细地了解当地的政治、经济、文化习俗，对出差旅行期间的公务活动及旅行生活都有实质性的帮助。

2. 准备随行物品

帮助上司准备出差物品，要坚持少而精的原则，既要方便行动又要便于工作与生活。一般需要准备的物品大体包括以下四大类。

一是有关文件资料、样品等，出国旅行前一定要查明应随身携带的文件资料，如发言稿、拟订的合同、说明书、产品的样品托运单等有没有遗漏。二是各种证件及其他信息资料，如身份证，工作证，名片，护照和签证，出入国境必需的文件，出差旅程表，约见对象的公司或单位名称、联系电话、地址、负责人姓名和职务等。三是必需的办公用品，如手机、手提电脑、单位信笺、信封与邮票、通讯录等。四是日常生活用品，如洗漱用具。按国际惯例，一般酒店不提供"六小件"，需自己携带毛巾、牙刷、拖鞋、梳子及电动胡须刀等；化妆品只需将必要分量放入轻便小容器中；西方一些国家的酒店和亚洲地区酒店不同，一般不供应茶水，故需自备一个人用的热水瓶；出访国外带上多用途的餐具如刀、叉、汤匙、罐头启子等会带来很多便利；了解出差地的气候选择适当的衣服；如需要参加重要社交活动，需准备晚礼服，这是欧美各国社交活动中必备的服装；晕车药、感冒药、胃肠药等常备药物，应准备适当的分量，因为在很多国家如果没有医生处方，在药店就买不到药。

3. 外币及信用卡

出国旅行通常要携带世界性通用货币,即在外汇市场上可以自由兑换的货币,如美元、英镑、日元、德国马克等。外汇支取或兑换需按有关规定到银行办理,一般只要准备少量外币现钞就行,备足小面额的零钱。

各国对外汇的管理很严格,对旅客入境时携带的现钞会有一定的限制和要求,如我国海关限定,中国公民出入境、外国人入出境,每人每次携带的人民币不超过2万元。美国海关规定,入境时携带的现金超过1万美元需申报。如需大额外汇,可用旅行支票和信用卡,目前我国受理的外国信用卡有万事达卡、维萨卡、运通卡、大莱卡、百万卡、发达卡等,同时有许多国家受理中国各银行银联卡。如办理双币种信用卡,使用更为方便。

秘书为上司所准备的携带物品,在出发前两天必须列好清单并核对无误,然后送到上司手上。

(三) 出入境手续

出入境是指一国公民经本国政府主管机关批准和目标国家或地区以及途经国家或地区的许可,持合法有效证件,通过对外开放口岸或指定的口岸从本国出境进入其他国家或地区,或者从其他国家或地区返回本国境内。出入境的概念包括两个方面:一是指本国公民经本国政府批准,持用合法证件出入本国国(边)境;二是指外国人持用合法的证件,经一国政府批准出入该国国境。

对于大多数国家,"出入境"就是指出入国境,而在中国有着较为广泛的含义。中国公民往来香港、澳门、台湾地区应属于国内旅行,但根据目前的实际情况,往来香港、澳门、台湾地区仍要按照出入境来办理手续。

任何国家对出入境旅客均实行严格的检查手续,办理这些手续的部门一般设在旅客出入境地点,如机场、车站、码头等。出入境手续包括下面几个方面。

1. 边防检查

很多国家的出入境手续由移民局负责,主要是填写出入境登记卡片(有时在飞机上填写)、交验护照、检查签证等。飞机到达目的地,旅客下机后按次序进入机场检查处,办理入境手续,即将护照、黄皮书、报关单等交移民局官员检验,并答复询问,如被允许入境,则在卡片上盖章注明入境日期,签字注明签证身份及再次合法入境的期限。如通过对方国家接待单位(或主人)联系,可将有关证件集中交验。有些国家可免办过境签证,并允许旅客出机场到市内参观,只是将护照留在边防,领取过境卡片,返回时换回。边防检查办理完毕即可凭行李卡认领托运的行李,然后接受行李检验,入境。

我国的边防检查步骤是:①中国大陆、香港、澳门、台湾居民到达出境、入境口岸时,将自己的护照、通行证、签证等一并交给边防检查人员,由边防检查人员进行逐项检查;外国人到达入境、出境口岸时,首先要填一张《外国人入出境卡》并将自己的护照、签证等一并交给边防检查人员,由边防检查人员进行逐项检查。②边防检查人员对持照人的证件进行核查(包括护照是否真实有效、签证是否真实有效等)后在护照上加盖验讫章(该章内包括出境口岸的名称、编号、"出境边防检查"字样和年月日等),并将出境登记卡留存于边防检查站。③上述手续完毕后,将护照、通行证等当面交给持照人。

2. 海关检查

根据海关的相关规定，进出境物品的所有人应当接受海关查验。查验进出境旅客行李物品的时间和场所，由海关指定。海关查验行李物品时，物品所有人应当到场并负责物品的搬移、开拆和重新包装。查验时，旅客须出示有效身份证件，以便海关确定旅客身份和物品验放标准。如果携带需要申报的物品，需填写旅客携带物品入出境申报单，必要时海关有权开箱检查所带物品。持外交护照者一般可免验。各国对出入境物品的管理规定不尽相同。如我国海关规定，文物、濒危动植物及其制品、生物物种资源、金银等贵重金属，入境的单价超过5000元的照相机、摄像机、手提电脑等旅行自用物品，人民币现钞超过20000元，或外币现钞折合超过5000美元，货物、货样、广告品，其他需要向海关申报的物品等，应如实申报并将有关物品交海关验核，办理有关手续；动物、植物及其产品，微生物、生物制品、人体组织、血液制品须交海关验核；烟、酒和中草药、中成药等物品按限额放行；酒精饮料超过1500毫升（酒精含量12度以上），香烟超过400支，或雪茄超过100支，或烟丝超过500克，文物经文化行政管理部门鉴定后需申报；武器、毒品、活动植物等为违禁品，非经特许不得入出国境。通过海关检验后，需纳税的进出境物品应依法完税，纳税价格由海关依法确定。

3. 安全检查

各国航空公司都规定对登机的旅客必须进行安全检查，主要是防止携带武器、凶器、爆炸物等。检查方式包括过安全门、用磁性探测器检查、红外线透视等。

4. 卫生检疫

对于交验"黄皮书"，有些国家有时免验，但有时对某些流行病检查特别严格，如发现未进行必要的接种，则采取隔离、强制接种等措施。

(四) 国外旅行注意事项

1. 航班及机场

应预先了解所乘航班所属航空公司、乘机流程、机场航站楼的位置以及前往机场航站楼的便捷交通工具等，以方便办理登机手续。根据航空公司规定，航班起飞前30分钟停止办理登机手续，乘机旅客必须提前1～2个小时到达机场。

2. 行李托运要求

需按要求托运行李物品。按一般规定，国内航班随机托运行李，一般头等舱30千克、二等舱20千克内免费，手提物品不超过5千克，超出部分需付超重费。各国的航空公司对托运行李的重量规定不尽相同，有些航空公司对托运行李箱的尺寸大小也有规定，如美国联合航空公司规定托运2件，每件小于23千克，每件3边之和小于158厘米；手提1件，小于18千克，每件3边之和小于115厘米。抵达机场办理登机手续时，根据行李重量与大小，可随机托运或分开托运。每件行李应有明显标记，可用中文在托运行李用的统一标签上写上姓名及目的地，以便识别。下机后，如行李一时找不到，可通过机场行李管理人员或航空公司查询，并填写申报单交航空公司。如行李遗失，由航空公司照章赔偿。

3. 旅途中转

如果旅行途中必须换乘飞机，通常可选择中转联程航班。为避免发生意外事端，尽量选择建交国家的航班，可直接过境，不用签证。另需安排好衔接航班，合适的衔接时间以

2~4小时为宜,以确保有足够的时间办理中转手续或误机后办理改换航班手续。在中途换乘飞机时,应关照一下行李是否转到换乘的班机上。

4. 尊重习俗、掌握礼节

公务出国代表了国家、机关、单位的形象,秘书有必要在领导出差前了解一下当地的风俗习惯,注重当地的礼仪礼节,如给小费等。如果要出席重要活动,需备随行翻译人员。若能掌握些当地的日常生活用语则会更为方便。

第三节　旅行辅助服务

目前,秘书在管理上司及社会组织的其他公务旅行活动时,应善于借助旅行社、旅行网站等专门旅行服务机构作为公务旅行管理的辅助手段。这不仅可以提高公务旅行管理工作的效率,而且可以节约旅行成本。

一、互联网咨询

现在大多数人都会将互联网作为旅行信息的主要来源,互联网咨询对国内、国际旅行活动都可以提供极大的帮助。通过网络咨询,可以降低旅行费用,买方与卖方还可以进行直接、详尽、全面的沟通,双方对中间人的依赖都减弱了。特别是买方,旅行网站能提供很多旅行专业服务,如订票、订房、就餐、推荐线路、景点介绍(导游服务)等几乎都能在网上完成并一步到位。相对实体旅行社服务,透明度更高,资料更全面、客观,价格也比较合理。另外,游客所需的个性化服务在网上也可以得到满足。

利用互联网可以收集各种旅行预订信息,如果手头没有旅行社确切的网址,浏览者可以通过各种搜索引擎查找这些旅行信息。浏览旅行社网页,可以找到旅行目的地、宾馆信息、公共服务信息、城市地图以及该地区的特色旅游项目,然后可以通过网站与宾馆、出租车租赁公司联系,以解决公务旅行中的住宿、交通等事项。

绝大多数航空公司、出租车租赁公司、连锁宾馆、连锁酒店都有在线网络服务。一些专门的旅行网站会提供各个航空公司、连锁宾馆、出租车租赁公司的信息,并不需要一个一个搜索。例如,目前国内一些知名旅行网站有:

(1) 携程旅行网　　　　http://www.ctrip.com
(2) 去哪儿网　　　　　http://www.qunar.com
(3) 艺龙旅行网　　　　http://www.elong.com
(4) 途牛旅游网　　　　http://www.tuniu.com
(5) 穷游网　　　　　　http://www.qyer.com
(6) 蚂蜂窝旅游网　　　http://www.mafengwo.cn
(7) 户外资料网　　　　http://www.8264.com

机票预订、汽车租赁、宾馆酒店预订及火车票、汽车票预订都可以在网上完成,如国内火车票的预订,可以直接在铁通总公司的12306网上进行。如果预订机票,可以登录各个航空公司的网站,不仅可以预订,还可以办理登机手续,如选择座位、打印登机,甚至要求特别的餐饮等。每一个旅行网站提供的服务都有其侧重点,因此,要选择一些适合自己使用的网站,以免浪费时间。

关注一些常用网站以及他们的延伸与升级服务,如航空公司的积分奖励方法,"飞行常客计划"等,能给旅行带来更多的优惠。除此之外,还要关注旅行网站与航空公司推出的旅行优惠活动,与他们保持联系,需要安排公务旅行活动时,他们会提供实用的信息。

对秘书来说,在日常信息收集中,除了关注一些实用性的旅行网站,与同事或一些专业人员交流,从报纸杂志、公司广告获得有用信息,还要将所收集的信息建立一个电子文档,分类保存相关网址,同时注意备份以免丢失。

二、旅行社

对于旅行者来说,旅行社在旅行中所发挥的不只是中介作用,它不仅可以向旅行者介绍旅行目的地、宾馆等信息,而且可以给旅行者更优惠的价格、合理的行程安排及相关的服务。旅行社提供的服务产品的价格,包含了一定的优惠、实际的成本以及旅行社提供服务所收取的费用。由旅行社代理旅行事务,通常会给旅行计划带来很大的帮助,因为旅行代理人可以利用所拥有的专门知识与旅行信息为个人旅行提供服务。旅行代理人可以利用他们的电子信息系统,查询目的地的航空日程表及价格,寻找合适的价格与飞行线路,通过机票预订系统将信息提供给航空公司。他们也可以提供汽车租赁、宾馆和其他的旅行信息,同时,旅行者可以要求旅行代理人提供有特色的航班、特色的宾馆、特色的汽车租赁公司等。

当然,旅行代理人给旅行者提供的服务,不仅仅是预订机票与汽车租赁等服务,他们还可以向旅行者提供有特色的旅行目的地或旅行线路以及某一个旅游点的信息、游客反馈信息。尤其是导游对某一具体景点的专门知识、服务质量等深度信息,在网络上是看不到的。他们能够回答许多复杂的旅行行程安排问题。一些大型的旅行社在航空公司及行李托运上有自身的价格优势。为了提供个性化、专门化服务,有些大型单位和公司自身拥有专门的旅行管理服务部门,这样也就不需要旅行社或旅行代理人的服务。也有许多单位和公司与旅行社或旅行代理人签订长期协议,但这是付费服务。如从节约经费的角度考虑,可以根据公务旅行安排的需要,分次付费。

旅行社通过预订来收取费用,比如,由旅行代理人预订飞机票,他们的报价一般包含了购买一张机票的服务费用。即便是通过互联网能够找到各种各样的旅行服务,但一个好的旅行代理人往往能够帮助旅行者很快地找到最合适的旅行服务,从而节约大量的时间。

除了互联网和旅行社,航空公司、铁路公司、汽车租赁公司、连锁宾馆、汽车旅馆、农家宾馆都有免费电话预订系统。代理人可以直接在电话中解答旅行目的地的相关问题,并完成复杂的预订程序,这些系统不仅可以人工完成预订,也可以自动解答相关问题,还可以通过信用卡进行结算。

一个有效率的秘书,在办理上司的公务旅行时,要善于借助这些专门的旅行服务方式,平时要收集旅行社、旅行代理人以及航空公司、铁路公司、汽车租赁公司、连锁宾馆、汽车旅馆的免费预订电话号码,制作电话号码清单,以满足实际需要。

三、旅行指南

在旅行过程中,一本旅行指南或手册往往会带来极大的方便。旅行指南主要是为旅行者提供要参观的某一个城市或一个国家的信息及建议,其内容有宾馆、旅馆、参观信息等,还会集中讨论某些主题,如某一地区的著名景点和交通状况,从一个景点转到另一个景点的道路导引,食宿停留,本地区的特色等。许多旅行指南每年都会更新一次。如世界著名的《米其林指南》,它是法国知名轮胎制造商米其林公司所出版的美食及旅游指南书籍的总称,其中包括评鉴餐厅及旅馆,书皮为红色的"红色指南",还有内容为旅游的行程规划、景点推荐、道路导引等,书皮为绿色的"绿色指南",它主要提供法国、欧洲乃至世界其他国家的风景、文化、历史以及饮食、住宿和交通等方面的信息,着重介绍各旅游胜地的相关数据和信息。其他许多国家都有这样的旅行指南或手册,出售给周游全世界的旅游者,给他们的旅途带来极大的便利与乐趣。

四、护照与签证

(一)护照办理

1. 提交申请材料

中国公民申请普通护照,应当由本人向其户籍所在地县级以上地方人民政府公安机关出入境管理机构提出,并提交下列真实有效的材料:

(1)近期免冠照片一张以及填写完整的《中国公民因私出国(境)申请表》(以下简称申请表);

(2)居民身份证和户口簿及复印件,在居民身份证领取、换领、补领期间,可以提交临时居民身份证和户口簿及复印件;

(3)未满十六周岁的公民,应当由其监护人陪同,并提交其监护人出具的同意出境的意见、监护人的居民身份证或者户口簿、护照及复印件;

(4)国家工作人员应当按照有关规定,提交本人所属工作单位或者上级主管单位按照人事管理权限审批后出具的同意出境的证明;

(5)省级地方人民政府公安机关出入境管理机构报经公安部出入境管理机构批准,要求提交的其他材料。

现役军人申请普通护照,按照管理权限履行报批手续后,由本人向所属部队驻地县级以上地方人民政府公安机关出入境管理机构提出。

2. 办理程序

(1)受理。公安机关出入境管理机构受理普通护照申请材料后,应当询问当事人。对申请材料齐全且符合法定形式的,应当场受理;对申请材料不齐全或者不符合法定形式的,应当一次性告知申请人需要补正的全部内容。

(2)审批。审批签发机构收到受理机构报送的申请材料后,对符合签发规定的,以公安部出入境管理机构的名义签发普通护照;对不符合规定不予签发的,应当向申请人书面说明理由,并告知申请人享有依法申请行政复议或者提起行政诉讼的权利。

（3）制证。制证机构应当在本省级公安机关出入境管理机构规定的时限内完成制证工作。

（4）领证。申请人本人须按照出入境管理部门通知的取证日期按时领取证件。领取证件后,请仔细核对证件内容,发现差错,及时改正。

3. 办理时限

对申请材料齐全且符合法定形式的,公安机关出入境管理机构应当场受理,并自收到申请材料之日起15日内签发。在偏远地区或者交通不便地区或者因特殊情况不能按期签发普通护照的,经省级地方人民政府公安机关出入境管理机构负责人批准,签发时间可以延长至30日。

4. 其他事项

（1）办理护照收费标准:每本护照200元（收费依据:计价格（2000）293号,《国家计委、财政部关于调整新版因私护照收费标准的通知》）。

（2）现役军人申请普通护照手续。按照管理权限履行报批手续后,由本人向所属部队驻地县级以上地方人民政府公安机关出入境管理机构提出。

（3）公民领取普通护照后,应当在持证人签名栏内签署本人姓名。

（4）中国公民在国外申请护照,由中国驻外国的外交代表机关、领事机关或者外交部授权的其他驻外机关颁发。

（5）护照有5年有效和10年有效两种。针对普通护照持有人的不同年龄,规定了不同的有效期。其中,未满16周岁的人员申领普通护照有效期为5年,16周岁以上为10年,同时取消了护照延期的规定。

（6）申请人所持普通护照失效,重新申请普通护照的,应当为其办理曾持照加注。

（二）签证办理

1. 签证

签证是一个国家的主权机关在本国或外国公民所持的护照或其他旅行证件上的签注、盖印,以表示允许其出入本国国境或者经过国境的手续,也可以说是颁发给他们的一项签注式的证明。概括地说,签证是一个国家的出入境管理机构（例如移民局或其驻外使领馆）对外国公民表示批准入境所签发的一种文件。

护照是持有者的国籍和身份证明,签证则是主权国家准许外国公民或者本国公民出入境或者经过国境的许可证明。签证一般都签注在护照上,也有的签注在代替护照的其他旅行证件上,有的还颁发另纸签证。如美国和加拿大的移民签证是一张A4型纸大小的纸张,新加坡对外国人也发一种另纸签证,签证一般来说须与护照同时使用方有效力。

2. 办理程序

无论是中国人办理外国签证,还是外国人办理其他国家签证,无论自己直接办理,还是委托代办,一般需要经过下列几个程序。

（1）递交有效的护照。

（2）递交与申请事由相关的各种证件,例如出生、婚姻状况、学历、工作经历等证明。

（3）填写并递交签证申请表格。签证不同,表格也不同,多数要用外文填写,同时提供本人照片。

（4）前往驻该国的大使馆或领事馆会见相关官员。大多数国家规定，凡移民申请者必须面谈后才能决定；也有的国家规定，申请非移民签证也必须面谈，如美国。

（5）大使馆或者领事馆将填妥的各种签证申请表格和必要的证明材料，呈报国内主管部门审查批准。少数国家的使领馆有权直接发给签证，但仍须转报国内备案。

（6）前往国家的主管部门进行必要的审核后，将审批意见通知驻该国使领馆。如果同意，即发给签证；如果拒绝，也会通知申请者。如果拒签，使领馆方面不退签证费。

（7）缴纳签证费用。一般来说，递交签证申请的时候就要先缴纳费用，也有个别国家是签证申请成功的时候才缴纳费用。一般而言，移民签证费用略高，非移民签证费用略低。也有些国家和地区的签证是免费的。

3. 申办途径

已同中国建交的国家中，大部分都已在中国建立了大使馆或领事馆。大使馆设在首都北京，总领事馆设在经济发达和人口较多的城市，如上海、广州、沈阳、成都等。一些尚未在中国建立使领馆的国家或地区，或在香港设有领事馆，或委托其他办事处代办签证事务。

中国公民申办外国签证大致有三种途径：

（1）本人直接向外国驻华大使馆或领事馆申请办理；

（2）委托中国旅行社的签证处申请办理（一般只限旅游签证）；

（3）由外国亲友直接向该国移民局申请签证。

以上三种方式的采用要视情况而定。如本人熟悉情况，大使馆又受理个人申请的，可以本人直接向该国驻华大使馆或领事馆申请签证。有的国家在中国没有开设大使馆，则应由国外亲友在当地办理入境许可证明，获得批准后，再由亲友寄给申请者，申请者即可持护照和寄回来的签证，开始出国旅行。

外国驻华领事馆负责办理其领区范围内人员申请前往他们国家的签证，因此，申办签证的人士应事先了解前往国家驻华大使馆、领事馆及其管辖地区。

复习与思考

1. 简述公务旅行管理及其要素。
2. 简述秘书的公务旅行管理工作。
3. 简述秘书在上司出差旅行期间及归来后应做哪些工作。
4. 互联网旅行信息咨询给人们带来哪些便利？

实训与模拟

1. 假设你是某网络公司总经理秘书，总经理将出差美国，为期一个星期，参加位于硅谷的某IT公司的产品招商会议，请拟写一份出差旅行计划。
2. 假设你有出国的需要，请为本人申请一本因私普通护照。

案例分析

　　一天,总经理告诉秘书小于,他要到 x 市去开会,让她陪同一起去。她问总经理坐啥车,总经理说坐火车,赶上开会就行,不用太早。小于看了看列车时刻表,算了一下,坐明天 9:00 点的车就正好,既不用起早又不用贪黑,可以欣赏一路风光,晚上又不耽误休息。她下午买了预售票,告诉总经理明天在家等着就行了。文件、路费都准备齐了,车也安排了,她就安心回家了。第二天,她按时去接了总经理,在贵宾室检票时,她见贵宾室候车人很少,很是得意。检票时突然发现她买的票不是软卧,补软卧票时,列车员告诉她,这次车没软卧,有软卧的是 7 点的快车。虽然总经理一再说"没事",但她身上就像背个大麻袋似的,压力太大了。

　　一路上,为了减轻秘书小于的压力,总经理总是找话说,就像哄小孩似的。但是,这样更使小于觉得不自在。总算到站了,而且接站车也一直在等他们,这总算给小于一点安慰。由于他们是坐慢车来的,晚饭开过了,又现给他们热饭。虽然饭菜很好,但小于吃了两口就饱了。

资料来源:世界服装鞋帽网 www.sjfzxm.com

阅读此则案例,分析秘书小于在该次的差旅服务中存在的问题。

第十章　公关与人际事务

秘书机构是组织的窗口,秘书人员是组织的名片。秘书机构和秘书人员不仅肩负着塑造组织形象的公关职能,而且要协助上司处理来自各方面的人际交往事务。在这些职业活动中,秘书人员的个人仪表、言谈举止、办事效率将直接影响组织的美誉度。本章将介绍秘书及其机构的公共关系事务、人际交往事务、公务接待、职业形象,提升秘书及其机构的公关与人际交往能力。

第一节　公共关系事务

一、公共关系及其特征

(一)公共关系的含义及其构成要素

公共关系产生于20世纪初的美国,距今不过一百多年的历史。20世纪80年代传入中国。公共关系产生至今,人们对它的研究和探讨从来没有停止过,对公共关系的定义也有不同的表述。我们认为,公共关系就是社会组织以传播为手段与相关公众实现信息双向交流的过程,是对组织形象实施管理的活动。社会组织、公众、传播是公共关系的三大构成要素。

1. 公共关系主体——社会组织

公共关系主体是指公共关系动作的发出者,即公共关系活动的发起者和实施者,一般表述为社会组织或组织。社会组织不论大小,都需具备目标、人员、物质条件、机构与机制。

2. 公共关系客体——公众

公众是指公共关系动作的接受者,即公共关系活动中的被动接受方,一般表述为公众。在公共关系中,公众特指与组织相关的个人、群体和组织的总和。

3. 公共关系手段——传播

传播是指信息在时间和空间上发生移动变化的过程。公共关系传播即公共关系活动中的双方或多方信息交流、互动、分享的过程,其形式主要有人际传播、群体传播、组织传播和大众传播。

(二) 公共关系的特征

公共关系作为一个新生事物,其特征主要有下面几个方面。

1. 以相关公众为工作中心

各类公众是组织成败的关键,公共关系强调组织在对待公众利益时,务必以公众为中心。公众是一个个活生生的人,有认知、有情感、有是非判断力,对各类公众要同等对待、一视同仁。公众是一切组织公共关系工作的出发点和归宿。

由此衍生的公共关系的原理是:顾客第一,顾客就是上帝。

2. 以信息传播为合法手段

公共关系强调组织在对待公众利益时,信息交流和沟通是唯一的"合法"手段。组织对形象的管理不同于对组织的其他要素的管理,对公众的评价进行管理不能诉之于武力,不能采用政治高压手段,不能借助宗教迷信。社会组织对形象的管理只能通过信息传播的方式与公众进行沟通。公共关系活动实质上就是社会组织与相关公众之间的信息双向交流。

由此衍生的公共关系原理是:公众需要被告知,组织要满足公众的知情权;组织要有强烈、正确的传播沟通意识。

3. 以利益均衡为处事原则

公共关系强调组织在对待公众利益时,务必公平对待组织自身和相关公众的利益,首先满足公众的需求和利益,才能实现组织自身的利益。组织"有利可图"才能生存,公众得到实惠才能相信和支持组织。任何组织利益的实现都是以实现公众利益为前提的。

由此衍生的公共关系原理是:反对任何见利忘义、暴利、短期行为;任何"杀鸡取卵""竭泽而渔"的行为都只能破坏组织形象,没有公众利益就没有组织利益。

4. 以诚实守信为基本信条

公共关系强调组织在面对社会大众时,诚实守信应是其基本道德底线,是组织在公众中树立良好形象的基础,是组织赢得公众信任的保证。社会组织应把诚实守信作为自己生存和发展的生命线。

由此衍生的公共关系原理是:重信守诺,不传播虚假信息,不隐瞒和屏蔽对组织不利的信息;遵纪守法、遵守市场游戏规则;与同行公平竞争。

5. 以形象塑造为工作目标

组织形象塑造是公共关系的核心问题,也是公共关系工作的终极目标。如何在公众中为社会组织树立一个良好的形象(诚实、守信、有良知、有爱心、有社会责任感),是组织公共关系工作的重中之重。形象源自公众的评价,评价源自组织的所作所为,要想别人说你好,必须自己先做好。

由此衍生的公共关系原理是:名誉比财富重要,形象比生命重要;品牌就是无形资产,就是组织的财富。

二、公共关系事务

公共关系事务是指公共关系工作的具体事务,它包括公共关系调查、公共关系策划、公共关系实施和公共关系评估四个步骤,因此也叫"四步工作法"。

(一) 公共关系调查

公共关系调查是指公共关系人员运用科学方法对组织的公共关系历史、现状的有关信息、数据进行搜集、整理、分析,从而对组织的公共关系状态作出准确判断的过程。

1. 公共关系调查的内容

公共关系调查的内容主要分为以下五个方面。

(1) 组织基本情况调查。首先是对组织的发展目标、经营理念、组织机构设置、人力资源、财务情况、服务水平及产品、原材料、市场占有率等的调查。其次是对组织人际关系状况的调查,包括员工的归属感、自豪感、幸福指数、满意度及组织的和谐度的调查。最后是员工对组织评价的调查,包括生产环境、生活环境、规章制度与执行情况的调查。

(2) 知名度和美誉度的调查。其中知名度是组织被公众知晓、了解的程度;美誉度是组织被公众肯定、赞许的程度。知名度和美誉度是评价组织形象的两个重要标尺。

(3) 组织环境调查。具体包括直接环境和间接环境调查。组织直接环境有组织的顾客公众、社区公众、媒体公众、政府公众等。组织的间接环境有所在国家或地区的法律、历史、文化、宗教信仰、习俗等。

(4) 具体公共关系活动条件调查。主要包括对开展活动的场地、设备、人力、财力、技术、交通、气象等影响公共关系活动正常进行的要素的调查。

(5) 公共关系活动效果调查。一般在公共关系活动结束或公共关系计划实施一段时间后进行,主要是公共关系活动前后组织知名度和美誉度的对比,也包括对组织公共关系活动的关注度,以及公众在认知、情感、态度、行为等方面的受影响情况的调查。

2. 公共关系调查的方法

常用的公共关系调查的方法有下面几种。

(1) 观察法:是指公共关系人员借助自己的感官和特定仪器对公共关系调查对象进行观察、测定,从而获得相关信息、数据的方法。有直接观察法和间接观察法。

(2) 访谈法:是指公共关系人员通过访问、谈话的方式与调查对象面对面地交流,从而获得相关信息、数据的方法。有个别访谈法和群体访谈法。

(3) 资料法:是指公共关系人员通过对组织相关资料(统计、档案、样本、市场等)的阅读、搜集、整理,从而获得相关信息、数据的方法。

(4) 抽样法:是指公共关系人员从调查对象的整体中按照一定方法和比例抽取一定的样本进行调查,从而获得相关信息、数据,并将部分调查结果推及到整体的方法。

(二) 公共关系策划

公共关系策划是指公共关系人员在公共关系调查的基础上为组织的公共关系战略和具体策略进行运筹谋划的过程。公共关系策划有两个层次:一是长远战略策划,一是具体策略谋划。公共关系策划必须以公共关系调查为基础,没有公共关系调查就没有公共关系策划。

1. 公共关系策划的程序

公共关系策划的程序一般可以分为立项、研讨、策划、论证四个阶段。

(1) 立项阶段。主要是依据公共关系调查结论,针对组织的公共关系现状和实际,提出是否需要立项、确定公共关系项目的主题、分析实施立项的条件等。

（2）研讨阶段。主要是策划组成员就项目的目标公众、活动的主题等要素进行细致的分析研讨。活动主题要明确、单一，项目目标公众要清晰。

（3）策划阶段。主要内容是就活动形式、活动日程安排、场地布置、经费预算、人力配备、交通保障等做出具体、细致的谋划和设计，形成活动文案。

（4）论证阶段。具体包括两方面的内容：一是方案比较，一是实地考证。公共关系人员在策划阶段往往要拿出两到三个方案，以比较优劣，论证就显得非常必要。方案是否最佳、是否切实可行，要进行实地考察，方可保证方案实施万无一失。

2. 公共关系策划的方法

公共关系策划的方法主要有组合策划法、会议策划法、专题策划法、专家策划法。

（1）组合策划法，是一种将不同专业、不同领域的人才组合成一个专职策划小组，由策划小组完成策划任务的方法。组合策划小组的工作步骤为分头研究、交流信息、独立思考、小组研讨、专人提炼。

（2）会议策划法，是将公共关系问题提交与会代表共同讨论，由主持人组织会议，严格按照会议策划要求进行，从而完成公共关系策划任务的方法。会议策划一般成本较高，主持人是关键。

（3）专题策划法，是就公共关系的某一专题进行研讨，从而完成公共关系策划任务的方法。专题策划法的好处是集中精力解决组织面临的某一方面的公共关系问题。

（4）专家策划法，是指聘请来自组织外部的公共关系专家、相关领域专家就组织的公共关系问题进行策划，从而完成公共关系策划任务的方法。专家策划法获得的结果更专业，但成本一般都比较高。

（三）公共关系实施

公共关系实施是组织将公共关系策划具体操作和落实的过程。公共关系实施是组织公共关系的重中之重，没有实施的公共关系策划只能是空中楼阁。

公共关系实施的方式有两种：一是组织决策层自上而下的实施，主要是对组织发展规划、经营战略、经营理念、服务方式、行为方式的系统调整和校正；一是组织公共关系机构和公共关系人员负责实施的公共关系传播活动，旨在传播组织的某一方面的信息或改善组织某些方面的关系。

目前，公共关系实施的成熟模式有下面几种。

（1）宣传型公共关系活动模式：强调对组织信息的传播，注重营造舆论声势。有新闻发布会、记者招待会、新产品展览会等形式。

（2）交际型公共关系活动模式：强调与公众的接触，注重营造亲切友好的气氛。有茶话会、恳谈会、宴会、晚会等形式。

（3）服务型公共关系活动模式：强调组织的服务特色，注重公众切身利益的实现和满足。有上门安装、维修、巡回服务等形式。

（4）社会型公共关系活动模式：强调组织的公益行为，注重展示组织的爱心和善行。有捐赠、扶贫、助学、环保活动等形式。

（5）征询型公共关系活动模式：强调组织的专业水平，注重展示组织的教育引导作用。有义务咨询、消费教育与引导等形式。

（6）建设型公共关系活动模式：强调组织公共关系的良好状态，注重组织的高姿态展示。有开业庆典、周年纪念、获奖活动、先进人物报告会等形式。

（7）维系型公共关系活动模式：强调组织公共关系的平稳状态，注重组织低姿态的展示。有客户回访、积分奖励、节日问候等形式。

（8）矫正型公共关系活动模式：强调对组织公共关系不良状态的监测和矫正，注重对对组织不利的信息进行引导和消化。有主动召回、及时道歉、赔偿损失等。

（9）防御型公共关系活动模式：强调防止组织公共关系失调的一种公共关系活动模式。其特点是以防为主，防患于未然，避免矛盾尖锐化，防御与引导相结合。有公众意见调查、形象要素调研、员工素质培训、市场风险预测等。

（10）进攻型公共关系活动模式：强调组织采取主动出击的方式来维护和树立良好形象的公共关系活动模式。适用于组织与环境发生某种冲突、摩擦的时候，其特点是以较高的姿态、较强的频度、进攻的方式开展工作。

（四）公共关系评估

公共关系评估，是组织公共关系人员运用科学的方法对公共关系调查、公共关系策划、公共关系实施、公共关系活动效果进行检测和评定的过程。公共关系评估是公共关系实务的"收官"环节，是对组织公共关系活动全过程的科学评价，也是开展后续公共关系工作的依据。

1. 公共关系评估的程序

公共关系评估的一般程序为：设立评估机构—组建评估团队—设定评估标准—培训评估人员—实施评估—汇报评估结果。实施评估时，要具体分工、选择评估方法与途径、按步骤实施，以保证对某一项公共关系活动的评估全面、客观、真实。

2. 常用公共关系评估指标体系

常用公共关系评估指标有：

（1）了解组织信息的公众数量比；

（2）情感、态度变化的公众数量比；

（3）发生行为变化的公众数量比；

（4）完成设定公共关系目标的情况；

（5）社会效益的变化情况。

公共关系事务是一项操作性、实践性很强的工作。秘书人员在工作中经常会遇到公共关系问题，学习公共关系理论、掌握公共关系事务，对秘书人员个人能力和素质的提高、对组织的形象建设有着非常重要的意义。

四、公共关系危机处理

公共关系危机是指突然发生的、严重影响和损害组织形象、给组织公共关系造成重大损失的事件。

（一）公共关系危机的类型

1. 组织自身行为不当引起的危机
（1）严重事件：官员腐败、重大失窃失密、员工罢工、游行示威等行为；
（2）决策失误：重大决策失误、经营理念错误等行为；
（3）具体工作失误：产品质量问题、售后服务瑕疵等行为；
（4）纠纷事件：顾客消费纠纷、合作伙伴合同纠纷等行为。

由于组织自身行为不当引起危机的原因有：
（1）组织经营理念问题，不愿或不能承担组织的社会使命和社会责任；
（2）组织管理团队或主要领导人素质低下，缺乏组织能力和领导才干；
（3）组织机构混乱、管理制度不健全或管理不到位；
（4）组织员工的基本素质低下，公共关系意识淡薄；
（5）组织内部有人故意破坏。

2. 突发事件引起的危机
（1）不可抗力导致的重大伤亡事故，如地震、洪水、沙尘暴、泥石流、台风、传染病、火车或飞机失事、战争等；
（2）外部组织的恶意行为导致的恶性事件，如假冒本组织的产品、盗用组织名义实施诈骗、侵占组织专利和知识产权、盗用组织商标等。

3. 新闻报道失实引起的危机
（1）由新闻人无知和误解的失实报道所造成的危机；
（2）由组织或个人恶意歪曲，新闻人被蒙蔽、被利用造成失实报道所引起的危机。

新闻报道失实引起危机的原因：
（1）新闻人用老眼光看新问题或新闻人的专业知识缺陷导致组织危机；
（2）新闻报道以偏概全或措辞不当引起公众误解导致组织危机；
（3）新闻人受蒙蔽、受利用，发布不实报道导致组织危机。

（二）公共关系危机处理

1. 公共关系危机处理的原则
（1）坦诚面对。隐瞒事实、封锁信息只会引起众怒，不利于化解危机。
（2）敢于担当。要对危机受害者负责到底，不可半途而废。
（3）公众至上。把公众利益放在首位，为尽快化解危机做出让步和利益牺牲。
（4）反应迅速。要在第一时间解决问题，不可让危机扩大和蔓延。

2. 公共关系危机处理的程序
（1）措施果断：要在第一时间有效制止危机扩大；
（2）摸清情况：调查危机产生的原因，找出解决问题的关键；
（3）成立处理危机的专门机构，启动危机应急预案；
（4）确定新闻发言人：主动与媒体和社会公众接触，争取公众的谅解；
（5）迅速开展危机处理工作：安抚好受害者及其家属，争取政府的帮助；
（6）做好改进工作：要及时改进工作方式，汲取教训。

五、常用公关活动

一般社会组织的秘书人员,在职业活动中需要组织或参加一些公共关系活动,注重自己的形象、熟悉有关活动的程序和要领、充分展示自身的综合素质和组织形象是十分必要的。秘书人员组织或参加的常见公共关系活动有下面几种。

(一)庆典活动

秘书人员组织或参与的庆典活动有开幕式、闭幕式、周年纪念、展览会、博览会、报告会、揭牌仪式、发行仪式等。

1. 开幕式和闭幕式

开幕式和闭幕式是秘书人员组织或参加的重要活动,秘书人员的主要工作有下面几种。

(1)确定好仪式的形式、程序,确定参加人员,安排好摄影、录音、录像。

(2)检查会场的环境、设施等。

(3)为领导拟写开幕词或闭幕词以及在开幕式或闭幕式上散发的宣传材料等。

(4)拟定邀请嘉宾的名单,请领导审核,精心设计、印制、书写请柬。

(5)做好嘉宾迎接工作,让客人签到,同时发放文件与纪念品。

(6)由礼仪人员或秘书人员做好引领工作,在主席台就座的贵客一般先安排在休息室短暂休息,然后在仪式举行前5分钟引导他们一同上主席台入座。

(7)提醒并协助主持人严格按开幕式或闭幕式议程进行,防止出错。

(8)检查和协调仪式中各部门的工作,发现问题及时补救。

(9)做好仪式结束的扫尾工作和事后总结工作。

2. 展览会

秘书组织或参加的展览会可分为综合性展览会与专题性展览会两大类。秘书机构和秘书人员要做的工作主要有下面几种。

(1)明确展览会主题。展览会主题必须明确、单一,按主题思想要求挑选、制作展览实物,如模型、图表、照片、文字、录像及音响等。

(2)编排展览内容。即按照一定的逻辑顺序,合理配置展品,编写说明文字,使展览内容明晰易懂(涉外性质的要有不同文字的说明)。

(3)主题画、吉祥物的设计和布置。会徽、会标、吉祥物等的设计要新颖、美观,会标的要素要齐全,各自的悬挂、摆放要和展览会的空间布置相匹配。

(4)宣传资料的编印和发放。撰写好精练、生动、深入浅出的前言、解说词、结束语。制作的宣传页要图文并茂,内容要简明易懂。

(5)讲解和示范操作人员的培训。要对展览会的工作人员(特别是讲解员、示范员)进行相关知识和操作的培训。

(6)环境布置与气氛烘托。安排好礼炮、气球、音响、录像等。

(7)做好参观者的组织、接待和信息反馈工作。

(8)展览会的展品回收与会场撤离和清点工作。

（二）新闻活动

秘书人员参加的新闻活动主要有新闻发布会、记者招待会、新闻通气会、新产品发布会等。

1. 新闻发布会

新闻发布会是组织专门召集媒体、记者，发布组织信息，解答组织相关问题的一种特殊会议形式。秘书人员参加新闻发布会要做的工作有下面几种。

（1）明确主题。新闻发布会的主题是会议的中心，是发布会的依据。发布会的主题一般有两类：一是解释性主题，一是宣传型主题。

（2）确定主持人和发言人。发言人应具有一定的资历和权威，要具有一定的应变能力和较强的口头表达能力。

（3）确定参会记者范围。对新闻单位的邀请应有所选择和侧重。范围和名单确定后请柬宜提前发出，会前还需电话提醒。

（4）准备发布会材料。材料应包括口头的、书面的、实物的，可以播放录像、展示实物、示范表演、图表解释，增加记者的感性认识。

（5）会场布置。发布会的会场布置要与会议内容、规格相吻合。所有记者都应有座椅，并安排好电视摄像人员架设摄像机的地方。主席桌前应放置桌子以便记者安放录音设备。

（6）签到、发资料。媒体记者抵达会场后，要引领其签名并做好登记，登记内容包括姓名、性别、单位、职务、联系电话等。要组织人员发放发布会资料。

（7）发言人发言。发布会发言人的发言是会议的中心和重点。发言人应思维敏捷、口齿清楚、语言生动、重点突出。

（8）回答记者提问。新闻发布会以新闻发布为主，发言人的发言要简明扼要、陈述清楚，时间宜控制在半小时内。要给记者提问留有足够的时间，对记者的提问要真诚作答，不可推卸责任。对记者所提出的不相干或不友好的问题，发言人不可采用"不清楚""不知道"或"无可奉告"等回答，更不能与记者发生直接冲突。

（9）参观等活动。可以组织一些与发布会内容有关联的参观、宴请等活动，也可以馈赠一些有纪念意义的纪念品，赠品价格不宜过高。

（10）结束后的工作。发布会结束后要做好送别、清场和总结工作。

2. 记者招待会

记者招待会除留给记者提问的时间比新闻发布会要多以外，其他与新闻发布会同。

第二节　公务接待

一、公务接待的概述

公务接待与日常的公务活动联系密切,本单位的会议或谈判、上级的工作检查、下级的请示汇报、其他单位的业务联系等重要活动都离不开必要的接待工作。

（一）公务接待的含义

公务接待,是指社会组织在公务活动中对来访者的迎接、招待和欢送活动,是以双方人员直接交往的方式进行的社会组织间的公共关系活动。

做好接待工作有利于促进双方的进一步合作,扩大组织的交往范围。周到细致、热情友善的接待可以给来访者留下美好的印象,有助于树立组织良好的社会形象。

（二）公务接待的特征

1. 礼仪性

公务接待是组织向外界社会展示自己的一个窗口,接待中的礼仪和礼节不仅仅反映了组织对来访者的基本态度,同时也在一定程度上体现了组织的文明程度。秘书人员要懂得接待的基本知识,在接待中熟练运用各种礼仪和礼节,这就涉及公务接待最重要的特征——礼仪性。

尤其是涉外接待,要非常注重礼仪和礼节。接待人员要庄重大方,言谈举止要符合一定的礼仪和礼节,当涉及因国别而产生的礼仪和礼节差异时,应尽量符合国际惯例。

2. 务实性

现代公务接待具有很强的务实性。虽然公务接待十分重视礼仪和礼节,但是它的根本目的还是解决实际问题,促进彼此的友好合作。因此,要尽量简化程序,避免繁文缛节。

新时代追求效益优先。自 20 世纪 80 年代以来,世界上许多国家相继进行了礼宾制度改革,更加重视实效。我国也不例外,为体现务实精神,在公务接待上简化了接待形式,调整了接待规格。无论是何种组织,都要坚决反对讲排场、摆阔气、奢侈豪华、铺张浪费的不正之风。提倡厉行节约、务求实效的精神,把公务接待的主要精力集中到解决实际问题、保证活动顺利开展上。

3. 广泛性

随着世界经济的发展,各种贸易往来增加,组织间的交往日益频繁,联系更加密切。作为组织间交往的手段之一,公务接待在全社会的组织之间表现得极为广泛。

公务接待过去偏重于参观学习、外调政审等,现在广泛地体现在各行各业,如经济、文化、科技、教育等。同时,涉及公务接待的组织也日趋丰富。过去一般多是官方组织,而现在尤其在涉外接待方面,非官方组织对外交往越来越多,民间组织涉外接待事务日益频繁。

（三）公务接待的类型

随着公务接待在多个领域和地域上的广泛开展，其类型也更加丰富。按来访者的目的和任务可分为上级检查、联系工作、业务往来、经验交流、召开会议、讲课、参观、访问等；按来访者的地域可分为本地接待、外省市接待、涉外接待；按来访者的人数可以分为个别接待和团体接待；按来访者是否预约又可分为随机性接待、计划性接待。

（四）公务接待的规格

公务接待要根据接待对象的身份和使命确定不同的接待规格。接待规格是从场面安排和主陪人职位的角度来区分的，一般分为三种。

1. 高规格接待

高规格接待的场面比较宏大，主要陪同人员职位比来访者职位高。一般用于接待来访使命比较重大的来访者、重要人物，或所代表的组织比较重要的来访者。高规格接待表明对来访者的重视和友好，但耗费资财，还可能会影响主陪人的正常工作。

2. 对等接待

对等接待的接待场面适当，主陪人员与来访者的职位相当。如果主陪人员比较繁忙，无法自始至终陪同来访者，可以在来访者初来和临别时安排职位相当的人员作对等接待，中间时间则可以适当地由其他人员负责接待。对等接待是最常用的接待方式，适用于一般情况。

3. 低规格接待

低规格接待指在接待活动中，主陪人员职位比主要来访者职位低的接待方式。上级主要领导或主管部门领导来本地视察、了解情况或调查研究时，当地最高领导的职位也及不上来访者的职位，就只能低规格接待。低规格接待一般不常用，因为若不小心，可能会影响组织双方的关系。

（五）公务接待的要素

1. 来访者

来访者，就是接待活动的接待对象，既可以是个别的人，也可以是一个小组或正式代表团。公务活动中的来访者一般都直接或间接地代表一定的组织。接待活动的规格和形式的确定，与来访者的身份、地位和所代表的组织有直接的关系。

2. 来访意图

来访意图，就是来访者此次造访希望达到的目的。来访意图是制定接待方针、安排接待活动的重要依据。来访意图有公开的，也有隐蔽的；有友好的，也有不友好的；有工作性、务实性的，也有礼节性的。

3. 接待者

公务接待中的行为主体一般是特定的社会组织，接待者代表着这个社会组织出面接待来访者、充当公务接待中的主体。公务接待中的接待人员一般有以下几种。

（1）领导人（上司）。组织领导人是整个接待活动的最高责任人、他负责指导接待活动，审批接待计划或方案，必要时亲自出面接待。

（2）秘书人员。在那些不设公关部门和外事部门的组织，秘书人员往往是组织的第一接待者，是接待工作的积极谋划者、组织协调者和具体执行者。即使在设有公关部门和外事部门的组织,秘书人员也常常要根据上司的指示,协调接待工作,或受上司委托出面接待来访者。

(3) 专职接待人员。有些组织接待活动较多,往往设置专门接待机构或专职接待人员。一般专门接待机构或专职接待人员归公关部门管理,若组织没有设置公关部门,则由秘书机构统一管理。至于涉外接待,应由外事部门统一负责。

(4) 业务部门人员。有些来访者的主要目的是联系业务,在接待的过程中会涉及经济、文化、科技、营销等方面的专业性问题,这时就需要相关业务人员陪同接待者,共同参与接待工作。

4. 接待任务

接待任务应该是具体而明确的。只有如此,接待人员才能根据来访者及其来访意图以及上司的接待指示而确定接待方针、接待内容、接待责任、接待规格、接待程序以及接待形式。重要接待活动一般要明确和落实接待任务,并在接待活动开始之前制定好接待计划或方案。

二、公务接待的一般程序

(一) 接待程序

1. 接受任务,做好准备

公务接待中,正常情况下来访者在到来之前会与组织的秘书机构或秘书人员联系。秘书机构接到预约后,一定要弄清来访者的情况,如来访者的单位、人数、姓名、性别、职务、使命、抵离时间、乘坐的交通工具及车次航班等。

在掌握基本情况的基础上,秘书机构应分析来访意图,然后提出接待意见和接待计划,报请有关领导批准后,即可开始着手接待的准备工作。秘书人员应适当提前在前台整理好来访者的资料,安排接待区,最好把接待区与前台拉开适当的距离。

2. 热情迎接,安排食宿

对于预约过的来访者,秘书人员应根据相关情况,适当安排车辆及人员到机场、车站迎接,营造热情的气氛。同时,要根据来访者的身份、人数、性别,安排好住宿,定好伙食标准与进餐方式、时间、地点;可提前询问他们的要求,尽量使来访者满意。

一般情况下,来访者都会提前预约,而对于少数没有预约的来访者,也应予以热情接待。在接待之前,要对来访者进行"甄别"。掌握实际情况后,及时请示上司,再作进一步安排。

3. 商议日程,具体落实

双方见面详细了解来访者的意图后,商定活动日程,同时应将活动日程安排通知有关部门。活动日程一般为会谈、参观、游览、举行相关仪式等。在确定活动日程之后,应制定详细的计划,发给来宾日程安排表、导游图。具体落实活动是接待中的重头工作,秘书机构应与有关部门协作进行,期间要安排合适的人员陪同,积极负责地做好各项工作。

4. 热烈欢送,及时总结

当公务接待活动完成后,根据来访者的意见,预订车票(船票、机票),协助来访者结算食宿账目,协助相关部门做好欢送工作,如派人派车将来访者送至车站、码头或机场。在不劳民伤财的基础上,欢送应友好、热烈。

对于重要的接待工作,秘书人员及经办人员事后应认真做好总结工作,并及时向上司汇报,总结材料及时归档,以备后用。

(二) 接待要求

在公务接待活动中,秘书人员及相关接待人员应做到下面几个方面。

1. 热情礼貌

在公务接待中,秘书人员及接待人员要自然地流露出热情友好、亲切和善的态度,讲礼仪、懂礼貌,凡事多替来访者着想,多考虑来访者的需要和愿望,尽可能为来访者提供方便。接待工作比较复杂,环节多、操作性强,有时毫不起眼的小问题就会产生很大的影响,导致整个接待活动的失败,甚至给组织带来不必要的损失。秘书人员不仅要善于整体策划接待工作,而且在具体的接待过程中,应当认真做好每一件小事,通过礼貌、热情、周到的服务,保证接待工作顺利完成。

2. 平等尊重

对任何来访者,不论身份贵贱、职务高低,接待人员都应一视同仁、平等相待。尤其对来自下级组织的人员,或是职务更低的人员,绝不能有丝毫的懈怠,养成"脸难看,话难听,事难办"的坏作风。应当设身处地为来访者着想,形成对来访者平等尊重、礼貌热情的好作风。

现代公务接待中,来访者身份复杂,往往来自不同的组织,甚至来自不同的种族或民族,他们有不同的风俗习惯和不同的宗教信仰,秘书及接待人员必须充分尊重来访者的习俗和信仰。

3. 安全保密

公务接待中,安全尤其重要,应做全方位、多方面的考虑,如人身安全、财产安全、饮食安全、交通安全等。没有安全保证的接待,一定不是成功的接待。秘书机构及秘书人员要采取一定的防范措施,尽最大努力消除安全隐患。在接待工作的各个环节要适时提醒来访者注意安全。

保密是公务接待需要特别注意的。公务接待中的保密有两个方面的含义,一方面是面对接待对象要注意保守国家机密和组织的经济、技术等方面的机密。尤其涉外接待,不在接待活动中泄露机密信息,不带领对方参观涉密场所,否则可能会给国家或组织造成重大损失。另一方面是有关组织双方合作来往的一些秘密事项,接待者和被接待者都有义务对第三方保密。

4. 适度节俭

公务接待既需要热情、周到,也需要适度节俭,不要讲排场、摆阔气、铺张浪费。作为来访者,他的目的不是贪图享受,而是有专门的任务,接待过分奢侈反而会引起负面效应,效果也会适得其反。尤其在涉外商务接待时,若是接待者大手大脚、铺张浪费,反而会让来访者产生不信赖感,也很有可能导致原本大有希望的合作项目取消。

反对铺张浪费,必须掌握节俭适度的原则。既不奢侈浪费,也不一味寒酸吝啬,二者都会招致不良的后果。秘书人员在做接待计划时就应安排好接待规格与标准,不做超标准接待。

三、涉外公务接待

随着世界经济迅速发展,国际交往也日益频繁,涉外公务接待活动就相应增多。在涉外公务接待中要特别注意以下几个方面。

(一)遵守纪律,严守秘密

遵守外事纪律是对秘书人员在接待外宾工作中的首要要求。无论是什么组织、什么级别的秘书人员,都应该维护国家主权和利益,维护民族尊严,加强组织观念,自觉遵守外事纪律,严守国家秘密,严格执行请示报告制度。谨防外宾通过正常交往的掩盖获取国家机密,不允许背着组织与外国机构和人员私自交往。若存在问题,应及时如实反映情况。

(二)周密计划,合理安排

周密的接待计划是搞好外宾接待工作的重要保证。凡接待外宾,都要做出有针对性的计划,合理安排。接待之前,要做好充分的思想准备、组织准备和资料准备。要把来宾的详细情况、来访目的、相关要求了解清楚,写出详尽而全面的情况介绍和安排计划,包括迎送、会见、宴请、食宿、交通、费用结算、安全保卫、新闻报道以及活动日程等。

(三)尊重外宾,不犯禁忌

尊重外宾是涉外接待工作中的原则问题。在外宾接待工作中,往往会升挂外宾所属国国旗以示尊重,但应注意场合和范围,不可违反原则。一般主方国旗和客方国旗同时并挂,以旗帜正面为准,左挂主方国旗,右挂客方国旗。不能倒挂、反挂,应使正面朝向观众。多国国旗并列升挂时,高度要保持一致。

要注意遵守时间、尊重老人和妇女、尊重各国风俗习惯。如伊斯兰教徒不吃猪肉,在斋月里日出之后、日落之前不吃不喝;印度、印尼、马里、阿拉伯等国家,不能用左手与他人接触或用左手传递东西;天主教徒忌讳"13"这个数字,一般不在这个日子举行宴请活动。这些风俗习惯若不注意,会使人误以为对他们不尊重,引起不必要的误会,影响公务接待的初衷和效果。

四、组织与安排接待活动

(一)宴请活动

宴请活动通常是迎接活动中的必需活动。除此之外,宴请也可用在社会组织的表彰、庆祝、答谢等活动中。秘书组织或参加的宴请活动有以下几种。

1. 中餐宴会

秘书组织或参加中餐宴请要注意下面一些事项。

(1)座位的安排。座位安排的主要原则是客人要入乡随俗,以招待方当地的座位安排礼仪为标准。一般中餐的主客的位置在主人的左侧,即"左为上";国际礼仪中一般主客的位置在主人的右侧,即"右为上"。也有的地方以面门为主,以里为主,居中为上。秘书人员在安排座位时要注意中方礼仪和国际礼仪的对接。

(2)点菜与酒水。中餐的点菜要尊重客人的宗教、民族信仰和禁忌。菜品和菜量要适当,进餐时要劝菜不夹菜,劝酒不酗酒。

(3)文明进餐。要养成文明进餐的好习惯,就餐时不大声说话,不吧唧嘴,不当众剔牙,不在进餐时接打电话,不对着餐品说话。

(4) 迎送要到位。餐前要迎接,餐后要送别。送别要到位,不可半途而废。一般宾客来临之际,主人应到门口迎接,并热情地握手、问候,营造一种欢乐的气氛。宴会彻底结束后,主宾提出告辞,主人应送至门口或送上车,帮客人关好车门,目送客人远去。

2. 西餐宴会

秘书组织或参加西餐宴气要注意下面一些事项。

(1) 餐具的摆放和运用。西餐餐具的摆放很有讲究,刀、叉、勺的位置不可摆错,要学会餐具的正确使用。

(2) 酒水的辨别。一般来说,上来的第一杯水是净手水或净口水,不可喝下。西餐的果汁饮品要用吸管轻吸,不要发出声响。西餐的酒水是用来品尝的,不可海饮。

(3) 文明用餐。就餐时不大声说话,不吧唧嘴,不当众剔牙,进餐时不接打电话,不夹送餐品,不交叉餐具。

(4) 西餐宴请的迎送礼仪和中餐相似。

3. 茶话会

茶话会是组织与其他组织和公众联络友谊的聚会,形式活泼、轻松。秘书人员的工作内容有会议主题的确定、与会人员的确定与通知、会议发言人的确定、会议议程的安排、茶话会果品和茶水的采办、会场的布置、会议记录与整理、会后清场和汇报等。参加茶话会的人员一般不宜在会场来回走动。

4. 酒会

酒会是组织召集有关组织和公众交流信息、联络友谊的聚会,形式以品酒为主。秘书人员组织或参加酒会的工作内容有与会人员的确定与邀请,酒会议程的安排,酒会酒水、果品、茶水的采办。注意事项有会场的布置要轻松愉快,酒会期间秘书要来回走动与来宾交流,会后要清场和汇报等。

(二) 会晤活动

会晤活动是组织与相关组织或个人交流意见、商谈事情、联络友谊而举行的聚会活动。在国际交往中,会晤活动有会见与会谈之分。会见,国际上一般称接见或拜会,就其内容来说,有礼节性的、政治性的和事务性的,或兼而有之。礼节性的会见时间较短,通常是半小时左右,话题较为广泛。会谈,也叫谈判,是指双方或多方就某些正式或重大的经济、技术或其他共同关心的问题或事宜交流情况、交换意见等。会谈的内容比较正式,且专题性较强。

安排会见、会谈活动要做好以下几个方面的工作。

1. 约定

提出会见要求一方应将要求会见人的姓名、职务以及会见什么人、会见的目的告知对方。接见一方应尽早给予回复,约妥时间。如因故不能接见,应婉言解释。

2. 通知对方有关事项

作为接见一方的安排者,应主动将会见(会谈)时间、地点、主方出席人、具体安排及有关注意事项通知对方。前往会见一方的安排者,则应主动了解上述情况,并通知有关出席人员。

3. 准备工作

(1) 准备会见、会谈所需文字资料,了解对方的礼仪和习俗。

(2) 安排会见、会谈陪同人员。

(3) 布置会见、会谈场所,按要求装饰会场,安排足够的座位。会谈如用长桌,应事先排好座位图。现场放置中文及外文座位卡,卡片上的字应工整、清晰。如双方人数较多,会客厅面积大,主谈人说话声音低,宜安装扩音器。

(4) 如要安排主见人及陪同人员与宾客合影,应事先排好合影图(如图10-1所示),人数众多时应准备架子。合影图一般由主人居中,按礼宾次序,以主人右手为上,主客双方间隔排列。第一排人员既要考虑人员身份,也要考虑场地大小,即能否都摄入镜头。一般来说,两端均由主方人员把边。

图 10-1 合影图

4. 迎接客人

外宾抵达时,如主见人在会客室门口迎接,相关工作人员应在大楼或大厅门口迎候,并引导外宾进入会客厅。重要外宾进门后即由代表团团长向主见人一一介绍来团成员;一般外宾可以在入座后分别介绍宾主双方。如有合影,安排在宾主握手之后,合影后再入座。

5. 做好会见、会谈记录

会见、会谈时,均要做好专门记录,填写情况汇报表。会后对客人提出的及领导许诺的问题应负责落实,做好后续工作。谈话过程中,除翻译人员、记录人员外,旁人不要随意进出。

6. 送客

会见、会谈结束后,主人送客人至会客厅门口与外宾握手告别,重要外宾可送至大厅或大楼门口握手告别。接待陪同人员视情况送至大厅或大楼门口握手告别。

(三) 签字仪式

在会见、会谈过程中,常会有签字仪式,这一般都比较正式和隆重。秘书要做的工作有下面几个方面。

(1) 签字仪式的场地布置。会场要严肃、正规;会标、会徽、桌椅等要备齐

(2) 签字文件的准备。文件和签字笔要事先准备好。

(3) 签字仪式参加人员的位置安排要正确。一般签字双方要并排同向坐立,其他参与人员后排站立。

(4) 重要签字仪式要插挂国旗,要准备庆祝酒水。

(5) 签字仪式结束后要做好文件的归档和保管工作。

第三节　人际交往事务

在日常社会交往活动中,人际交往事务与公共关系事务一样,是社会组织加强对内和对外联系的重要途径。秘书及办公室协助上司及领导机关及时处理与组织有关的人际交往事务,如邀请与答复、赠送与祝贺、婚事与丧事、捐赠与赞助、操办宴请、社团事务等,有利于减轻上司日常工作的负担,同时对外建立并保持良好的人际关系。

一、邀请与答复

社会组织由于公务活动的需要,通常会举办各种庆典、聚会及其他活动,邀请各方人士参加。发出邀请或接受邀请是社会组织领导必须应对的重要人际交往事务。

(一) 发出邀请

发出邀请可分正式邀请和非正式邀请。

1. 正式邀请

正式邀请指举办正式、庄重的活动时邀请对方参加。这类邀请可以用社会组织的名义,也可以用上司个人的名义,发出书面形式的请柬,说明活动的日期、地点、活动内容、邀请人及被邀请人的姓名。请柬通常按一定的格式预先印制,届时填写相关内容即可。有时,为了表达重视和敬意,请柬应亲笔书写,不宜印制。请柬的格式与行文,中外文体有差异。使用英文请柬时,注意不能生硬翻译,应当遵循英文的书写习惯。请柬措辞要典雅、得体,常用"请""敬请""恭候"等礼貌用语,以表达对被邀请人的恭敬。如果希望对方回复,通常在请柬之后附回条,或写上"恭候佳复"字样。请柬上的时间、地点、人名等,一定要认真核对。发送请柬至少应提前一周,以方便对方的时间安排。常用的中文请柬格式有横式和竖式两种,如图10-2和图10-3所示。

2. 非正式邀请

非正式邀请相对随意,一般以口头形式发出邀约,这类邀请通常指上司约请熟悉的朋友参加非正式的活动,如聚餐、见面等。上司一旦决定,秘书一般只需按上司的吩咐打电话给对方,讲清时间、地点、活动内容即可,无需寄送书面的请柬,但一般要求对方即时表态,明确表示接受或拒绝邀请。

请柬

_____女士/先生：
　　　谨定于___年___月___日（星期___）___午___时___分，在___宾馆（___路___号），举行_____活动。

　　　恭候
光临
敬约

　　　　　　　　　　　　　　　　　　　　　　　___年___月___日

图 10－2　请柬格式（横式）

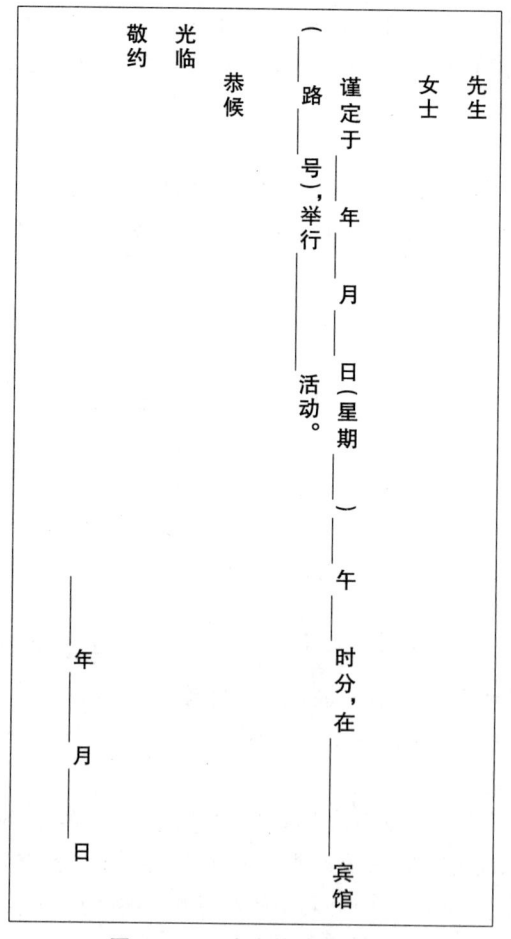

图 10－3　请柬格式（竖式）

（二）答复邀请

　　受到对方邀请之后，无论是正式邀请还是非正式邀请，秘书都要及时报告上司。如果上司决定接受邀请,秘书要及时填写回单或写好答复信。对方以个人名义发来的邀请,回复也以上司个人的名义。如果对方以组织单位名义发来邀请,回复信也应以组织单位的名义,宜用公事信函。撰写回信时,先向对方表示诚挚感谢,再表明愉快接受邀请;如果上司无法接受对方的邀请,应替上司婉言拒绝,回信时要注意礼貌,措辞婉转,先感谢对方的邀请,陈述不能应邀的原因,同时表达希望有机会再见面的愿望。例如:

亲爱的×××先生:

　　蒙您邀请我观看×××演出,甚为感谢,可惜该晚我已另有约会,不能前往观看,深为抱歉。

　　祝您愉快。

×××(签字)
××××年×月×日于××

二、祝贺与赠礼

(一) 祝贺

祝贺,指在重大节日、庆典仪式、纪念活动以及生日、婚嫁等活动时,向有关方面表示祝贺。一般社会组织在处理节庆祝贺事宜时有官方节日与民间节日之分。官方节日一般指国庆节、建军节、建党节、五一劳动节等,民间节日指民间传统节日(包括国际性的)和宗教节日等。相对来说,日常交往中更加重视民间节日、庆典仪式、纪念活动以及生日、婚嫁等活动。遇到这些情况时,需要秘书处理的相关事务有下面几个方面。

1. 收集节庆祝贺信息

根据本组织机构的社会关系、当地的习惯做法以及上司个人的身份等,收集相关节庆祝贺信息,向上司汇报,提供处理建议或依据,如各种节庆活动的时间、表示祝贺的方式或邀请函件。

2. 准备祝贺与赠礼事宜

秘书要代替上司撰拟贺电、贺信、函件或名片,配备礼品。若是祝寿,对关系密切的人士还可赠送花篮和礼品(如蛋糕等),对关系一般人士的生日则赠送卡片或口头表示祝贺。例如贺寿信:

××协会主席×××先生:

　　在您××岁生日的时候,我代表中华全国××学会,并以我个人的名义,向您表示衷心的祝贺。

　　祝您健康长寿。

中华全国××学会主席 ×××
××××年×月×日于北京

(二) 赠礼

社交赠礼不仅是节庆祝贺必需的,也是一般人际交往中许多场合表示友谊的经常性行为。这需要秘书替上司策划、准备礼品。因此,秘书应掌握社交赠礼中的基本要领:区分赠礼场合,如公开与私下场合;注意礼品的象征与纪念意义、收礼方的身份;熟悉各地风俗习惯及各国赠礼观念等。在我国传统交往中,赠礼多以食品、水果、糖果、酒、现金等为主;在西方,若应邀参加生日庆贺活动,则赠以小纪念品或花束、酒、书籍、糖果等。

三、探访与慰问

秘书人员的探访活动有两种形式:一是陪同探访,一是受托探访。也可以分为探视和慰问两种。

(一)探视

秘书人员的探视活动,无论是陪同探视还是受托探视,要注意的事项有下面几个方面。

要先了解医院的规定和病人的病情以及具体的探视时间,应在允许的时间范围内探望,避开病人的治疗与休息时间。探视前通常要与病人家属约好时间,让他们有思想准备。要选择合适的礼物送给病人,如鲜花、水果、营养品等;食品和鲜花一定要根据护理要求来确定。也可以事先了解病人喜欢什么样的杂志或书刊,顺便捎上,帮助病人排遣孤独。要保持安静,进病房时轻轻敲门,让病人感到对他的尊重。和病人家属招呼握手之后,尽可能挨床坐下,与病人握手寒暄,表情自然、亲切。要注意与病人交流的内容,通常先询问病人的治疗情况以及目前的身体状况,关心治疗进展和身体康复,进行必要的安慰和劝解。其次要表达组织和同事的关怀和慰问,谈一谈组织和同事的近况,转达有关人员的问候,讲述一些简单的新闻性事件,让病人从孤独、愁闷情绪中解脱出来。但是在交谈时不要嘻嘻哈哈、大声喧哗,毕竟病房不是社交场所。还应当询问病人有何困难,有没有事情托付。为了保证病人的休息,谈话时间不宜过长。要适时告别,告别时应坚决谢绝病人送行,嘱咐病人好好休息、安心养病,祝愿早日康复。

(二)慰问

慰问活动是组织对有重大贡献的功臣、前领导人及特殊人员在重大节日进行的登门拜访、问候活动。秘书人员参加慰问活动要注意的事项有下面几个方面。

1. 慰问时间

一般选择重大节日或有纪念性的日子,如元旦、春节、端午节、重阳节等,或慰问对象的生日。

2. 确定慰问对象

慰问对象可以是有重大贡献的功臣、科学家、著名学者、前领导人,也可以是弱势群体的代表或一线劳动者,如工人代表、农民代表、孤寡老人、留守儿童等。对于国家来说,当别的国家遭受重大自然灾害或重大伤亡事故时,大多发电慰问。例如慰问电:

××国总理×××阁下:

惊悉贵国X地发生强烈地震,致使灾区人民遭受重大损失。我代表中国政府和人民向您,并通过您向贵国灾区人民表示深切的同情和慰问。

中华人民共和国国务院总理(签字)

××××年××月于北京

3. 选购慰问品

慰问品的选择要根据慰问对象来确定。选择慰问品时,尽可能了解慰问对象的爱好和文化背景等。此外还应选择适当的慰问时机。若有多个相同类型的慰问对象,慰问品的规格或价值应该相同。慰问一般伤病者可赠送鲜花、水果等。

4. 先约后访

慰问要事先预约,要让慰问对象及其家人有所准备。时间约定后要准时或略提前几分钟赴约,如有特殊情况不能按时赴约或不能赴约,应想办法通知对方。

5. 话题要适当

慰问期间谈话多表示组织的关怀、问候。为照顾伤病者的休息,谈话和逗留时间应较短,并注意避免谈论可能刺激对方,不选择对方忌讳的话题。可针对慰问对象的具体情况,贴近日常生活,选择实际性的话题。谈话重点放在慰问对象有没有具体困难,需不需要组织帮忙解决。慰问时间不宜过长,慰问目的达到,和慰问对象充分交流后即可告辞。告辞时主动与主人握手道别,婉谢主人相送。

四、捐赠与赞助

捐赠是企业或其他社会组织将其有权处理的合法财产赠送给合法的受赠人用于与生产经营活动没有直接关系的公益事业的行为。如给希望工程、敬老院、孤儿院、残疾人、特困家庭等捐赠,它是一种自愿无偿的公益性行为。赞助,指由企业或其他社会组织提供全部或部分费用,举办文娱活动或支持文化出版事业,设立奖学金、助学金、发明基金等,它的目的是宣传企业形象或推销产品。捐赠和赞助能显示一个单位承担社会责任、义务的能力,展示自己的实力,并获得一定的知名度、美誉度,取得社会各界的支持。

在组织机构的捐赠与赞助事务中,秘书需要协助上司做以下几个方面的工作。

(一)收集捐赠与赞助信息

接收邀请本组织、单位捐赠与赞助的来信来函,收集与本组织相关的捐助、赞助信息,经初步筛选后,送交上司决定。如果上司有捐赠意向,秘书应组织人员深入调查受捐赠、赞助的项目,呈报捐赠或赞助对象、方式与数额等信息,由上司确认后组织落实,并记录在案;如果上司没有捐赠意向,秘书应根据上司的指示和组织的政策条文复信,婉言拒绝,并记录在案。

(二)办理自愿捐赠与赞助

本组织、单位主动提出的捐赠与赞助,秘书需要根据有关捐赠与赞助的政策条文,确定捐赠对象、范围、款项数额等,经领导部门讨论通过后执行。同时,还需明确税务机关对本组织捐赠与赞助费用的税务处理方式。

五、社团事务

社团,即社会团体,在我国指由公民或企事业单位自愿组成、按章程开展活动的非营利性社会组织,包括行业性社团、学术性社团、专业性社团和联合性社团。根据我国《社会团体登记管理条例》(下称《条例》),中国公民为实现共同愿望,可在自愿基础上成立社会团体,国家机关以外的组织可以作为会员加入社会团体。秘书及其机构协助上司或领导机关办理社团的相关事务。

(一) 成立社会团体

一般社会组织成立社会团体有如下程序。

1. 申请

公民或企事业单位自愿成立社会团体,首先应当经其业务主管单位审查同意,由发起人向登记管理机关申请筹备。登记管理机关自收到全部有效文件之日起 60 日内,作出批准或者不批准筹备的决定,不批准的应当向发起人说明理由。

2. 筹备

经登记机关批准筹备成立的社会团体,当自登记管理机关批准筹备之日起 6 个月内召开会员大会或者会员代表大会,通过章程(内容见《条例》规定),产生执行机构、负责人和法定代表人,并向登记管理机关申请成立登记。筹备期间不得开展筹备以外的活动。一个社会团体的法定代表人不得同时担任其他社会团体的法定代表人。

3. 登记

登记管理机关应当自收到完成筹备工作的社会团体的登记申请书及有关文件之日起 30 日内完成审查工作。对符合成立条件且筹备工作符合要求、章程内容完备的社会团体,准予登记,发给《社会团体法人登记证书》,批准成立。

4. 备案

依照法律规定,自批准成立之日起,社会团体即具有法人资格。具备法人资格的社会团体应当自批准成立之日 60 日内向登记管理机关备案。社会团体凭《社会团体法人登记证书》申请刻制印章,开立银行账户。社会团体应当将印章式样和银行账号报登记管理机关备案。当这些程序全部完成之后,社会团体方可开展正式的活动或对外宣传。

(二) 加入社会团体

如果本社会组织或上司加入相关的社会团体,秘书要协助上司办理的事务有下面几个方面。平时要注意收集与本组织业务相关的社会团体信息,如某些社会团体的性质、章程、申请手续、所需费用以及应当具备的条件;在了解上司意图和本组织加入某一社会团体的意愿后,为上司提供相关社会团体资料给上司参考;联系、办理加入某个社会团体的相关事宜,如提交加入申请、办理会员证书、联系社会团体活动等。

六、秘书职业形象

职业形象是个人职业气质的符号,包括外在形象、品德修养、专业能力和知识结构四大方面。在职场中,要求一个职业人的形象要与个人职业气质相契合、与个人年龄相契合、与办公室风格相契合、与工作特点相契合、与行业要求相契合。因此,秘书人员应注重职业形象设计。

(一) 秘书职业形象的含义

秘书职业形象是指秘书职业精神、职业水平、文化素养、服务态度、举止礼仪等方面的综合表现在公众心目中留下的印象,是社会对秘书个体或群体的整体判断和综合评价。秘书人员是社会公众与组织接触的最直接的媒介,也是社会公众与组织最频繁的接触点。秘书人员的素质最能直观反应一个组织的整体素质和管理水平。秘书职业形象是组织形象中最具有人情味的部分,具有组织其他人员不可替代的作用。

（二）秘书职业形象的构成

秘书职业形象由秘书职业外在形象要素和秘书职业内在形象要素组成。外在形象要素主要包括个人仪表、个人仪态、言谈举止、职业着装等，内在形象要素主要包括职业精神、职业能力、文化素养等。

1. 秘书职业的外在形象

秘书人员的个人仪表仪态、言谈举止不仅反映出秘书个人的气质、性格和教养，体现出秘书的素质，也展示了组织形象。作为一名训练有素的秘书人员，应该以"仪表端庄、仪态得体、言谈优雅、举止文明"的外在形象出现在公众面前。

（1）外在形象的个人仪表要求。秘书职业形象的个人仪表的基本要求是端庄。头发要卫生、整齐；面部要清洁、精神，要保持眼、鼻、口、耳的卫生。女士化妆要以淡雅为主，要简洁、自然；男士则要正规、整洁。服装要正规，饰品以简洁为好，不宜繁杂。

（2）外在形象的个人仪态要求。秘书职业形象的个人仪态主要包括站姿、坐姿、走姿、微笑四个方面。

站姿的要求是直，要"站如松"。女士的基本站姿以丁字步为主。男士站立时双脚距离与肩同宽，身体保持直立。挺胸、抬头、收腹、提肩、两肩舒展。

坐姿的要求是稳，要"坐如钟"。入座要轻、坐下要直、坐后要稳、离坐要缓。忌讳"二郎腿"、斜靠、背手。

走姿的要求是敏捷，要"行如风"。秘书行走时要目光平视，速度适中，手臂摆动自然、步履大小适度，身体处于上静下动状态。

微笑是一种世界通用的语言，它是善意的标志，友好的使者，成功的桥梁。它不仅能沟通情感，融洽气氛，以柔克刚，以静制动，缓解矛盾，消融坚冰，而且还能给人以力量，增强人的自信，掩饰和战胜自卑和胆怯。

微笑的要求是亲切、自然，忌虚伪、生硬。秘书要找到属于自己的最美的笑容。要以自己特有的笑容温暖他人、快乐自己。

2. 秘书职业的内在形象

秘书人员的职业精神、文化素养和职业能力是秘书职业形象的核心。秘书人员的外在形象很重要，但内在形象才是秘书人员职业形象的关键。内在形象是一种素养，不是一日之功。

（1）职业精神。职业精神是秘书的职业灵魂，包括职业崇高感、职业幸福感、职业成就感。秘书的职业崇高感来自于秘书坚定的职业信仰和职业荣誉。以自己的职业为荣，形成爱岗敬业的品德，是秘书人员成功的开始。职业幸福感是指乐在其中，干一行爱一行；选择你喜欢的，喜欢你选择的。职业成就感是指认识到自己所在职业和岗位的社会价值，能看到自己付出的劳动为社会和他人产生的价值、为组织带来的作用。

（2）文化素养。文化素养要求秘书人员要有合理的知识结构，既要有基础知识，也要有专业知识，雄厚的知识储备是做好秘书工作的基础。要有良好的学习习惯、科学的学习方法，处处留心皆学问。要有深厚的民族文化底蕴，民族文化是秘书的文化之根。

（3）职业能力。职业能力指的是秘书人员的职业技能。秘书的职业活动范围广泛、内容繁杂，因此，秘书人员要有较强的职业能力，主要包括公文撰写能力、活动策划能力、会议服务与组织管理能力、危机处理与应变能力、协调沟通能力。

（三）秘书职业形象塑造

秘书职业形象的塑造是长期养成的,它不仅是日积月累的结果,而且需要严格的职业培训。秘书职业形象的塑造不仅涉及秘书个体,也涉及秘书所在的社会组织。

1. 秘书个体的形象意识觉醒是秘书职业形象塑造的群众基础

秘书人员树立"形象至上"的意识是非常重要的。秘书人员应事无巨细,时时刻刻从塑造组织良好形象这一角度来认识问题、处理问题,通过自身的工作为树立组织的良好形象做出贡献。秘书人员要将自己的职业形象置于组织的整体形象中,考量自己的仪表、仪态、言行举止。要从组织形象塑造与建设的高度审视自己的举手投足、一言一行。没有秘书个体的自觉就没有组织秘书职业形象建设。

2. 组织重视、措施得力是实施秘书职业形象塑造的有力保证

秘书职业形象塑造是组织有计划实施的集体行为,不仅是秘书个体的自觉,而且是组织的集体自觉。组织对秘书职业形象塑造要有整体的规划,措施和方案要便于操作,不要摆花架子,不做表面文章。秘书职业形象塑造要与秘书的切身利益和成长进步相结合,管理者要从组织发展的战略高度善待秘书。要防止秘书人员的"游牧心态"和"被边缘化"的心理。组织对秘书人员的职业形象塑造要符合组织实际和秘书队伍实际,方法要灵活得当。

3. 规范培训是提升秘书职业形象的有效手段

学习和培训是提升秘书职业形象的重要手段,秘书职业形象的提升不能仅靠秘书人员的自我学习和体悟,也不能仅靠零碎的"师傅带徒弟"式的经验传授,要系统地学习公共关系的形象知识和理论,要进行系统的培训;要针对不同行业的秘书群体和不同岗位的秘书个体,制定有针对性的、正规的培训计划,要长期坚持岗位培训为主的原则,针对秘书职业实际开展行之有效的培训。

（四）秘书职业形象标准

1. 衣着得体、装扮优雅

秘书作为办公室人员,又常常与他人交往,因此,秘书衣着装扮的基本要求便是优雅得体。所谓优雅,即服装的款式、色泽要与职业相统一,不可过于花哨或艳丽。一般男秘书衣着应以西装、衬衫、领带为主,但不宜穿白西装;女秘书衣着则应以西服、套裙为主,如有变化,也应尽量选择简洁、明快的款式,色彩不应过于艳丽。所谓得体,既指适应秘书职业的得体,又指适应人的身材、脸形的得体。衣着得体可衬托出温文尔雅、有文化内涵的秘书形象。此外,女秘书还要注意化淡妆。过于暴露或过于新潮的时装,不宜出现在职业场所。

2. 待人热情、一视同仁

秘书人员要随时与他人打交道,在待人接物上就应显示出一种自信热情、诚恳友好的态度。不管对谁都应平等相待,既诚恳坦率,又温暖热情。做到"上交不谄,下交不渎",不以职位高低、关系亲疏、财富多寡决定接待方式和态度,一视同仁,对任何人均应诚恳热情。

3. 言语文明、仪态端庄

秘书人员的言语行为是展现社会组织文明程度的窗口。由于秘书与他人交往较多，其言语行为就应该有较高的要求。一般来说，秘书行为首先就要"站有站相、坐有坐相"，即在站姿与坐姿上显示出一种精神和气质。而走路的姿态要自然轻松、稳重优美。交谈应用礼貌用语，谈吐文明优雅。

4. 社交守信、态度平和

秘书人员参与礼仪活动与社交活动时，要做到守约、守信。不迟到、不早退，不因为自己的不礼貌行为影响组织活动的正常开展。不过分炫耀和显摆自己，态度平和，为人低调，使自己获得他人的敬重，也为组织争得荣誉。总之，要以良好的风度来展示自己和组织的形象。

复习与思考

1. 公共关系的特征有哪些？
2. 组织公共关系危机事件处理的步骤是什么？
3. 秘书常用公共关系实务活动的形式有哪些？
4. 公务接待有哪些具体要求？
5. 涉外接待时要注意哪些事项？

实训与模拟

大河公司的总经理秘书赵雪在新秘书上岗培训中发现，新来的秘书中，张军对秘书职业不感兴趣且情绪低迷，马瑞办事有些漫不经心且丢三落四，王芳喜欢穿着奇装异服且喜欢化浓妆。针对以上三位的实际情况，请帮助秘书赵雪制定一个针对她们三人的详细培训方案。

案例分析

哈佛憾事

1884年，哈佛的校长为一次错误的判断付出了很大的代价。一对老夫妇，女的穿着一套褪色的条纹棉布衣服，她的丈夫则穿着布制的便宜西装，也没有事先约好就直接去拜访哈佛的校长。

校长的秘书在片刻间就断定这两个乡下土老帽根本不可能与哈佛有业务往来。先生轻声说："我们要见校长。"秘书很礼貌地说："他整天都很忙！"女士回答说："没关系，我们可以等。"过了几个钟头，秘书一直不理他们，希望他们知难而退，自己走开。他们却一直等在那里。秘书终于决定通知校长："也许他们跟您讲几句话就会走开。"校长不耐烦地同意了。

校长心不甘情不愿地见了这对夫妇。女士告诉他："我们有一个儿子曾经在哈佛读过一年书，他很喜欢哈佛，他在哈佛的生活很快乐。但是去年他出了意外而死亡了。我丈夫和我想在校园里为他留下纪念物。"

校长并没有被感动，反而觉得很可笑，粗声地说："夫人，我们不能为每一位曾读过哈佛而后来死亡的人建立雕像的。如果我们这样做，我们的校园看起来像墓园一样。"

女士说："不是，我们不是要竖立一座雕像，我们想要捐一栋大楼给哈佛。"

校长仔细地看了一下条纹棉布衣服及粗布便宜西装，然后吐一口气说："你们知不知道建一栋大楼要花多少钱？我们学校的建筑物超过750万美元。"这在当时是一个天文数字。

这时，这位女士沉默不讲话了。校长很高兴，总算可以把他们打发了。这位女士转向她丈夫说："只要750万就可以建一座大楼？那我们为什么不建一座大学来纪念我们的儿子？"

就这样，斯坦福夫妇离开了哈佛，到了加州，成立了斯坦福大学来纪念他们的儿子。

资料来源：http://www.map028.com/city/city_detail.asp? newsid=24816

与哈佛齐名的斯坦福大学的创办，虽然对美国、对世界、对科学和学术事业的发展都是一件好事，但对于当时的哈佛大学来说，却是一件"憾事"。请分析案例中秘书和校长接待工作中的做法有何不妥。

第十一章　商务谈判与商贸财税术语

　　商务谈判是市场经济条件下普遍存在的社会行为。一次成功的商务谈判,不仅需要谈判领导者的运筹帷幄,也需要秘书的周密服务。因此,秘书人员有必要掌握商务谈判的基本知识,熟悉商务谈判的一般程序,明确商务谈判中的秘书事务。本章主要介绍商务谈判的内容与程序、商务谈判中的秘书工作以及商贸财税术语。

第一节　商务谈判

一、商务谈判及其动因

　　商务谈判是指买卖双方为了促成交易、解决争端以谋求各自利益而进行的谈判活动。它反映了交易双方的市场交换关系。根据相关法律规定,商务谈判的主体必须是法人,谈判是由代表法人的个人围绕着交易进行沟通、协商、妥协、合作的过程。所以,商务谈判的本质是一种特定意义上的人际沟通。

　　随着世界经济一体化的发展,商务谈判不仅是国内商务往来的重要环节,而且日益成为社会组织进行国际交往的主旋律。商务谈判属于微观层面的经济谈判,是经济谈判的一个重要组成部分。经济谈判比商务谈判的外延更为广阔,经济谈判不仅包括商务谈判,还包括政府间就有关经济问题如区域经济合作、政府间经济政策的协调等进行的谈判。

　　在实际生活中,人们进行商务谈判的动因是什么?总体来看,商务谈判的动因有三个方面。第一,追求利益。谈判是一种具有明确目的性的功利行为,其最基本的目的就是追求自身利益的最大化。第二,谋求合作。当今社会,人类生存的相互依赖性越来越强,合作成为不可或缺的内容,商务谈判可以促进人类社会的合作。第三,寻求共识。不同的利益主体有不同的利益要求,只有彼此协商,相互沟通,寻求各方都能接受的交换条件与实施程序,才能达成共识。在这三者之中,追求利益是开展商务谈判最主要的动因。①

---

① 聂元昆:《商务谈判学》,高等教育出版社,2009年版,第3页。

二、商务谈判的原则

（一）平等自愿原则

平等自愿是商务谈判中一条最基本的原则。首先，商务谈判双方在法律地位上是平等的，并在自愿合作的基础上建立商务谈判关系，通过公平协商、平等交易来实现各自的权益。在商务谈判过程中，交易双方无论经济实力强与弱，在法律意义上都是具有独立谈判资格的主体，其法律地位是平等的。其次，客观上，谈判双方的观点、利益或行为方式等总会存在冲突，这只能通过平等协商来解决。各自的条件与要求自愿让渡，不应该也不可能将自己的意志强加给对方。

（二）互利原则

互利原则要求商务谈判双方在实现己方利益的同时，照顾到对方的利益，从而使谈判结果实现等价交换，互利互惠。一场成功的商务谈判，每一方都必须通过谈判实现某些利益。如果一方发现不能得到某些预期的利益，或者得到的比付出的明显少很多，就会退出谈判。一旦一方退出，另一方也获得不到任何利益。因此，参与谈判的各方都必须清醒地认识到，只有在平等互利的基础上才能实现各自的谈判目标。

（三）合法原则

合法原则是指在商务谈判及合同执行过程中，应遵守国家的政策、法律、法规和条例，在对外贸易谈判中，还应该遵守对方所在国家或地区的相关法律、法规以及相关的国际法和国际惯例。商务谈判的内容、谈判的方式和方法及最终签订的协议，只有遵循合法原则，才具有法律效力。

（四）守信原则

守信原则是商务谈判的一项重要原则，它要求谈判的各方都要讲信用、重信誉，遵守诺言、履行协议，不出尔反尔、言而无信。在商务谈判过程中，双方参与谈判的人员只有诚实守信，才能取得对方的信任，建立谈判双方彼此间相互尊重、相互信赖的关系，形成一种诚挚和谐的谈判气氛，进而促使交易的成功。因此，谈判者在谈判过程中不要轻易许诺，这是守信的重要前提。

（五）双赢原则

谈判是为了解决某些问题而与对方进行协商，从这种意义上看，谈判本身就是一种合作。双方进行谈判的目的是为了寻求一个双赢的结果，这需要谈判双方真诚合作，共同寻求一种方案，在一定的程度上实现各自的需求或利益。在绝大多数的谈判活动中，谈判双方的利益是相互关联的，一方的利益让渡是另一方让渡利益的前提，这使得谈判成为进行合作的普遍方式。

三、商务谈判的类型

商务谈判客观上存在着不同的类型，不同类型的商务谈判需要运用不同的策略。从一定程度上看，把握商务谈判的类型是谈判成功的起点。

（一）按商务谈判主体所属地域分类

商务谈判分为国内商务谈判和国际商务谈判。国内商务谈判指在两个或两个以上的本国经济主体之间进行谈判,谈判双方或多方当事人均为本国的法人。相对于国际商务谈判,国内商务谈判更容易取得成功。国际商务谈判指在两个或两个以上不同国家的经济主体之间进行谈判,谈判双方当事人属于不同国家的法人。国际商务谈判受到国家外交政策、谈判者的文化与习俗、国际法律法规等多方面因素的影响,不容易取得成功。

(二) 按谈判条款之间的逻辑联系分类

商务谈判可分为横向谈判与纵向谈判。横向谈判是首先确定谈判涉及的问题,然后轮番讨论,直到所有的问题谈妥为止。纵向谈判是在所谈问题确定后,把条款逐个谈完并固定下来,一个条款不彻底谈妥,就不会接下去谈另一个条款。

(三) 按谈判所在地分类

商务谈判分主场谈判、客场谈判和第三方谈判。主场谈判是在自己所在地组织谈判;客场谈判是在谈判对手所在地组织谈判;第三方谈判是指谈判地点设在谈判双方所在地之外的第三个地区,它可以避免任何一方在地域上的优势,使得各方的地位较为平等,谈判环境较为公平,但会增加谈判成本。

(四) 按谈判人员的组织形式分类

商务谈判分一对一谈判和小组谈判。一对一谈判指出席谈判的各方只有一个人。这类谈判用于非正式的谈判,适合项目比较小的商务谈判,比较容易出结果。小组谈判,是指谈判双方由多个人员组成一个小组来进行的谈判。这种谈判大多用于正式谈判。重大的或内容比较复杂的谈判,需要多个人组合,分工协作,取长补短,各尽所能,提升谈判效果。

(五) 按商务谈判的内容分类

商务谈判分货物买卖谈判与非货物买卖谈判。货物买卖谈判的标的是客观存在的实体,是具有使用价值、可用以交换的商品。货物买卖谈判的主要内容包括商品的品质、数量、包装、价格、交货及货款支付、保险、商品检验及索赔、仲裁和不可抗力等条款。非货物贸易谈判是指技术贸易、劳务贸易等谈判,谈判的标的非实体商品,主要包括技术、服务、法律等。①

四、商务谈判的一般程序

完整的商务谈判过程一般包含谈判准备阶段、正式谈判阶段、履约谈判阶段三个环节。

(一) 谈判准备阶段

谈判准备阶段是商务谈判的战略规划阶段,其工作内容一般包括对象选择、背景调查和组织准备三个方面。

1. 对象选择

对象选择指谈判的一方为实现自己的利益,寻找能满足己方需求的资源供给者或者购买者的过程。谈判方所选择的对象应是己方的理想交易对象,具备达成交易所要求的条件。

---

① 聂元昆:《商务谈判学》,高等教育出版社,2009年版,第12~13页。

2. 背景调查

背景调查就是搜集信息的过程。这些信息包括谈判对象的资信情况、经营情况及其谈判人员的组成情况，比如对方承揽加工自己的产品，就要了解对方的经营范围、加工能力、人员及设备情况等。

3. 组织准备

组织准备包含组建谈判团队，制定谈判计划，确定谈判目标，选择谈判时间、地点，设计谈判策略等。

（二）正式谈判阶段

谈判前期的准备工作结束后，便进入正式谈判阶段。这一阶段被看作是狭义的商务谈判。谈判过程尽管错综复杂、变化不定，但大体上包括开局、报价、磋商和签约四个阶段。

1. 开局

开局指谈判开始时，双方之间的寒暄和表态以及互探底细的过程。开局在内容上与整个谈判主题关系不大，主要作用有三个方面。一是营造良好的谈判气氛。谈判人员要注重个人气质、服饰、礼仪礼节、谈话话题以及交谈方式，形成一个良好的沟通局面，为整个谈判奠定基础。二是说明情况，交换意见，讨论谈判活动的各种事项、日程安排及具体场地要求等，确定谈判议程，力求掌握谈判的主动权。三是开场陈述。重点是陈述己方的利益，在陈述己方利益时，应采用横向铺开的方法，而不是深谈某一个问题。语言表达清晰，停顿适当，注意节奏，声音优美动听，以吸引对方的谈判兴趣。

2. 报价

商务谈判报价是指谈判一方向对方提出的有关整个交易的各项交易条件，包括标的物的质量、数量、价格、包装、运输、保险、商检、索赔、仲裁等。价格条款是核心部分。一般来说，报价形式可分书面报价和口头报价两种。书面报价是指以书面形式提出交易的条件。以书面形式提出报价时，可以作口头的补充，也可以不作口头补充。口头报价是不提交任何书面形式的文件，只以口头语言提出交易条件的报价方式，谈判灵活性较大，可以根据谈判的进程调整报价。

在报价谈判时，要坚持合理报价原则，讲究报价策略，如报价先后次序、合理的报价起点、报价时机、报价方式等。在国际商务谈判中，有欧式报价与日式报价之分。欧式报价一般是报价起点高，给予各种优惠条件；日式报价是以低价格吸引买家的兴趣，最后成交价肯定会高于报价。

3. 磋商

磋商包括还价和让步。还价，也称还盘，指针对谈判对手的首次报价所做出的反应性报价。还价之前要准确、清晰地掌握对方报价的全部内容，要求对方做出价格解释，即讨价。还价是以讨价为基础同时结合己方目标而作出的报价，这需要一定的策略与技巧。

让步，指谈判双方向对方妥协，退让己方的理想目标，降低己方的利益要求，向双方期望目标靠拢。当谈判经过几番讨价与还价之后，双方都坚持己方的理想目标，就会存在分歧，谈判陷入僵局。这种情况下，理智的谈判者会选择让步，即对己方利益适当割让，最终促使谈判走向成功。但要坚持让步不能太快、让步幅度不能太大、不能无条件让步等原则,还要注意让步的时机与策略。

4. 签约

签约就是签立合同,交易双方当事人愿意按照谈判最后确定的条件达成某项协议。签约之前,须明确还有哪些问题没有得到解决,对所有的交易条件进行最后确认,确定己方最后可以让步的限度。然后根据双方谈判的结果,明确对方认可的权利和义务,进行签约。①

(三) 履约谈判阶段

履约谈判阶段是指合同签订后,在执行过程中涉及的一系列谈判过程,是一种狭义的谈判之后的再谈判过程。

合同签订后即具有法律效力,当事人各方必须按照合同的要求履行己方承担的义务并取得相应的权利,任何一方都不得擅自变更或解除合同,否则就要承担相应的法律责任。在具体执行合同的过程中,由于主客观因素,导致合同不能执行或不能按原来的约定执行,甚至在合同执行中造成经济损失,就需要履约谈判甚至索赔谈判。履约谈判阶段往往覆盖了整个合同执行过程,只要在合同执行过程中,就可能存在需要再谈判的问题。②

第二节 商务谈判中的秘书工作

商务谈判是一个相当复杂的过程,一次成功的商务谈判包含多方面的因素,不仅需要领导者或主谈人的运筹帷幄,同时也需要其他相关人员的辅助。其中,秘书在商务谈判过程中能起到非常积极的作用,有助于主谈人集中精力纵观全局、把握关键,胸有成竹地指挥谈判。

一、谈判准备阶段

一次商务谈判要顺利达到谈判目的,谈判之前的准备工作至关重要。在这一阶段,秘书人员应协助上司完成以下工作。

(一) 收集谈判信息

谈判信息是指与谈判活动有关的一切资料和情报的总和。整个谈判过程始终都是信息沟通的过程,选择谈判对手、制定谈判目标、选择谈判战略和谈判策略,这都有赖于谈判者所掌握信息的数量和质量。

1. 对方的资信与实力调查

(1) 对方的资信。包括谈判对象的法人身份、法定地址、资金状况、商业信誉、经营能力、经营方式及范围等。商务活动是法人在市场上从事的一切有形资产与无形资产交换

---

① 聂元昆:《商务谈判学》,高等教育出版社,2009年版,第123~128页。
② 聂元昆:《商务谈判学》,高等教育出版社,2009年版,第19页。

或买卖活动的总称。商务谈判作为正式的商务活动,参加的组织必须具有法人资格,享有谈判结果所形成的权利,能够履行所应承担的义务。资信调查,首先调查对方的法人资格。可以主动要求对方提供有关文件,并通过一定的手段和途径进行验证,如税务登记证明、营业执照。详细掌握对方的企业名称、法定地址、成立时间、注册资本、经营范围等。其次,弄清对方的组织性质。例如,对方是有限责任公司还是无限责任公司,是母公司还是子公司或分公司,等等。因为公司组织性质不同,承担的责任是不一样的。还要确定法人的国籍,即应受哪一国家法律管辖。再次,还应对谈判代表的资格或签约资格进行审核。在对方当事人提供保证人时,还应对保证人进行调查,了解其是否具有担保资格和能力。在对方委托第三者谈判或签约时,应对代理人的情况加以了解,了解其是否有足够的权利和资格代表委托人参加谈判。

(2) 对方的需求。即分析判断谈判对象是否确实对谈判标的有需求,通过使用标的物能解决什么实际问题或获得何种利益。只有帮助对方解决实际困难,使谈判双方均获利,才可能使谈判获得双赢。应该了解谈判者对谈判标的所持的态度,分析谈判对象能够接受的价格水平等。

(3) 对方的实力。包括谈判对象的历史,社会影响及商业信誉,资本积累与投资状况,技术装备水平,产品的品种、质量、数量和品牌知名度,支付能力,财务状况,收入水平和资信状况等。

(4) 对方的谈判队伍。即对方谈判队伍的人员结构,包括谈判者的人员构成;各自的身份、地位、性格、爱好、谈判经验;谁担任谈判负责人,其能力、权限和以往成败的经历;谈判者各自的特长和弱点,以及对谈判的态度、倾向性意见等。

2. 我方的实力资料收集

(1) 自身条件。即组织状况,主要包括企业发展沿革、规模实力、行为理念、生产能力、营销能力、管理能力、财务资信、市场地位等。根据谈判需要,尽可能客观地了解我方的优势与弱点,提供给谈判人员参考。这不仅有利于谈判人员制定谈判策略和设计谈判方案,也有利于他们在谈判进程中扬长避短,掌握主动权。

(2) 谈判队伍。谈判者要了解我方谈判团队的构成状况及每个人的风格。因此,秘书要收集我方谈判人员的个人信息,具体包括谈判人员的职位、教育程度、个人阅历、工作作风、行为追求、心理素质、谈判风格、人际关系等。

3. 有关行业的市场信息

有关产品及行业的市场信息,即与谈判标的相关的国际国内同类产品的市场信息,如合作生产或经营的产品的销售渠道与市场需求程度等。

4. 外部环境信息

商务谈判的环境,即影响商务谈判的外部环境因素,包括政治经济状况、宗教信仰、法律制度、商业制度、商业习惯、社会习俗、财政金融状况、基础设施与后勤保障、气候等。收集商务谈判外部环境信息,目的是减少由于环境因素变化可能导致的不确定性。要准确判定各种不同的外部环境因素对商务谈判的影响,必须掌握大量的信息。所以秘书人员要广泛收集资料,提供给谈判者,以便他们能够创造出有利于自身的谈判环境和条件,为赢得谈判提供有力的支持。

对上述各种信息,从信息所属范围的角度,可划分为四类,如图11—1所示。

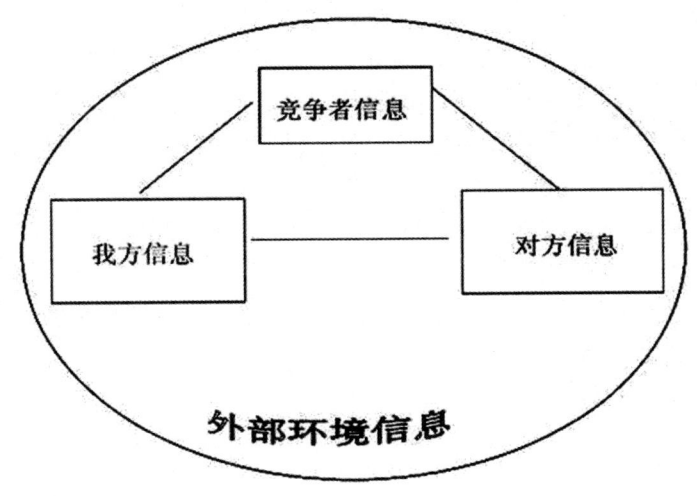

图11—1 商务谈判信息

(二)拟订谈判计划

秘书在收集谈判信息的基础上,往往需要进一步协助上司拟定谈判计划,模拟测定计划的合理性与实用性。由于谈判计划涉及谈判所要达到的具体目标和实施步骤,在这一过程中要注意保密。

商务谈判的计划是将商务谈判的战略内容系统化,包括谈判的总体目标以及阶段性目标、整体谈判议题以及相关的子议题、谈判的宏观策略、谈判议程等一系列内容。

1. 谈判目标

谈判目标,是指通过谈判活动期望取得的结果,它是谈判过程中一切行动的导向。谈判目标不只是一个价格数字,也非单一性的目的,而是一个包含价格、关系以及其他交易条件等在内的具有弹性的体系。一般来说,据其实现的可能性和对组织的重要程度,谈判目标体系分三个层次。

(1)最优目标,即己方利益最大化的一种理想状态。这个目标将在最大限度上满足己方的利益,使对方及其余各方利益最小化。己方的最优目标可能是对方的底线目标,一般达成的可能性很小。但在谈判中可以提出来,作为讨价还价的起点,有利于在谈判中掌握主动权。

(2)可接受目标。指在谈判中谈判人员根据各种主观和客观因素,经过对谈判对象的全面评估,对企业利益的全面考虑、科学论证后所确定的目标。这个目标是一个区间或范围,一般大于底线目标而小于最优目标,也是己方可努力争取的目标或可让步的范围。谈判中的讨价还价就是争取在可接受的目标区间内的某一点达成交易。它能满足谈判双方的部分需求,实现谈判双方利益最大化,即所谓双赢。

(3)底线目标,指在谈判中毫不退让必须达成的基本或最低目标,没有任何讨价还价的余地。对己方而言,如果达不到这个目标,宁可谈判失败也决不再作任何让步。也可以说底线目标是谈判者坚守的最后一道防线,它关系到组织的实质性利益。

2. 谈判议程

商务谈判议程用来说明整个谈判活动的进程安排,包括谈判议题、次序及时间安排。谈判议程可由一方草拟,在谈判开局时由双方协商确定。所以安排议程时既要考虑对己方有利,也要适当兼顾对方的实际利益和工作习惯。典型的商务谈判议程一般包括五个方面的内容:

(1) 商务谈判的时间,包括谈判期限、开始时间、每次谈判的时间、休会时间等;

(2) 商务谈判的议题,包括谈判的中心议题及解决中心议题的大原则等;

(3) 商务谈判的议程,包括洽谈事项的先后顺序、谈判各个轮次的划分、谈判人员在每一轮次中的大致分工等;

(4) 谈判地点与谈判现场;

(5) 其他事项,包括签约的要求与准备,仲裁人的确定与邀请,谈判人员的食宿、交通、游览等。

3. 谈判地点

商务谈判地点的选择,一般有三种情况。一是在己方国家或公司所在地谈判,二是在对方所在国家或公司所在地谈判,三是在谈判双方之外的国家或地点谈判。在确定谈判地点时要慎重,应考虑谈判各方力量的对比、可选择地点的多少、各方的关系及可能产生的费用等。不同的地点有各自不同的优点和缺点,需要谈判者充分利用地理优势,克服劣势,变不利为有利,最终促使谈判获得成功。

4. 谈判策略

谈判策略也叫谈判战术,指在谈判过程中为使己方处于有利地位或控制对方所采取的行动或手段,它贯穿于商务谈判的全过程。一个商务谈判策略往往是一个体系,而非单一的行动。在谈判开局、报价、磋商、签约各个阶段,都要运用相应的谈判策略。谈判的性质、规模、对手、时机不同,谈判策略也千变万化。一般谈判策略的设计主要有以下内容:

(1) 己方说话的顺序,包括由谁说、什么时候说、说哪些话;

(2) 己方可以在哪些问题上、何种情况下,以何种方式做出主动让步;

(3) 己方有哪些材料可以公开、在何种情况下公开,以作为对己方有利的证据;

(4) 预计对方在谈判中会提出哪些问题,己方如何应对;

(5) 己方在谈判中准备使用哪些谈判技巧。

由于谈判是一个动态的过程,谈判中随时会发生意想不到的新情况,预先设计好的对策也要随时做出改变。商务谈判计划表如表11-1所示。

表 11-1 商务谈判计划

谈判的目标
最优目标：
底线目标：
可接受目标：
对方相对实力的评价
对方优势：
对方劣势：
己方优势：
己方劣势：
谈判者的权限
谈判时间安排：
谈判地点安排：
谈判现场安排：
谈判风格：
总体战略：
具体策略安排
谈判开局：
接触摸底：
实质磋商：
谈判收尾：
谈判成本预算：
谈判计划说明：

（三）协助组建谈判团队

秘书需要根据商务谈判的方式，协助上司组建谈判团队。如果是一对一的谈判，需要选择一个主谈人及其他相关协助人员；如果是小组谈判，需要组建谈判团队。一个谈判团队最好为 4 人，最多不超过 12 人。其中一个人为领导，掌握谈判的决策权，其余各成员要具备不同的专长，如通晓商务、财务、法律、技术、外语等。这些人不仅应有商务谈判的经验，还应有很强的业务能力。同时，还需考虑谈判人员在性格、气质、能力和知识等方面的互补性，以形成整个团队的群体优势。在谈判团队内部，谈判人员要有主谈与辅谈、台前与幕后的分工与配合。不同的谈判阶段，分工与配合可以变更，但应考虑谈判的连续性。

（四）布置谈判场所

1. 选择谈判场所

东道主应当征求对方的意见，尽量使商务谈判场所得到对方的认可。谈判场所一般应满足以下几方面的要求：

（1）谈判场所的交通、通信方便，便于谈判人员来往和沟通；

（2）环境优美安静，避免外界干扰；

（3）生活设施良好，双方在谈判中不会感觉到不方便、不舒服；

（4）医疗卫生、安全条件良好，能够使双方安心地参加谈判。

2. 布置谈判场所

正规的谈判场所通常需要设计主谈室、密谈室、休息室三种谈判场地。

(1) 主谈室,指谈判双方进行正式沟通的空间。它的布置应当宽大舒适,光线充足,色调柔和,空气流通,温度适宜,让谈判双方都能感到心情愉快、精力饱满。谈判桌置于房间中央,一般要配备麦克风,以便参与谈判的人员较多时使用。但主谈室内一般不装电话,以免干扰谈判,泄露秘密;不安装录音、录像设备,如需要,应征得参与各方的同意,因为这种谈判场景会对谈判人员造成心理压力,使其难以畅所欲言,从而影响谈判的正常进行。

(2) 密谈室,指谈判者内部协商机密问题时单独使用的房间。它最好靠近主谈室,有较好的隔音性能,室内配备黑板、桌子、笔记本等物品,窗户上要有窗帘,光线不宜太亮。作为东道主,绝不允许在密谈室内安装微型设施窃听对方的密谈信息。作为在异地谈判的一方,使用密谈室时一定要提高警惕。

(3) 休息室,指谈判人员在谈判间隙休息时所使用的场所。休息室应该营造一种轻松、舒适的氛围,以便谈判人员能够放松一下紧张的神经。室内可以摆放一些鲜花,准备一些茶点,播放一些舒缓的音乐,以利于调节心情、缓解紧张的气氛。

3. 安排谈判座次

谈判座次的安排影响到谈判现场的气氛和谈判双方的沟通,进而影响谈判的进程与效率。谈判座次的安排应符合国际惯例,要注重谈判礼仪。商务谈判多为双边谈判,座次安排有三种方式。

(1) 相对式,指谈判双方分坐在长方形或椭圆形谈判桌的两边。按照"远为上,右为高"的礼仪原则,如果谈判桌横放,以正门为准,主方应坐在背向门的一侧,客方则面向正门而坐(如图11—2所示);如果谈判桌竖放,以入门的方向为准,右边坐客方人员,左边坐主方人员。主谈人或负责人居中而坐,翻译紧靠主谈人右侧,其他人员依职位或分工分两侧就座。

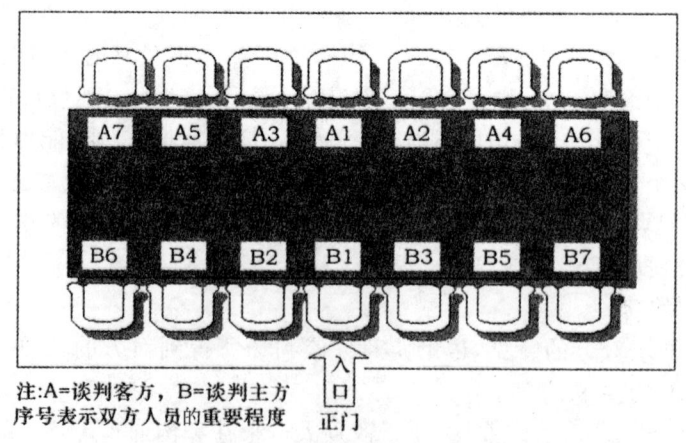

注:A=谈判客方,B=谈判主方
序号表示双方人员的重要程度

图11—2 相对而坐的谈判布置

(2) 并列式,指主宾并列而坐,客人坐在主人的右边,其他人员各坐两边,距离各自的主谈人或负责人越近,表明其地位越高,双方对门围成 U 字形(如图 11-3 所示)。

(3)自由式,不需安排座次,或者人数太多无法安排座次,主宾随意就坐。这种方式适合于双方比较了解、关系比较融洽的自由式谈判。它的好处是双方对立的态势有所缓和,有利于减轻对立情绪,活跃谈判气氛,融洽双方关系。不利之处是双方人员被分开,每个成员都有一种被分割、被孤立的感觉。同时也不利于己方谈判人员之间协商问题和资料保密。

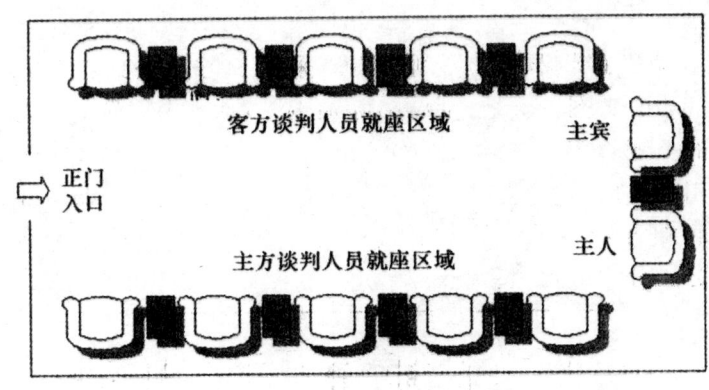

图 11-3 并列式谈判座次

总之,谈判场所的选择和布置要服从谈判的需要,要根据谈判的性质、特点、双方之间的关系和谈判策略的要求来确定。①

二、谈判进行阶段

正式商务谈判大致可以分为开局、报价、磋商和签约四个阶段。在商务谈判准备阶段,秘书要协助主谈人组织与安排谈判事务;进入正式谈判阶段,秘书要做好谈判记录、协助起草合同等。

(一)谈判记录

谈判记录,就是对谈判期间双方发言者所表达的意见和整个谈判情况的详细记录,是谈判过程中一个非常有实用价值的谈判工具。己方在谈判间隙分析谈判记录,可以发现对方的意向和战术,为确定下一步的谈判策略提供依据,也是起草最终谈判协议的基础。除此之外,谈判记录反映了谈判的原始过程,是总结谈判经验不可缺少的原始材料。对于一些重要谈判来说,它还是重要的档案材料。一份正式的谈判记录具体包括谈判主题、谈判主持人、谈判记录人、谈判时间、谈判地点、谈判对方单位名称、谈判双方的参加人员、谈判内容、谈判参加人签字、记录人签字等要素,其格式如表 11-2 所示。

---

① 聂元昆:《商务谈判学》,高等教育出版社,2009 年版,第 86~88 页。

表 11-2 商务谈判记录(样式)

```
                    商务谈判记录单        编号：

谈判主题：
谈判主持人：
记录人：
谈判时间：      年   月   日   时   分
谈判地点：
己方(公司全称)：××××××(甲方)
对方(公司全称)：××××××(乙方)
甲方参加人员：
乙方参加人员：



内容：
甲方(问)：
乙方(答)：
……



备注：
甲方参加人员(签名)：
乙方参加人员(签名)：
记录人(签名)：
```

秘书在进行谈判记录时，除了使用规范的记录格式，还要做到全面、详细、准确，尤其是关键的数字信息一定要准确。记录过程中，如有不清晰之处，可请发言者重复，绝不能臆造。同时还要注意发言者的身体动作即无声语言也应记录，这有助于己方判断对方的真实意图。谈判结束后，要认真整理谈判记录，并请双方主谈人确认、签字。

谈判记录人应该掌握快速记录的技巧。虽然摄像和录音技术已经成为非常重要的记录方式，但由于谈判活动的特殊性，一般情况下，谈判过程中不可以录音或录像。手写记录永远是谈判的主要记录方式，快速记录技巧是记录人的必备技能。

（二）草拟备忘录

商务谈判备忘录是指，在商务谈判时，经过初步讨论后，记载双方的谅解与承诺，以作为进一步洽谈时的参考的一种记事性文书。一般是在谈判记录的基础上，舍弃谈判过程的细节内容，保留双方对每个问题讨论的结果而形成。拟写谈判备忘录，其内容包括双方对哪些问题进行了磋商，哪些问题取得了怎样的一致意见，哪些问题未取得一致意见，分歧在哪里等。

谈判的每个阶段都需要形成备忘录，它是谈判阶段性成果的小结，可以作为下一阶段谈判的起点。在签约之前制作的整个谈判过程的备忘录,是谈判中已达成的共识及协议的记录,代表双方的承诺,是达成正式协议的基础。谈判备忘录一经双方签字,就意味着谈判过程的基本完成,接下来便是签订最后的协议或者合同了。有些商务谈判,在签约之后,为了约束协议的履行,通过备忘录的形式将谈判中的口头协议和许诺书面记录下来,作为合同的附件。但备忘录本身不是正式协议,没有法律效力。

(三) 签订合同

双方经过磋商、让步,最终达成协议,需要签订合同对整个谈判的最终成果进行确认。

1. 回顾分析

对已达成的共识、协议等进行回顾、分析,包括以下四个方面的内容。

(1) 明确本次谈判中,是否所有的项目都已经谈妥,查找是否存在遗漏的问题。

(2) 分析本次谈判中是否所有的交易条件都和谈判目标相吻合,谈判的结果是否达到了己方期望的目标。

(3) 分析己方的让步条款和限度是否合理,如果发现让步不合理,应果断收回。

(4) 确定何时、以何种方式结束谈判,进行签约。

2. 草拟协议

谈判协议是交易双方为明确各自的权利和义务,以书面形式确定下来的合同。如果谈判达到双方预期的结果,在谈判结束阶段将签订合同。草拟合同必须做到以下几个方面。

(1) 格式规范、条理清晰。合同通常由约首、文本和约尾三部分组成。约首,包括协议的名称、编号、订约双方的名称与地址、签约时间等;文本,即协议的条款,一般包括合同标的、数量、价款、交货时间、质量标准、结算方式、履行期限、地点和方式、违约责任等;约尾,主要是签约人的签名及合同双方的住所、电话、传真、开户银行、账号、邮政编码等。

(2) 措辞准确、严密、明确。合同中所涉及的术语,谈判双方都要确认它的含义,使每个词、每句话都能准确地表达双方的观点和意愿。

(3) 协议内容具体、详尽。在国际商务谈判中,还必须考虑对方国家的相关法律、政策及一些国际经济活动中的惯例。

3. 审核签字

合同经双方指定的签约人签字后,就具有了法律效力,成为需要双方共同遵守的法律文件。签约双方必须履行协议中规定的义务,否则就必须承担法律责任。在签订合同时,必须慎之又慎。签字之前的审核要做到:

(1) 审核文字表达,要字斟句酌,确保准确无误;

(2) 审核条款的完整性,重视协议中违约责任的划分;

(3) 审核合同的合法性,必须符合法律的规定,不得损害社会公共利益和公共道德。同时,合同的产生过程也必须符合法律规定,不得以强迫、欺诈等手段使某一方签订合同协议。

经审核无误,谈判双方即可由谈判代表正式签约,有些大型的、比较重要的谈判还会举行专门的签字仪式。

在谈判过程中,秘书除了提供谈判记录、起草文字、校对合同文本等文字处理工作之外,还需安排谈判过程中的其他日常事务,打印文件,通讯联系,组织联谊活动,如组织共同进餐、娱乐活动或参观游览等,这样既能联络感情,又能营造良好的谈判氛围。

三、谈判结束后秘书的工作

谈判结束后,秘书应及时将有关的文件材料予以整理、归档,撰写谈判报告,准备上报材料;协助有关谈判人员,分析谈判目标的实现情况;回顾谈判团队的运作与管理情况、后勤人员的服务情况;归纳谈判对象的风格、工作效率等,总结工作中的成功与不足,为以后的谈判提供借鉴。总之,秘书在谈判团队中,要善始善终,做好谈判的各项服务性工作。

第三节　商贸财税术语

在市场经济环境下,秘书人员要胜任本职工作,必须了解中国乃至世界经济体系中用于描述商业和经济发展状况的一些常用术语。这些术语在商业领域中非常重要,在其他社会生活领域中也不可或缺。尽管各个生产、生活领域中所使用的专业术语通常会千差万别,如在房地产公司办公室使用的专业术语与在医疗办公室使用的专业术语几乎完全不同,但是它们所使用的商业术语基本相同。因此,了解这些术语对秘书职业活动甚至日常生活有重要意义。

一、互联网时代的商务术语

全球经济一体化是世界政治、经济、技术等许多因素综合作用的结果,如国家间贸易壁垒的减少,许多国家鼓励私人企业的发展,等等,其中最重要的影响因素就是现代通信技术即互联网的使用。随着互联网时代的到来,世界性市场经济体系得以形成,商业活动不再受到地域的限制,不同国家或地区的资源和市场不再那么难以获得。这就增强了全世界各行各业的互动,但同样也增加了来自世界各国的竞争对手,从而创造了一种新的商业文化。

全球经济背景下的互联网技术,创新了商业渠道,改变了世界各国的经济发展模式。这些变化也直接影响到社会组织的办公管理工作,所以,秘书人员需要了解互联网时代的商业活动方式。

(一) 电子商务

近几年,电子商务得到了飞速的发展,它改变了传统的商业模式,促使商业贸易不断跨出国门,走向世界。电子商务是在开放的网络环境下,实现消费者的网上购物、商户之间的网上交易和在线电子支付的一种新型的商业运营模式。相对于传统的商业模式而言,电子商务的买家与卖家是在不见面的情况下,仅通过电子通讯的方式完成交易及相关服务的。电子商务通常由三个部分组成,即信息服务、电子交易和电子支付。电子商务的主要内容包括电子商情广告,电子选购和交易、电子交易凭证的交换,电子支付与结算以及网上售后服务等。要完成这一交易流程,需有顾客(包括个人消费者、企业组织)、商户(包括销售商、制造商、储运商)、银行(包括发卡行、收单行)及认证中心四类实体参与。

当今,电子商务涉及范围广泛,涵盖了企业对企业(Business-to-Business,即 B2B)、企业对消费者(Business-to-Consumer,即 B2C)、个人对消费者(Consumer-to-Consumer,即 C2C)、企业对政府(Business-to-Government,即 B2G)等多种模式。

1. B2C (Business-to-Consumer)

B2C 是企业与个人之间的电子商务模式,是我国最早的电子商务模式,如淘宝网、当当网等。这些都是企业通过网络直接向个人消费者销售产品和提供服务的。企业可以在网络上直接接受消费者的在线订购;店面为虚拟空间网页,商品为虚拟商品即图片或文字描述,服务时间为 24 小时。一般购物流程为:客户注册会员—商品搜索选购—下订单(放进购物车)—收银台—选择送货方式—在线支付—购物完成—订单查询。在这里,买家可以通过浏览网页获得更多的商品与服务信息,甚至包括其他使用者、相关责任机构对某一种产品的真实评价,还可以很容易地发现同一产品在各个竞争卖家之间的价格优势,从而根据自己的需要做出最佳选择。卖家还可在线回答买家的提问并及时接收买家的反馈信息。这一商业运营模式不仅改变了企业的经营模式,同时也正在改变人们的生活方式。

2. B2B (Business-to-Business)

B2B 是企业与企业之间的电子商务模式,是电子商务应用最广泛和最受企业重视的形式。企业可以使用互联网为每笔交易寻找最佳合作伙伴,完成从订购到结算的全部交易行为,包括向供应商订货、签约、接收发票和使用电子资金转移、信用证、银行托收等方式进行付款,以及处理在商贸过程中发生的其他问题如索赔、商品发送管理与运输跟踪等。企业对企业的电子商务经营额大,需要的各种硬件和软件环境较复杂,但在 EDI(Electronic data Interchange 电子数据交换)商务的基础上发展得最快。

3. C2C (Consumer-to-Consumer)

C2C 是个人与消费者之间的电子商务模式。C2C 电子商务平台就是通过为买卖双方提供在线交易平台,使卖方可以主动提供网上商品拍卖,而买方可以自行选择商品进行在线竞价。C2C 电子商务模式的典型是拍卖网站。

4. B2G (Business-to-Government)

B2G 是政府与企业之间的电子商务模式,这种商务活动覆盖了政府与企业组织之间的各项事务。例如,企业与政府之间进行的各种手续的报批,政府通过因特网发布采购清单而企业以电子化的方式响应,政府用网络以电子交换的方式完成对企业和电子交易的征税等。这成为政府机关政务公开的手段和方法。

(二) 电子政务

目前,为提高管理与服务的效率,各国政府都加入了网络工作平台。企事业单位、社会公众与政府有着各种各样的联系,政府也要为企事业单位、社会公众提供各种有用的信息,这些都可以通过互联网来实现,如面向社会公开政府办公信息、劳动用工信息以及对社会生产领域研究得到的最新信息等。所谓电子政务,就是政府机构应用现代信息和通信技术,在互联网上实现政府组织结构和工作流程的优化重组,超越时间和空间及部门之间的分隔限制,将管理和服务通过网络技术进行集成,并向社会提供这种优质的、全方位的、规范而透明的管理和服务。

电子政务的内容非常广泛,从我国政府所规划的项目来看,电子政务主要包括以下几个方面。

1. 政府间的电子政务

政府间的电子政务包括电子法规政策系统、电子公文系统、电子司法档案系统、电子财政管理系统、电子办公系统、电子培训系统、业绩评价系统等。

2. 政府对企业的电子政务

政府对企业的电子政务包括电子采购与招标、电子税务、电子证照办理、信息咨询服务、中小企业电子服务。

3. 政府对公民的电子政务

政府对公民的电子政务包括教育培训服务、就业服务、电子医疗服务、社会保险网络服务、公民信息服务、交通管理服务、公民电子税务、电子证件服务等。[1]

二、商业组织类型

我国有四种基本的商业组织形式:独资企业、合伙企业、有限责任公司和股份有限公司。

(一) 独资企业

独资企业,是依照《独资企业法》在中国境内设立、由一个自然人投资、为投资人个人拥有企业资产,并以其个人财产对企业债务承担无限责任的经营实体。设立个人独资企业的条件有:

(1) 投资人为一个自然人;
(2) 有合法的企业名称;
(3) 有投资人申报的出资;
(4) 有固定的生产经营场所和必要的生产经营条件;
(5) 有必要的从业人员。

(二) 合伙企业

合伙企业与独资企业相对,是由两个或两个以上的自然人、法人和其他组织通过签订合伙协议,共同出资经营、共负盈亏、共担风险的企业组织形式。有普通合伙企业和有限合伙企业之分。

1. 普通合伙企业

《中华人民共和国合伙企业法》规定,设立合伙企业应当具备下列条件:

(1) 有两个以上合伙人,合伙人为自然人,具有完全民事行为能力;
(2) 有书面合伙协议;
(3) 有合伙人认缴或者实际缴付的股本金;
(4) 有合伙企业的名称和生产经营场所;
(5) 法律、行政法规规定的其他条件。

---

[1] 汤志伟,张会平:《电子政务的管理与实践》,电子科技大学出版社,2008年版,第13页。

其中,国有独资企业、国有企业、上市公司以及公益性的事业单位、社会团体不得成为普通合伙人。合伙人可以用货币、实物、知识产权、土地使用权或者其他财产权利出资,也可以用劳务出资。

2. 有限合伙企业

有限合伙企业由两个以上、五十个以下合伙人设立,法律另有规定的除外。有限合伙企业至少应当有一个普通合伙人。在有限合伙企业中,普通合伙人与有限合伙人责任不同。普通合伙人对合伙企业债务承担无限连带责任,有限合伙人以其认缴的出资额为限对合伙企业债务承担有限责任。有限合伙人不执行合伙企业事务,不得对外代表有限合伙企业。

(三)有限责任公司

有限责任公司是一种混合型的商业组织形式,它是指由符合法律规定的股东出资组建、股东仅以其出资额为限对公司承担有限责任、公司以其全部资产对公司的债务承担有限责任的企业法人。有限责任公司股东会由全体股东组成,股东会是公司的权力机构,依照《公司法》行使职权。

根据《公司法》规定,设立有限责任公司应当具备下列条件:

(1)股东符合法定人数;

(2)股东出资达到法定资本最低限额;

(3)股东共同制定公司章程;

(4)有公司名称,建立符合有限责任公司要求的组织机构;

(5)有公司经营场所。

其中,有限责任公司的股东人数严格限定为两个以上、五十个以下,注册资本的最低限额为人民币三万元。法律、行政法规对有限责任公司注册资本的最低限额有较高规定的,从其规定。公司成立后,股东不得抽逃股本金。

有限责任公司另有国有独资公司以及一人有限责任公司两种特殊公司组织形式。国有独资公司是指国家授权的投资机构或国家授权的部门单独投资设立的有限责任公司。国有独资公司不设股东会,由国有资产监督管理机构行使股东会职权。一人有限责任公司是指只有一个自然人股东或者一个法人股东的有限责任公司。一人有限责任公司的注册资本最低限额为人民币十万元,股东应当一次足额缴纳公司章程规定的出资额。一个自然人只能投资设立一个一人有限责任公司,该一人有限责任公司不能投资设立新的一人有限责任公司。

(四)股份有限公司

股份有限公司是全部注册资本由等额股份构成并通过发行股票(或股权证)筹集资本的企业法人。股份有限公司全部资本分成等额股份,股东的债务责任仅以其认购的股份金额为限,而不以其私人的全部财产负责的公司。

1. 设立条件

根据《公司法》规定,设立股份有限公司应当具备下列条件:

(1)发起人符合法定人数;

(2)发起人认购和募集的股本达到法定资本最低限额;

(3) 股份发行、筹办事项符合法律规定；
(4) 发起人制订公司章程；
(5) 有公司名称，建立符合股份有限公司要求的组织机构；
(6) 有公司经营场所。

其中，法定人数应限定为二人以上、二百人以下，且须有半数以上的发起人在中国境内有住所；公司注册资本的最低限额为人民币五百万元。

2. 设立方式

根据《公司法》规定，股份有限公司设立方式主要有：发起设立，即所有股份均由发起人认购，不得向社会公开招募；招募设立，即发起人只认购股份的一部分，其余股份向社会公开募集或者向特定对象募集。

3. 组织机构

根据《公司法》规定，股份有限公司主要的组织机构有以下几种。

(1) 股东大会。即全体股东所组成的机构，它是公司的最高权力机构和议事机构。公司的一切重大事项均由股东大会做出决议。

(2) 董事会。即由董事组成的集体机构，成员五至十九人。它是公司对内执行业务、对外代表公司的常设理事机构，向股东大会负责。

(3) 监事会。即对董事会执行的业务活动实行监督的机构，成员不得少于三人。它是公司的常设机构，由股东大会从股东中选任，不得由董事或经理兼任。

三、现金与银行账户

(一) 现金

现金，是指立即可以投入流通的货币媒介。我国会计核算中的现金指企业的库存现金，即随时可以动用的那部分货币资金。根据我国银行结算制度的规定，企业之间结算款项应通过银行统一办理，禁止用现金结算。但所有款项都通过银行结算显然是不现实的。为方便零星开支，为企业各部门设立备用金制度，对现金的使用范围规定如下：

(1) 支付职工个人的工资、奖金、津贴；
(2) 支付职工的抚恤金、丧葬补助费以及各种劳保、福利，国家规定的对个人的其他支出；
(3) 支付个人劳务报酬；
(4) 根据国家规定发给个人的科学技术、文化艺术、体育等各种奖金；
(5) 支付向个人收购农副产品和其他物资的价款；
(6) 出差人员必须随身携带的差旅费；
(7) 结算起点(1000元)以下的零星支出，经中国人民银行确定需要支付现金的其他支出等。

(二) 银行账户

为了加强财务管理及金融监管，一般公司不能存放过多的现金(库存现金额度由银行核定)，必须设立银行账户，以便及时存取现金。公司可以开立基本账户与一般账户。基本账户只能开一个，可以用来提现、发放工资、购买现金支票、转账等，一般账户可以有多个,但不能提现只能转账。各单位、公司向银行申请开立账户,应先开立基本账户。

四、汇票、本票、支票

(一)汇票

汇票是由出票人签发的,要求付款人在见票时或在一定期限内,向收款人或持票人无条件支付一定款项的票据。汇票是国际结算中使用最广泛的一种信用支付工具。汇票可以分为以下几种。

1. 按出票人的不同——银行汇票、商业汇票

银行汇票是出票人和付款人均为银行的汇票。商业汇票是出票人为企业法人、公司、商号或者个人,付款人为其他商号、个人或者银行的汇票。

2. 按有无附属单据——光票汇票、跟单汇票

光票汇票本身不附带货运单据,银行汇票多为光票汇票。跟单汇票,又称信用汇票、押汇汇票,是需要附带提单仓单、保险单、装箱单、商业发票等单据才能进行付款的汇票,商业汇票多为跟单汇票,在国际贸易中经常使用。

3. 按付款时间——即期汇票、远期汇票

即期汇票指持票人向付款人提示后对方立即付款,又称见票即付汇票。远期汇票是在出票一定期限后或特定日期内付款。在远期汇票中,记载一定的日期为到期日,于到期日付款的,为定期汇票;记载于出票日后一定时间付款的,为计期汇票;记载于见票后一定时间付款的,为注期汇票;将票面金额划为几份,并分别指定到期日的,为分期付款汇票。

4. 按承兑人——商业承兑汇票、银行承兑汇票

商业承兑汇票,是以银行以外的任何商号或个人为承兑人的远期汇票。银行承兑汇票是承兑人为银行的远期汇票。

5. 按流通地域——国际汇票、国内汇票

国际汇票又称国外汇票,指汇票签发和付款行为发生于国外,或者汇票转让行为涉及不同国家的汇票,其中发票地、付款地等五项地点中至少须有两处位于不同的国家。国内汇票,只能在本币为法定货币的地区兑换完全相同的本币,不能进行其他货币兑换。

(二)本票

本票是由出票人签发的,承诺自己在见票时无条件支付确定的金额给收款人或持票人的票据。为企业或个人签发的一般本票票据可以是即期本票,也可是远期本票;由银行签发的银行本票只能是即期本票,在国际贸易结算中,大多数使用银行本票。

(三)支票

支票是出票人签发,委托办理支票存款业务的银行或者其他金融机构在见票时无条件支付确定的金额给收款人或持票人的票据。

支票有现金支票、转账支票和普通支票。现金支票是专门制作的用于支取现金的一种支票。当客户需要使用现金时,随时签发现金支票,向开户银行提取现金,银行在见票时无条件支付给收款人确定金额的现金的票据。转账支票则只能转账,不能提取现金。它适用于存款人给同一城市范围内的收款单位划转款项,以办理商品交易、劳务供应、清偿债务和其他往来款项结算。

旅行支票是一种定额本票,其作用是专供旅客购买和支付旅途费用,是旅游者从出票机构用现金购买的一种支付手段。它与一般银行汇票、支票的不同之处在于,旅行支票没有指定的付款地点和银行,一般也不受日期限制,能在全世界通用,客户可以随时在国外的各大银行、国际酒店、餐厅及其他消费场所兑换现金或直接使用,是国际旅行常用的支付凭证之一。旅行支票是一种全球范围内普遍接受的票据,在很多国家和地区都有着如同现金一般的流通性,很多商场和酒店都支持旅行支票的付款,也可以在旅行地兑换为当地的货币使用。

五、证券、债券、股票、基金

(一) 证券

证券是各类财产所有权或债权凭证的通称,是用来证明证券持有人有权依票面所载内容取得相关权益的凭证。所以,证券的本质是一种交易契约或合同,该契约或合同赋予合同持有人对合同规定的标的物采取相应行为并获得相应收益的权利。证券的本质是一种交易合同,合同的主要内容一般有合同双方交易的标的物、标的物的数量和质量、交易标的价格、交易标的物的时间和地点等。当然这些内容如果应用到不同具体的证券中,其中规定的内容有所不同,比如,远期合约与期货合约规定的内容就不一样。

证券按其性质不同可以分为证据证券、凭证证券和有价证券三大类。证据证券只是单纯地证明一种事实的书面证明文件,如信用证、证据、提单等;凭证证券是指认定持证人是某种私权的合法所有者的有效书面证明文件,如存款单等。有价证券是指标有票面金额,用于证明持有人或该证券指定的特定主体对特定财产的所有权,它区别于上面两种证券的主要特征是可以自由转让,如股票,政府债券等。

(二) 债券

债券是国家或地区政府、金融机构、企业等直接向社会借债筹集资金时,向投资者发行,并且承诺按特定利率支付利息、按约定条件偿还本金的债权债务凭证。它是发行者筹集资金的一种手段,是一种体现债权与债务关系的证券。持券人有权取得固定利息(利率一般高于银行利率),到期取回本息。

我国的债券按发行主体可分三种。第一种,政府债券,即政府为筹集资金而发行的债券,主要包括国债、地方政府债券等,其中国债的主要品种有国库券和国家债券。第二种,金融债券,是由银行和非银行金融机构发行的债券,目前我国金融债券主要由国家开发银行、进出口银行等政策性银行发行。第三种,公司(企业)债券,由公司或企业发行。公司债券又可分为记名债券和无记名债券两种。

(三) 股票

股票是股份有限公司在筹集资本时向出资人公开或私下发行的、用以证明出资人的股本身份和权利,并根据持有人所持有的股份数享有权益和承担义务的凭证。它是一种有价证券,代表着其持有人(股东)对股份公司的所有权。每一股同类型股票所代表的公司所有权是相等的,即"同股同权"。股票可以公开上市,也可以不上市。我国现行的股票,按投资主体的性质不同,划分为国家股、法人股、公众股和外资股等不同类型;按股票发行地的不同可分为 A 股、B 股、H 股、S 股、F 股等种类;还可分为有记名股票和无记名股票、普通股票和优先股票、有票面值股票和无票面值股票、单一股票和复数股票等。

证券公司的大盘显示股票行情,用不同的颜色标志来表示每一支股票的价格和前一天的收盘价涨跌之比,如红色表示价格上涨,绿色表示价格下跌。大盘显示的内容主要有前一日的收盘价、开盘价、最高价、最低价、买入价、卖出价、买盘、卖盘、涨跌、现手、买手、卖手和成交量等。

前收盘价,是前一日最后一笔交易的成交价格。1996年12月实行涨跌停板制度后,深交所对收盘价做了调整,其计算方法为:

收盘价=最后1分钟成交额/最后1分钟成交量。

开盘价,当天第一笔交易的成交价格。

最高价,当天开盘以来各笔成交价格中的最高成交价格。

最低价,当天开盘以来各笔成交价格中的最低成交价格。

买入价,指证券交易系统显示的已申报但尚未成交的买进某种股票的价格,通常只显示最高买入价。对投资人来说,这是卖出参考价。

卖出价,指证券交易系统显示的已申报但尚未成交的卖出某种股票的价格,通常只显示最低卖出价。对投资人来说,则是买入参考价。

买盘,当前申请买股票的总数。

卖盘,当前申请卖股票的总数。

涨跌,指当日股票最新价和前一日收盘价格(或前一日收盘指数)的百分比,正值为涨,负值为跌,否则为持平。

现手,指刚成交的这一笔交易的交易量的大小。因为股票交易的最小单位是手,1手等于100股,所以衡量交易量的大小时常用手数代替股数。

买手,比最新价低3个价位以内的买入手数之和的数量。

卖手,比最新价高3个价位以内的卖出手数之和的数量。

成交量,指当天开盘以来该股交易的所有手数之和,换成股数时就要乘以100。

总额,当天开盘以来该股交易的所有金额之和,它的单位通常是万元。

除此之外,还有个股的分时走势图,指大盘和个股的动态实时(即时)分时走势图,即K线图,能够全面透彻地观察到市场的真正变化,既可看到股价(大市)的趋势,也同时可以了解到每股市值的波动情况。①

(四) 基金

基金有广义和狭义之分,从广义上说,基金是指为了某种目的而设立的具有一定数量的资金。例如,信托投资基金、公积金、保险基金、退休基金以及各种基金会的基金。现有的证券市场上的基金包括封闭式基金和开放式基金,具有收益性功能和增值潜能的特点。这些基金根据投资对象的不同,可分为股票基金、债券基金、货币市场基金、期货基金等。从会计学角度看,基金是一个狭义的概念,指具有特定目的和用途的资金。政府和事业单位的出资者不要求投资回报和投资收回,但要求按法律规定或出资者的意愿把资金用在指定的用途上,而形成了基金,如公积金、退休基金等。

---

① 郭剑,刘小勇:《股票一本通》,石油工业出版社,2008年版,第90~91页。

六、预算与财务报表

（一）预算

预算是国家、企事业单位对未来一定时期内的收入和支出的计划。预算有短期与长期之分。预算包括一定时期内每个项目的预期收入和支出。根据《预算法》规定，国家各级政府经本级人民代表大会批准的预算，非经法定程序，不得改变。而一般单位、公司的预算在通过之前，必须经过高层管理人员批准。在一些大型公司中，除了公司的预算，可能还需编制部门预算。公司在编制一个新的预算时，往往需要考虑到上一年度的支出、可能进行的任何新举措以及预期增加的收入和支出费用等。不同的预算项目，要分别采用相应的方法进行编制，常用的预算编制方法有固定预算与弹性预算、增量预算与零基预算、固定预算与滚动预算等。一份预算表格包括上年实绩、目标利润、预计收入（如预计销售数量、销售单价）、单位变动成本、固定成本等。

（二）财务报表

财务报表是对企业财务状况、经营成果和现金流量的结构性表述。一套完整的财务报表至少应当包括资产负债表、利润表、现金流量表、所有者权益（或股东权益，下同）变动表以及附注。其中，资产负债表反映企业在某一特定日期所拥有的资产、需偿还的债务以及股东（投资者）拥有的净资产情况。利润表反映企业在一定会计期间的经营成果，即利润或亏损的情况，表明企业的获利能力。现金流量表反映企业在一定会计期间现金和现金等价物流入和流出的情况。所有者权益变动表反映构成所有者权益的各组成部分当期的增减变动情况。企业的净利润及其分配情况是所有者权益变动的组成部分，相关信息已经在所有者权益变动表及其附注中反映，企业不需要再单独编制利润分配表。附注是财务报表不可或缺的组成部分，是对在资产负债表、利润表、现金流量表和所有者权益变动表等报表中列示的项目的文字描述或明细资料，以及对未能在这些报表中列示的项目的说明等。资产负债表、利润表和现金流量表分别从不同角度反映企业的财务状况、经营成果和现金流量。

七、税收与纳税

税收是政府为满足社会公共需要，凭借公共权力，按照法律所规定的标准和程序，强制地、无偿地参与剩余产品分配而取得财政收入的基本形式，是政府实施宏观调控的重要手段。税收作为政府取得财政收入的主要形式，与其他收入形式比较具有强制性、无偿性和固定性的特征。

（一）税收种类

目前我国的国家税收主要有增值税、消费税、营业税、企业所得税、个人所得税、关税，其他税制有资源税、城市维护建设税、房产税、印花税、城镇土地使用税、土地增值税、耕地占用税、车船税、契税、车辆购置税等。

除国内税收之外，还有国际税收。在开放的经济条件下，对跨国投资等国际经济活动所得收入和境外财产征税，纳税人是从事跨国经济活动的单位和个人。国际税收实质上是国与国之间的税收分配与协调，国际税收存在重叠征税与国际避税现象。

(二) 纳税程序

在实际工作中,秘书人员需要协助上司处理个人纳税事务,所以不仅需要了解我国现有的纳税类型及其内容,同时,还需要熟悉一般的纳税申报程序。

1. 税务登记

税务登记又称纳税登记,是税务机关对纳税人的生产、经营活动进行登记并据此对纳税人实施税务管理的一种法定制度。我国的税务登记制度大体包括如下几种。

(1) 开业税务登记,指领取工商营业执照,从事生产、经营的纳税人和其他纳税人在领取营业执照 30 日内,向生产、经营地或者纳税义务发生地的主管税务机关申报办理税务登记,办理税务登记证件,领购发票。

(2) 变更、注销税务登记,指税务登记内容发生变化,纳税人在工商行政管理机关办理变更之日起,在 30 日内到税务机关办理税务变更登记。纳税人发生破产、解散、撤销等情形的,在工商行政管理机关办理注销登记之前,到税务机关办理注销登记,依法终止纳税义务。

(3) 停业、复业税务登记,指实行定期定额纳税的纳税人,在营业执照核准期限内需停止营业,应向税务机关提出停业登记。在恢复生产、经营之前,提出复业登记申请,经确认后,办理复业登记,恢复正常税收管理。

(4) 外出经营报验登记,指纳税人到外市(县)临时从事生产、经营活动的,应在外出生产、经营之前,持税务登记证向主管税务机关申请,开具《外出经营活动税收管理证明》,一般有效期为 30 日,最长不得超过 180 天。

2. 账簿、凭证

《中华人民共和国税收征收管理法》(新征管法)规定,纳税人、扣缴义务人按照有关法律、行政法规和国务院财政、税务主管部门的规定设置账簿,根据合法、有效凭证记账,进行核算。单位、个人在购销商品、提供或者接受经营服务以及从事其他经营活动时,应当按照规定开具、使用、取得发票。

3. 纳税申报

纳税申报是纳税人按照税法规定的期限和内容,向税务机关提交有关纳税事项书面报告的法律行为。纳税人或者扣缴义务人、代征人可采取直接申报、邮寄申报、数据电文的方式,按期向主管国家税务机关办理纳税申报或者代扣代缴、代收代缴税款报告、委托代征税款报告。

纳税申报表和代扣代缴、代收代缴税款报告的内容主要包括税种、税目、应纳税项目或者应代扣代收、代收代缴税款项目,计税依据、扣除项目及标准、适用税率或者单位税额,应退税项目及税额、应减免税项目及税额,应纳税额或者代扣代缴、代收代缴税额,税款所属期限、延期缴纳税款、欠税、滞纳金等。①

---

① 陈忠:《新编国家税收》,中国财政经济出版社,2008 年版,第 375 页。

复习与思考

1. 简述商务谈判及其动因。
2. 简述商务谈判的类型。
3. 商务谈判中的秘书工作。
4. 简析互联网时代的商业模式及其影响。

实训与模拟

1. 试结合初步的市场调查,确定商务谈判标的,模拟一次货物买卖的商务谈判。
2. 模拟或实际操作公司车船税缴纳流程。
3. 查找相关资料,了解我国现有的税收类型、课税对象及税率。

案例分析

中方某公司向韩国某公司出口丁苯橡胶已一年,第二年中方又向韩方报价,以继续供货。中方公司根据国际市场行情,将价格从前一年的每吨成交价下调了120美元(前一年1200美元/吨)。韩方感到可以接受,建议中方到韩国签约。

中方人员一行二人到了首尔该公司总部,双方谈了不到20分钟,韩方说:"贵方价格仍太高,请贵方看看韩国市场的价,三天以后再谈。"

中方人员回到饭店后感到被戏弄,很生气,但人已来汉城,谈判必须进行。中方人员通过有关协会收集到韩国海关丁苯橡胶进口统计,发现从哥伦比亚、比利时、南非等国的进口量较大,中国进口也不少,中方公司是占份额较大的一家。南非价格水平最低,但高于中国产品价。在韩国市场的调查中,批发和零售价均高出中方公司现报价的30%～40%,市场价虽呈降势,但中方公司的给价仍是目前世界市场的最低价。

为什么韩国人员还这么说?

中方人员分析,对手以为中方人员既然来了首尔,肯定急于拿合同回国,可以借此机会再压中方一手。

那么韩方会不会不急于订货呢?

中方人员分析,若不急于订货,为什么邀请中方人员来首尔?再说韩方人员过去与中方人员打过交道,有过合同,且执行顺利,对中方工作很满意。这些人会突然变得不信任中方人员了吗?从态度看不像,他们来机场接中方人员,且晚上一起喝酒,保持着良好的气氛。

经过上述分析,中方人员共同认为:韩方意在利用中方人员出国的心理压价。根据这个分析,中方人员决定在价格条件上做文章。首先,态度应强硬,(因为来前对方已表示同意中方报价),不怕空手而归。其次,价格条件还要涨回市场水平(即1000美元/吨)。最后,不必二天给韩方通知,仅一天半就将新的价格条件通知韩方。

中方人员电话告诉韩方人员:"调查已结束,得到的结论是:我方来汉城前的报价低了,应涨回去年成交的价位,但为了老朋友的交情,可以下调20美元,而不再是下调120美元。请贵方研究,有结果请通知我们,若我们不在饭店,则请留言。"

韩方人员接到电话后一个小时即回电话约中方人员到其公司会谈。韩方认为中方不应把过去的价格再往上调。

中方认为这是韩方给的权利,我们按韩方的要求进行了市场调查,结果显示应该涨价。

韩方希望中方多少降些价,中方认为原报价已降到底。经过几个回合的讨论,双方同意按中方来首尔前的报价成交。

这样,中方成功地使韩方放弃了压价的要求,按计划拿回了合同。

资料来源:杨树森,《秘书实务》

阅读上述案例,回答下面的问题:

1. 分析上述谈判中的各项构成要素。
2. 中方谈判人员在谈判过程中运用了哪些商务谈判原则?

附　　录

一、相关法律法规(存目)

1.《中华人民共和国保守国家秘密法》(中华人民共和国主席令　第二十八号),2010年。

2.《中华人民共和国档案法》(1987年9月5日第六届全国人民代表大会常务委员会第二十二次会议通过,1996年7月5日第八届全国人民代表大会常务委员会第二十次会议《关于修改〈中华人民共和国档案法〉的决定》修正)。

3.《中华人民共和国公司法》(中华人民共和国主席令　第四十二号),2005年。

4.《中华人民共和国合伙企业法》(中华人民共和国主席令　第五十五号),2006年。

5.《信访条例》(中华人民共和国国务院令　第431号),2005年。

6.《社会团体登记管理条例》(中华人民共和国国务院令　第250号),1998年。

7.《党政机关公文处理工作条例》(中办发〔2012〕14号),2012年。

8.《机关文件材料归档范围和文书档案保管期限规定》(国家档案局令　第8号),2006年。

9.《电子公文归档管理暂行办法》(国家档案局令　第6号),2003年。

10.《关于国家行政机关和企业事业单位社会团体印章管理规定》(国发〔1999〕25号),1999年。

11.《中华人民共和国税收征收管理法》(新征管法)(中华人民共和国主席令　第四十九号),2001年。

二、相关工作标准(存目)

1.《党政机关公文格式》(GB/T9704—2012),2012年。

2.《校对符号及其运用》(GB/T14706-93),1993年。

3.《电子文件归档与管理规范》(GB/T18894—2002),2002年。

4.《归档文件整理规则》(DA/T22—2000),2000年。

5.《档案工作基本术语》(DA/T1—2000),2000年。

参考文献

1. 杨树森.秘书实务[M].北京:高等教育出版社,2011年
2. 杨剑宇.涉外秘书实务[M].上海:上海人民出版社,2007年
3. 陆瑜芳.秘书学概论[M].上海:复旦大学出版社,2008年
4. 蒲丽钿.涉外秘书实务[M].武汉:武汉大学出版社,2000年
5. 徐丽君,明卫红.秘书技能沟通训练[M].北京:科学出版社,2008年
6. 伍茂国.赞美的力量——人际传播与企业管理新视点[M].北京:中国纺织出版社,2006年
7. 伍茂国,徐丽君.人际交流[M].北京:中国纺织出版社,2003年
8. 郑典宜.秘书基础与实务[M].成都:电子科技大学出版社,2008年
9. 孙秀丽等.第一次做高级秘书[M].北京:中国经济出版社,2003年
10. [美]克利夫·里科特斯著,戴卫东译.领导学:个人发展与职场成功(第二版)[M].北京:中国人民大学出版社,2007年
11. 李立萍,张明友.信息论导引[M].成都:电子科技大学出版社,2008年
12. 周孝正,王朝中.社会调查研究[M].北京:中央广播电视大学出版社,2005年
13. [美]艾尔·巴比著,邱泽奇译.社会研究方法[M].北京:华夏出版社,2009年
14. 田园等.时间管理学[M].北京:中国城市出版社,1997年
15. 杨江云.公司企业秘书实务[M].北京:学苑出版社,2001年
16. 林勇.电子商务理论与实务[M].重庆:重庆大学出版社,2009年
17. 聂元昆.商务谈判学[M].北京:高等教育出版社,2009年
18. 王爱国.商务谈判与沟通[M].北京:中国经济出版社,2008年
19. 郭剑.股票一本通[M].北京:石油工业出版社,2008年
20. 陈忠.新编国家税收[M].北京:中国财政经济出版社,2008年
21. 王金玲.方正书版/飞腾排版教程[M].北京:中国轻工业出版社,2007年
22. 陈志宏.企业家的新观念[M].上海:上海社会科学院出版社,1993年
23. 汤志伟,张会平.电子政务的管理与实践[M].成都:电子科技大学出版社,2008年

后　　记

　　本书为秘书学本科专业通用教材,全书共十一章,第一章、第二章与第十章由杨帆(信阳师范学院)撰写,其他章节由徐丽君(河南大学)撰写,其中个别章节引用了杨树森主编的《秘书实务》(高等教育出版社)、杨剑宇主编的《涉外秘书实务》(上海人民出版社)及其他相关参考资料。同时本书的写作得到了伍茂国博士的全力支持和帮助。在此特别说明,并致谢忱。

　　本书是徐丽君主持的河南大学省部共建课题"高等职业教育文科专业校企接轨实训平台的构建——以文秘专业为例"的研究成果。由于秘书工作实践的发展与变革时刻都在进行,学科理论发展明显滞后,本书许多观点与看法还有待于进一步完善,恳请各位读者提出宝贵意见,期待将来有机会修正。

　　鉴于字数限制,本书除参考文献外,凡涉及国家相关法律、规则、标准等,一律存目,不作附录。

徐丽君
二〇一三年五月八日

打造学术精品　服务教育事业
河南大学出版社
读者信息反馈表

尊敬的读者：

感谢您购买、阅读和使用河南大学出版社的_____一书，我们希望通过这张小小的反馈表来获得您更多的建议和意见，以改进我们的工作，加强我们双方的沟通和联系。我们期待着能为您和更多的读者提供更多的好书。

请您填妥下表后，寄回或发 E－mail 给我们，对您的支持我们不胜感激！

1. 您是从何种途径得知本书的：
   □书店　□网上　□报刊　□图书馆　□朋友推荐
2. 您为什么决定购买本书：
   □工作需要　□学习参考　□对本书感兴趣　□随便翻翻
3. 您对本书内容的评价是：
   □很好　□好　□一般　□差　□很差
4. 您在阅读本书的过程中有没有发现明显的专业及编校错误，如果有，它们是：
   _____
   _____
   _____
5. 您对哪一类的图书信息比较感兴趣：_____
   _____
6. 如果方便，请提供您的个人信息，以便于我们和您联系（您的个人资料我们将严格保密）：
   您供职的单位：_____
   您教授的课程（老师填写）：_____
   您的通信地址：_____
   您的电子邮箱：_____

请联系我们：
电话：0371－86059712　0371－86059713　0371－86059715
传真：0371－86059713
E－mail：hdgdjyfs@163.com
通讯地址：河南省郑州市郑东新区 CBD 商务外环路商务西七街中华大厦 2304 室
河南大学出版社高等教育出版分社